擦亮英雄名片 传承英雄精神

中国人民解放军90年英雄谱精粹

古琳晖 李峻 王喆——编著

江苏凤凰教育出版社
Phoenix Education Publishing, Ltd

图书在版编目（CIP）数据

擦亮英雄名片 传承英雄精神：中国人民解放军90年英雄谱精粹/ 古琳晖等编著. --南京：江苏凤凰教育出版社. 2017.7

ISBN 978-7-5499-6689-9

Ⅰ.①擦… Ⅱ.①古… Ⅲ.①中国人民解放军—军人—先进事迹 Ⅳ.①K825.2

中国版本图书馆CIP数据核字（2017）第169797号

书　　名	**擦亮英雄名片 传承英雄精神 中国人民解放军90年英雄谱精粹**
编　　著	古琳晖 李 峻 王 喆
责任编辑	宋兴杰
装帧设计	周 晨 李小玥
校　　对	吕猛进
出　　版	江苏凤凰教育出版社（南京市湖南路1号A楼 邮编 210009）
苏教网址	http://www.1088.com.cn
照　　排	南京紫藤制版印务中心
印　　刷	中闻集团南京印务有限公司（电话 025-83302635）
厂　　址	南京市幕府东路339号（邮编 210038）
开　　本	787 mm × 1092 mm 1/16开
印　　张	18.5
版　　次	2017年7月第1版 2017年7月第1次印刷
书　　号	ISBN 978 - 7 - 5499 - 6689 - 9
定　　价	32.00元
网店地址	http://jsfhjycbs.tmall.com
公 众 号	苏教服务（微信号：jsfhjyfw）
邮购电话	025-85406265，025-85400774，短信02585420909
盗版举报	025-83658837

苏教版图书若有印装错误可向承印厂调换
提供盗版线索者给予重奖

前言

天地英雄气，千秋尚凛然。

南昌被称为“英雄城”，诞生于此的这支军队是英雄荟萃的军队，是英雄辈出的军队！

英雄，是这支军队的锃亮勋章，是这支军队的闪亮名片。革命英雄主义，是这支军队的血性基因，是这支军队的精神特质！

中国人民解放军建军90周年之际，我们从浴血奋战的壮丽史诗中遴选90个具有代表性的英雄人物（集体），学习英雄、崇尚英雄、捍卫英雄！

时势造英雄！人民军队的英雄谱必将永远续写下去！

目录

在土地革命战争中崭露锋芒

在抗日战争中砥柱中流

在解放战争中气壮山河

在抗美援朝战争中为国扬威

在社会主义建设中披荆斩棘

在改革开放新征程中再创辉煌

在土地革命战争中
崭露锋芒

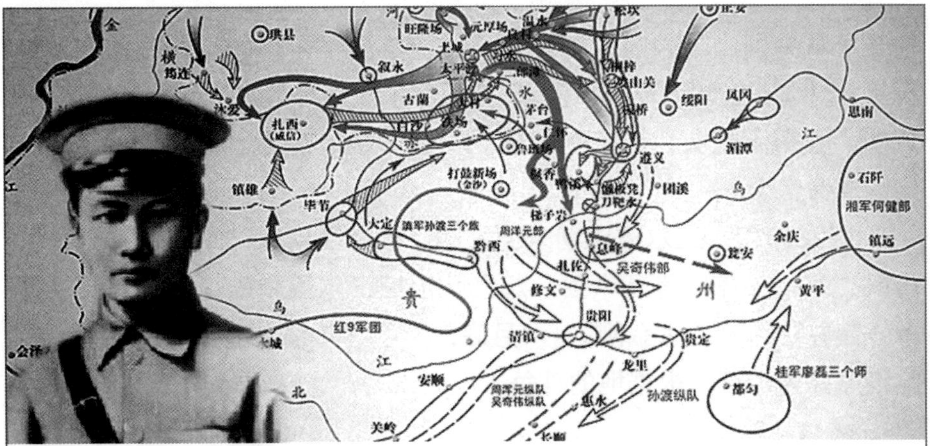

二 王尔琢
南昌起义中成长的优秀指挥员

新中国成立后不久的一天，周恩来总理来到筹建中的中国革命博物馆视察，当他发现陈列展窗里没有王尔琢的照片，便郑重地嘱咐筹备处的工作人员，要千方百计征集王尔琢的照片。王尔琢究竟是什么人呢？周总理竟然亲自过问关心。他是在南昌起义中成长起来的优秀指挥员，在井冈山斗争中功勋卓著。

保存南昌起义火种

1927年7月，王尔琢随周恩来赴南昌，任国民革命军第二方面军第25师第74团参谋长，秘密从事起义准备工作。

8月1日，南昌起义爆发，王尔琢率部迅即前往南昌郊外德安车站，一举缴获张发奎警卫营的全部枪支，并将部分士兵编入起义部队。部队南下广东途中，他手持刀枪，如出山猛虎，率领敢死队冒着枪林弹雨，奋力阻击敌人进攻，为主力转移争取了宝贵时间。

10月底，南昌起义军余部在江西大庾整编成一个纵队，王尔琢任参谋长，与朱德、陈毅等率部转战闽粤赣湘边，坚持武装斗争。他不仅指挥打仗，还兼做战士们的思想工作，鼓舞士气，稳定部队的情绪，成为朱德的得力助手，对保存南昌起义火种作出了重大贡献。

部队在韶关驻扎时，进行了一次系统的军事训练，王尔琢负责整个训练的具体实施。他整天忙碌，头发顾不上理，胡子也老长老长。

何长工从井冈山下来与朱德部联络时，看到王尔琢的模样，便和他开玩笑："你这把胡子，快赶上马克思了。"王尔琢笑着说："革命不成功，我一不剃头，二不刮胡子。"这虽是谈笑之言，却表现了他坚定的革命信念。

1928年初，王尔琢协助朱德发动了湘南暴动，陆续攻占了郴州、资兴、永兴、耒阳等几个县。起义队伍把王尔琢和朱德、陈毅、毛泽覃一起并称为"四大金刚"。4月底，王尔琢随部奔上井冈山，开始参与创建井冈山革命根据地的斗争。

井冈山的"飞兵团"

1928年5月4日，中国工农革命军第四军（不久改称红四军）正式成立，王尔琢被任命为军参谋长兼第28团团长，协助毛泽东、朱德等指挥了五斗江、草市坳、龙源口等战斗，挫败了敌人对井冈山革命根据地的多次"进剿"和"会剿"，成为红军早期的杰出将领。

1928年5月中旬，国民党军5个团对井冈山根据地发动第三次"进剿"。为了迎战敌军，王尔琢将红28团一个营埋伏于五斗江镇后的高冈上，以两个营环绕在山镇周围。口袋一扎好，形成了守株待兔的态势。

当敌人一个团窜入时，王尔琢指挥部队奋勇出击，打得敌人落荒而逃。接着他又指挥部队追击100多里，在永新城下将敌人歼灭。这一仗，挫败了敌人的锐气，大长红军威风。

此后，王尔琢"大战五斗江"的故事广为流传，王尔琢的名字令敌人闻风丧胆，也传遍了根据地的千家万户。有一次，毛泽东指着王尔琢对湖南省特派员说道："别看他长发长胡须，可他还是个二十刚出头的英俊小伙子呢。"

6月，国民党军又调集杨池生第9师、杨如轩第27师5个团围攻井冈山根据地。"二杨"占领永新后，气势汹汹地分左右两路进犯宁冈。王尔琢率第28团向进占老七溪岭制高点的国民党军右路两个团发起多次猛攻，将其击溃，随即直插龙源口切断了左路国民党军的退路，并协同第29团等部将其一个团歼灭于龙源口地区。

龙源口大捷是井冈山根据地建立以来取得的最大胜利，根据地军民齐声欢唱："不费红军三分力，打败江西两只羊（杨），真好！真好！快畅！快畅！”王尔琢所率领的红28团因英勇善战，赢得了“飞兵团”的美誉。

血洒思顺圩

1928年7月，湘赣两省敌军开始对井冈山发动第一次“会剿”。湖南省委受“左”倾盲动错误的影响，拒绝毛泽东等提出的巩固和发展井冈山根据地的正确主张，一再命令红四军离开井冈山前往湘南。结果，部队遭到挫折，士气低迷。

8月下旬，王尔琢与朱德等一起率红28团返回井冈山。当部队走到江西崇义县境内的新义圩时，发生了第2营营长袁崇全叛变投敌的事件。

因为和袁崇全是湖南石门同乡，又是黄埔军校同学，王尔琢自告奋勇前去做说服工作。袁崇全当时住在思顺圩镇上的一个杂货铺，正在搓麻将。王尔琢走进村子里，向被胁迫的战士喊话：“我是团长王尔琢，你们不要害怕，我是来接你们回去的。”许多战士听到团长的声音，纷纷跑了过来，袁崇全见势不妙，拿起两支驳壳枪冲到门口，向王尔琢开枪射击，子弹击中王尔琢的胸部，他当场倒在了血泊之中。

10月中旬，红军回到井冈山后为王尔琢举行了隆重的追悼大会。朱德挥泪长叹：“我军失去了一位能将啊！”毛泽东十分悲痛，亲自拟就了一副挽联，由陈毅书写，悬挂在会场上。挽联写道：

一哭尔琢，二哭尔琢，尔琢今已矣！留却重任谁承受？

生为阶级，死为阶级，阶级后如何？得到胜利方始休。

八 伍中豪

文武双全的井冈山骁将

伍中豪，中共早期党员，红军著名将领，在创建和巩固井冈山革命根据地的过程中功勋卓著，毛泽东称赞他“能打仗，会做群众工作，文武全才”。人如其名，伍中豪当时与林彪、黄公略并称为朱、毛麾下的“军中三骁将”，是革命队伍中名副其实的英雄豪杰。

变文士为武夫

伍中豪，1905年出生于湖南耒阳城厢伍家村。17岁时考入北京大学，在校加入中国社会主义青年团，1924年转为中国共产党党员。

在外求学期间，伍中豪一直关心着家乡的反帝反封建斗争。1922年寒假，伍中豪回到耒阳，筹建社会主义青年团，发展团员60多人。1924年春，他又与陈芬等人创建中共耒阳支部。年底，由于身份暴露，根据党组织安排，伍中豪休学回耒阳，从事地下工作。

在艰苦卓绝的斗争中，伍中豪越来越感到革命武装的重要性。在给友人的信中，他感叹道：“当今时代潮流，笔杆难胜枪杆，笔杆仅能润世，救世尚须枪杆。”于是，他决定投笔从戎，“变文士为武夫”，向党组织提出了去黄埔军校学习的请求。

1925年5月，伍中豪以优异成绩考入黄埔军校第四期步兵科。毕业后，分配到广州农讲所担任军事教官，在这里认识了毛泽东等著名共产党人。当时，毛泽东还与他搭铺，同睡一张床。

伍中豪十分佩服毛泽东对时局的分析和对中国前途的推演，诚恳地对毛泽东说："我这一生就跟定了你！"1926年7月，他参加北伐军进入湖南，根据党的安排回到耒阳担任团防局长。在如火如荼的革命斗争中，他领导建立了耒阳工农自卫军总队，兼任总队长，为革命深入发展掌握了一支工农武装。

参加湘赣边秋收起义

马日事变后，国民党反动当局将伍中豪列入"黑名单"，对其明令通缉。伍中豪并未因此动摇革命信念，他冒着被抓捕的危险，只身潜往武汉，到卢德铭任团长的警卫团担任连长。由于该团没有赶上南昌起义，便折回修水休整，参加了毛泽东领导的秋收起义。伍中豪担任工农革命军第1军第1师第3团副团长兼3营营长，率部冲锋在前，攻占浏阳白沙，受到毛泽东的赞扬。

起义部队在浏阳文家市会师后，伍中豪认为"我军已疲劳，失败后士气低落，长沙已有准备，如再去攻打，必会全军覆灭"，坚决支持毛泽东提出的率部队到农村去建立根据地的主张。

文家市会议后，毛泽东引兵南下。1927年9月22日，部队在芦溪三岔路口遭敌伏击。为了摆脱尾追的敌人，伍中豪向毛泽东建议：五更出发，日落宿营，与敌人竞跑；时东时西，时分时合，把敌人甩掉。这个建议，深得毛泽东的认可。

9月25日冒雨攻下莲花县城后，部队立即分成数支小队撤出县城，摆脱了敌人。29日，起义部队到达永新县三湾村，进行了著名的"三湾改编"。

三湾改编后，伍中豪先后担任第1团3营副营长、副团长兼3营营长，在攻占佳东县城、激战茶陵、歼敌于遂川等战斗中打出了红军的军威。朱德、毛泽东在井冈山会师之后，伍中豪率部攻占永新县城，打土豪、分田地，为毛泽东《永新调查》提供了丰富的第一手材料。毛泽东多次表扬他能打仗，能做群众工作，是个文武全才。

无愧"伍中豪杰"

在赣南闽西开辟新的革命根据地斗争中，伍中豪亲身感受到毛泽东战略战术的威力，他意气风发，率部参加两次入闽、三打龙岩的战斗，越打越猛，捷报频传，在战火中锻炼成为军政兼备的优秀指挥员。

三打龙岩奠定了闽西根据地的基础。当时，毛泽东兴奋地对朱德说："军长呀，豪子现在就可以指挥30万人马了，看来你我得多给他招兵买马哟。""是啊，以后你仍是他政委嘛，我就打算给他当后勤司令啦。"朱德带着浓厚的川音应答道。

在著名的古田会议上，伍中豪当选为红四军党的前敌委员会委员，担任第3纵队司令。1930年6月，中共中央指令全国红军整编，伍中豪任红12军军长，并成为中国革命军事委员会委员，跻身红军高级将领之列。

红1军团进军湖南后，由于留守闽西的红21军出击失利，军长胡少海牺牲，伍中豪临危受命，接任红21军军长，并任闽西革命军事委员会委员。

毛泽东、朱德率新成立的红一方面军二打长沙，急需得力战将和补充兵力。毛泽东两次致信闽西特委，点名要伍中豪带1万兵员到平浏前线来，"愈快愈好"。伍中豪深知毛泽东执行中共中央打长沙的命令是艰巨的任务，便亲自调集部队前往增援，途中不幸遭敌伏击，在安福县被杀害，年仅27岁。

红军攻占安福县城后，召开了悼念伍中豪军长的万人大会，青山含悲，绿水呜咽，党和人民永远怀念这位"伍中豪杰"。

卢德铭

秋收起义的年轻总指挥

1927年9月9日，由毛泽东领导的湘赣边界秋收起义爆发，遭到敌人的疯狂镇压。在为起义而牺牲的数千名烈士中，卢德铭无疑是最重要的一个。在起义部队里，他是总指挥，地位和毛泽东一样重要。在起义失败后的战略选择上，他支持毛泽东的正确主张，发挥了极大作用。他的牺牲，是中国革命事业的巨大损失。

好学上进的少年才俊

卢德铭，1905年出生于四川自贡一个富裕家庭，自幼聪明好学，性格开朗活泼。在他8岁那年，母亲和大嫂被土匪绑架，那时村里人称这是“拉肥猪儿”，家里人花了不少钱才把她们赎回来。这次遭难，震撼了卢德铭幼小的心灵，使他萌发了对旧社会的不满与憎恨。他常对人说:“我长大要当兵拿枪，打死那些害人的土匪强盗。”

随着年龄和见识的增长，卢德铭日益感到在私塾里关门读死书枯燥无味，不能适应时代的要求。1919年春天，14岁的卢德铭毅然离家，到宜宾县白花场高等小学堂读书。在这里，他感到耳目一新，别有天地。他用心学习，刻苦钻研，努力追求科学知识，每次考试总是名列前茅。

1921年，卢德铭以优异成绩考入成都公学后，每次从家乡到成都上学，往返都是步行，一直坚持始终。他善于思考，有独立见解，认为同乡会没有意义，他不参加同乡会，也劝别人不要参加。他喜欢评论是非，观点鲜明，很有说服力，颇得进步老师和同学的称赞。

在成都公学期间，五四新文化运动的浪潮正席卷全国，马克思列宁主义随中国共产党的诞生在中国广为传播，卢德铭的思想也伴随着时代的脚步在前进。他和当时许多有志青年一样，努力寻求救国救民的真理。面对军阀割据、内战频仍的局面，卢德铭认为，中国要强盛，要打倒列强、铲除军阀，只有依靠枪杆子的实力才行。从戎报国的念头，逐渐在他脑中萌生。

孙中山亲自面试的黄埔生

1923年冬天，卢德铭从报纸上看到黄埔军校招生的消息，十分兴奋。他请老同盟会员李筱亭老师给孙中山先生写了一封介绍信，毅然前往广州报考。离家前夕，正值春节，卢德铭在房门上写了一副春联——问客何来想是仙风吹到，留君不住须当明月照归。

山重水叠，路途遥远，当时交通极不方便，卢德铭赶到广州时，军校考期已过。几经周折，卢德铭找到了孙中山。孙中山看了举荐信，沉吟片刻，说："那好，我来考考你。"遂提笔在纸上写下试题：当今国民革命之首要任务。卢德铭接过题，略一沉思，提起笔来，将平常的思索变成了一行行激情飞扬的文字。孙中山看了卢德铭写的应试文章，感觉不但字写得好，而且观点鲜明，有理有据，满纸激情涌动，矢志革命。孙中山当即提笔给黄埔军校写了纸推荐信，并语重心长地对卢德铭说道："希望你言行一致，报效革命！"

在黄埔军校学习期间，无论政治和军事，卢德铭成绩都很优异，尤善讲演。孙中山来军校视察，听闻卢德铭的出色表现，满意地说："今后，全校学生要以卢德铭为楷模。"孙中山对卢德铭的赞许，一时在军校传为美谈。在军校的中共党组织也注意到了卢德铭的优秀表现，很快将他发展为党员。

北伐战争爆发，在著名的汀泗桥、贺胜桥等战斗中，卢德铭指挥果断，身先士卒，英勇奋战，屡建战功，很快便晋升为营长。攻克武昌后，卢德铭又因战功卓著，升任团参谋长。

毛泽东痛心疾呼：还我卢德铭

1927年，国民革命军第二方面军总指挥部在武昌成立警卫团，卢德铭受党组织的委派担任团长。1927年8月2日，卢德铭奉命率部开赴江西，未赶上南昌起义，遂转而参加毛泽东领导的湘赣边界秋收起义，任起义军总指挥。

起义受挫后，根据毛泽东的正确主张，决定部队沿罗霄山脉向南转移。

9月23日，大军从芦溪出发，沿着袁河两岸前进。就在此时，江西军阀朱培德的部队从萍乡赶来追击。当起义部队行进到距离芦溪7千米的山口岩时，后卫第3团遭到敌军伏击。部队仓促应战，损失很大。

在这危急时刻，卢德铭挺身而出，率领1个连的兵力前往增援。他指挥部队抢占制高点，用猛烈的火力阻击敌人，同时指挥被打散的第3团官兵迅速向前卫部队靠拢。

上午9时许，当部队安全进山后，卢德铭与担负掩护的战士通过一片开阔地，与前卫部队会合。这时，敌人趁机占领了一个山头，居高临下向我正在撤离的部队射击。骑着白马的卢德铭目标较大，成了敌军的主要射击目标。激战中，卢德铭不幸胸部中弹，壮烈牺牲，年仅22岁。

敌人退走后，当地群众将卢德铭以及同时牺牲的40多位同志的遗体就地掩埋。毛泽东得知这一噩耗，痛心疾呼："还我卢德铭！给我三个师，我也不换！"

黄公略

毛泽东倚重的红军将领

黄公略是与毛泽东、朱德、彭德怀齐名的红军将领，曾经并称为“朱毛彭黄”。黄公略牺牲后，毛泽东发布命令，于吉安、吉水两县间建公略县。建县之日，高悬挽联以悼英魂：广州暴动不死，平江暴动不死，如今竟牺牲，堪恨大祸从天落；革命战争有功，游击战争有功，毕生何奋勇，好教后世继君来。

少年立下鸿鹄志

黄公略1898年出生于湖南湘乡，原名黄汉魂，少年时性情刚烈，常常路见不平，拔拳相助。13岁时，他曾在石桥上遇税警欺负民女，便冲上去将那个家伙推落下水。

黄汉魂的父亲是个落魄秀才，觉得这个儿子性格鲁莽，特地抄录了苏轼的《留侯论》让其背诵：“天下有大勇者，卒然临之而不惊，无故加之而不怒，此其所挟持者甚大，而其志甚远也。”父亲还为他讲张良路遇黄石老人、折节奉师的故事，说：“你脾气暴躁，心里藏不住半点秘密，这样只能做绿林好汉，当不了大英雄。”

父亲的话，令黄汉魂羞愧难当，于是下决心苦读兵书。研读了《黄石公三略》一书后，他深受启发，此后改名黄石，字公略，发誓以精通韬略的张良为楷模。

17岁那年，黄公略离开湘乡到长沙投奔湘军。在湘军中，他遇到了一生中最好的朋友——彭德怀。1928年2月，黄公略从黄埔军校毕业，由已升任团长的彭德怀推荐，担任师随营学校副校长。

偏师借重黄公略

1928年7月，黄公略和彭德怀在湖南平江发动起义，建立了红五军，以这支部队为骨干开创了湘鄂赣革命根据地。9月，红五军兵分两路，彭德怀、滕代远率一部向南冲破敌人包围，前往井冈山寻找红四军，留下来的部队由黄公略统一指挥，担负起保卫和发展湘鄂赣根据地的任务。

在领导湘鄂赣根据地的斗争实践中，黄公略创造和总结了“绕南进北、昼伏夜出、彼合我散、彼集我合、彼驻我扰、彼追我圈”等游击战术，还将这些心得写成一本《游击战术》的小册子，在军中广为印发。

黄公略与毛泽东首次见面是在1930年春。这年2月初，朱、毛率红四军由闽西来到了赣西南。毛泽东提出了著名的“傍着发展的工作路线”，所谓“傍着发展”，就是红军部队依靠原来根据地波浪式地向外发展。毛泽东的雄才大略和独特见解令黄公略心仪不已。

之后，朱、毛率红四军再度进入闽西，黄公略则按照前委“以3个月为期分路进行游击战争”的决定，以东固山为依托，傍着原来的根据地，不断地开辟新的红色区域，有力保卫了以赣南、闽西为中心的中央苏区。

仅仅3个月，黄公略就以其一流的业绩引起了毛泽东的青睐。他在《蝶恋花·从汀州向长沙》的词中写道：“六月天兵征腐恶，万丈长缨要把鲲鹏缚。赣水那边红一角，偏师借重黄公略。”

飞将军自重霄入

1931年4月，蒋介石集结20万兵力向中央苏区发起第二次“围剿”。当时，红一方面军只有3万人，处于绝对的劣势地位。毛泽东主张诱敌深入的战术，先往根据地腹部撤退，在退却中寻找敌人弱点，集中兵力给予毁灭性打击。

5月14日黄昏时分，红军总部突然截获敌军通话，由于在苏区长驱直入，没有遇到任何有效抵抗，公秉藩第28师师部与留守处进行联络时，公然用明码通知："我们现驻富田，明晨出发去东固。"

从富田到东固相隔20千米，只有两条大路相通，中间要经过一段险峻峭拔的隘路。这是一个对敌"两侧包抄、攻击后背"的绝好机会！毛泽东立即对各部红军作出战斗部署，并向黄公略说："我一直在琢磨，从东固到中洞是否确实只有两条路？还会不会有其他路径？我们去请教一下'三老'（老猎户、老药农、老驮商）。"果然，探出在东固到中洞的南侧还有一条鲜为人知的山间小路。两人经过商量，果断决定改变原定行军路线，寻小路直插中洞，提前到南侧山岭埋伏。

5月16日清晨，公秉藩师大摇大摆朝东固前进。5月的山谷，春风和煦，风中还夹带着山花的香味。谁知，全师殿后部队刚离开中洞，突然一声炮响，随后山谷开始震荡，数千颗手榴弹从天而降，轻重机枪和步枪构成交叉火力网，上万名红军战士突然从山冈密林中、草丛里跳出，像猛虎一样扑下山来。

这些人是从天上掉下来的吗？公秉藩根本来不及部署抵抗，一个万人之师立刻分崩离析，很快被歼灭光。

黄公略巧妙地将阻击战演变成了伏击战，并以突然、迅猛的动作打乱了敌军的指挥系统，为全歼公秉藩师立下了头功。特别是他率军从天而降的英姿，给在白云山观察战斗的毛泽东留下了深刻的印象。毛泽东赠给黄公略一个外号——"飞将军"，并把他写入《渔家傲·反第二次大"围剿"》："白云山头云欲立，白云山下呼声急，枯木朽株齐努力。枪林逼，飞将军自重霄入。"

这位威镇敌胆的虎将，屡经大战、恶战、苦战，从来没有带伤挂彩，但是，他却倒在一次普通的行军途中。那天，为了掩护救援部队，黄公略从安全的隐蔽处一跃而起，指挥射击吸引敌机，却不幸中弹牺牲，时年33岁。

钱壮飞
隐蔽战线上的无名英雄

钱壮飞，1895年出生于浙江湖州，1926年加入中国共产党，是中国共产党重要的情报工作人员。1929年底，根据党的指示，他打进了国民党的最高特务机关，担任特务头子徐恩曾的机要秘书，向党提供了许多重要情报，特别是为保卫上海党中央机关的安全做出了卓越贡献。

智取密码本

当时，凡是呈报徐恩曾阅处的机密文件，最先过目的往往是钱壮飞。即使是必须由徐恩曾批复的电报、报告和各种情报资料，也先由钱壮飞审阅，提出处理意见后，交徐恩曾在上面签字了事。因此，国民党中央组织部调查科这个“大本营”的全部机密，几乎都掌握在钱壮飞手里。

但有一样东西，徐恩曾却不肯放手，就是蒋介石与少数高级官员通报用的密码本，每次外出，他总是如护身符般带在身上。

如何拿到密码本呢？钱壮飞知道，徐恩曾这个人虽然精明狡猾，但却有一个致命的毛病，就是好色，智取密码本的文章就从这里做起。

一天晚上，钱壮飞随徐恩曾办完事回到办公室，他对徐说：“听说‘一品香’来了个大美人儿，主任有兴趣吗？”

徐恩曾听到有美女，顿时来了精神，疲劳也一扫而光，当即说要去看看。说着提着公文包准备出发，但仍然不忘将密码本带在身上。

钱壮飞见状，对徐恩曾说："主任，这恐有不妥，把密码本带到那里去，万一出了事，谁来负责啊？"

徐恩曾考虑了一下，点了点头，将密码本从身上掏了出来，放进文件柜，亲自加上锁，贴上密封条，并叮嘱钱壮飞："你替我保管一夜吧，明天早上我来取。"

钱壮飞心中窃喜，他抓住这难得的机会，悄悄打开文件柜，取出密码本，迅速拍照，再按原样放回。这样，徐恩曾做梦也没有想到，这个关系国民党命运的密码本，已经泄密了。破解敌人核心机密的"万能钥匙"到了钱壮飞手中。

情报反"围剿"

1930年12月9日，蒋介石亲自飞往南昌，召开"剿共"会议。会上，布置10万大军，计划在6个月的时间里，全歼江西红军。

钱壮飞在绝密电报中，获悉了这一消息，辗转送往党中央。国民党军队尚未采取军事行动，而远在江西的中央红军已做好了应对准备。那时中央红军仅有3万兵力，根据所掌握的情报，制定了"大步后退，诱敌深入，集中兵力，各个击破"的战略方针。在毛泽东和朱德的精心安排与指挥下，红军设下天罗地网，活捉敌第18师师长张辉瓒，歼敌15000余人，取得了第一次反"围剿"斗争的全面胜利。

次年，钱壮飞在办公室处理文件时，在陈立夫批转徐恩曾的文件里，又看到了一份策划对红军实施第二次"围剿"的绝密电报。钱壮飞立即对照密码本，偷偷地破译了这份密电，从而得知，国民党向中央根据地发动进攻的时间是4月1日，这次由何应钦代行总司令职权兼陆海空总司令南昌行营主任，总共调集了将近20万人的兵力，企图以"稳扎稳打、步步为营"的作战方针，一举消灭中央红军。

钱壮飞用同样方法及时将情报送出，几天后，中央根据地就得知了国民党军将要进攻苏区的消息。由于及时掌握了情报，对敌人的行动了如指掌，所以中央红军在毛泽东的领导下，胸有成竹，以少胜多，又取得了第二次反"围剿"斗争的全面胜利。

保卫党中央

1931年4月25日，星期六。

钱壮飞正伏案处理公务，突然一个机要员轻轻推开他的房门，走进来，把标有“绝密”字样的卷宗放在桌上，退了出去。接着，又来了第二、三、四封和第五封加急密电，一封比一封紧急。

从密电得知：主持中央特科日常工作的顾顺章被捕叛变！

情况万分危急！钱壮飞冷静地考虑该怎样应付这一突发事件。

解运顾顺章的轮船几小时前已经起航，最迟27日上午到达南京。如果不赶紧将这一情况报送中央，后果不堪设想！钱壮飞疾步走回隔壁的家，将封存好的密电交给交通员，让他立即赶乘南京到上海的最后一班特别快车。

回到办公室，第六份从武汉发来的加急密电传来：“主任左右有共党分子潜伏……”钱壮飞确信自己已经暴露，必须尽快离开。27日早晨，他从容接回不知内情的徐恩曾，乘8点钟的火车离开了南京。

28日清早，位于戈登路的中共中央机关，各联络处和办事机构，以及向忠发、周恩来、瞿秋白、陈云、张闻天等党的领导人住处，凡是顾顺章知道的地方，都同时遭到搜捕。

幸运的是，因为早先得到了情报，处处人去楼空，中共中央机关200多人消失得无影无踪。叛徒顾顺章将中共中央机关一网打尽的如意算盘，就这样落了个“竹篮打水一场空”。

在命悬一线的紧急关头，钱壮飞镇定自若，英勇果敢，及时将情报送给党中央，对保卫党中央做出了卓越贡献。

陈树湘

血洒湘江的英雄师长

1934年寒冬，在古城长沙小吴门外石灯柱上，悬挂着一颗血迹斑斑、怒目圆睁的红军将领的头颅。这人是谁？他就是在红军长征湘江战役中担任总后卫的红34师师长陈树湘烈士。这位于1927年红军创建之时入伍的硬汉子，在中央革命根据地参加过历次反“围剿”战斗。1934年底，陈树湘在打破敌军数次封锁和追堵后，孤军被困，受伤被俘，为免受敌辱，途中从腹部伤口拉出肠子扯断，舍身取义，壮烈牺牲。

殿后激战

1934年10月，中央红军开始长征。一踏上征途，陈树湘率领的红34师就肩负起全军后卫的艰巨任务。毛泽东曾风趣地说：“长征初期采取的战术是打狗战术。红34师边打边走，走在后头。”全师指战员也自誉他们是长征中的打狗队。作为“打狗队长”的陈树湘师长最为紧张，哪儿出现敌人的追兵，他就率部迎上去堵击。

红34师的前身，是毛泽东、朱德开辟中央苏区时在闽西创建的红12军，主要由上杭、龙岩一带的参军农民组成，经历过五次反“围剿”的考验。1933年中央红军整编时，红12军缩编为34师，长征时隶属红5军团，担负中央红军的后卫。

1934年11月下旬，中央红军到达湘江封锁线，遭到蒋系中央军和湘军、桂军的联合夹击，进行了长征期间最激烈的一场突围恶战。红

34师在全军的尾部殿后，陷入最危险的境地。

由于犯有“左”倾错误的领导人把战略转移变成了“大搬家”，部队行进缓慢。11月27日，红军先锋部队占领湘江重要渡口界首，却由于中央纵队携带的坛坛罐罐太多，每天只能走二三十千米。

此时红34师6000余人奉命在湘江以东阻击国民党中央军的追击，激战4天5夜，死死顶住蒋系中央军，掩护主力基本渡过湘江。

孤军奋战

红34师掩护中央军委纵队和主力红军顺利渡江后，湘江沿岸各个渡口即被敌人严密封锁。红34师失去了渡江的机会，又被截断了同主力部队的联系，陷于孤军奋战。

鉴于原渡江点已走不通，陈树湘通过电台请示中革军委，试图从南面涉水过湘江。

12月2日，陈树湘率部翻越海拔1900多米的宝盖山，欲从凤凰嘴强行徒涉湘江，遭桂军猛烈阻击，政委程翠林和政治部主任蔡中英勇牺牲，部队损失惨重，全师由原来的6000多人锐减至不足800人。

此情此景，令陈树湘悲痛异常，他命令参谋长王光道带领师部机关和部队300多人向东折回全州、灌阳之间的岭脚暂避。部队刚到洪水青就遭到了广西民团的伏击，经过一天的激战，才把敌人击退。

这时，上级获知红34师的艰难处境，考虑各方情况，指示他们返回湘南打游击。陈树湘立即确定了东返方案，决定绕路转到湘南山区打游击。此时部队只剩300余人，弹药也快用尽。

在这种严峻形势下，陈树湘召集师团干部开了个小会，宣布了两条决定：第一，寻找敌人兵力薄弱的地方突围出去，到湘南发展游击战争；第二，万一突围不成，誓为苏维埃新中国流尽最后一滴血！

断肠取义

12月12日，红34师剩余人员东进至红华洪塘附近，陈树湘指挥战士们坐船抢渡牯子江，遭到民团阻击，被子弹打中腹部，战士们抬着他向道县突围。14日，部队在四罗桥附近又遭敌围攻，陈树湘见自己不能行走，为免拖累部队而叫其他人赶快冲出去，自己和两名警卫员掩护。一番交火后，陷于昏迷的陈树湘不幸被俘。

敌军在中央红军长征后首次俘获一名师长，认为是大功一件，赶快医治并准备诱降。陈树湘从担架上苏醒过来，发现已落入敌手，便拒食拒医，决心身殉。在他被敌军抬着的路途中，突然用手从腹部伤口处掏出自己的肠子，用最后一股力气绞断，壮烈牺牲，实现了“为苏维埃新中国流尽最后一滴血”的誓言，年仅29岁。

恼怒的敌军杀害了陈树湘的警卫员，并将陈树湘的首级砍下来在道县城门上示众3天。这一消息传出后，激起了革命军民的仇恨怒火，游击战的火焰在湘南地区继续燃烧。

陈树湘这样有着坚定信仰、不畏牺牲的革命英烈，以视死如归的精神，显示了红军的不可战胜。正是有了这种精神，长征中的红军虽然遭受了挫折，却始终一往无前并迎来了胜利。陈树湘等人的光辉榜样，也成为激励革命军人的精神典范。

毛泽覃

英勇善战的红军指挥员

毛泽覃，1905年生于湖南湘潭县韶山冲，比大哥毛泽东小12岁。长兄领上革命道路后，毛泽覃成为红军优秀的指挥员、井冈山会师的重要联络人。现在的瑞金，矗立着一座毛泽覃3米高的塑像，塑像背面的碑文上写着：“毛泽覃同志是中国共产党的优秀党员，中国工农红军的优秀指挥员，坚强的共产主义战士。”

“朱毛”会师联络人

1927年5月，毛泽覃出任国民革命军第四军政治部书记。不久后，编入叶挺独立团。6月下旬，他告别妻子，随部队开往江西。当他抵达九江时，军长黄琪翔按兵不动，他只好独自赶去南昌。不料，起义部队已于8月3日撤离南昌，他便顺着起义军南下的路线追赶队伍。

脚走烂了，钱用光了，把妻子为他买的一件绸缎服卖掉了，终于在临川县边境追赶上了部队，毛泽覃跟随朱德、陈毅率领的只剩800多人的起义军艰苦转战。

10月底，部队转战到江西信丰县时，朱德、陈毅第一次听到毛泽东的秋收起义部队上了井冈山的消息，大家都非常高兴，立即决定派毛泽覃上井冈山与毛泽东联系。

毛泽覃经过千辛万苦，终于上了井冈山，找到了毛泽东的住处，正遇上时任毛泽东秘书的贺子珍。

贺子珍望见抬脚进屋的毛泽覃，以为是毛泽东，脱口喊“毛委员”。

“我是毛泽东的二弟。”毛泽覃自我介绍。

“你们兄弟长得太像了。”贺子珍笑道。

毛泽东回来后，听了毛泽覃介绍的情况，挥手说：“告诉朱军长，就上山吧。不然的话，我们也放心不下。”

毛泽覃下山后不到一个月，毛泽东就迎来了朱德、陈毅率领的南昌起义的队伍。两支部队胜利会师，象征着人民军队进入了一个新纪元。“朱毛”会师，毛泽覃是重要联络人。

奋勇战斗井冈山

1928年，毛泽覃在遂川县游击队任党代表。他对战士和群众非常关心，每天晚上他都坚持查铺，发现有的同志被子没有盖好，就轻轻地帮助盖好。一次，一个伤员在送往红军医院的途中，由于山上风大，冻得直打哆嗦。毛泽覃发现后，立即脱下自己身上的衣服，盖在伤员身上，自己却忍受着寒风的袭击。

在艰苦的斗争中，毛泽覃不仅把战士放在心上，还把老百姓挂在心间。一天，他在路上看见一个老大娘挑东西，走路有点费劲，立即赶上前去，帮助老人家把东西挑到家里，使她非常感动。人们看到，他总是与普通战士和贫苦老乡住在一起、吃在一起，苦在一起、乐在一起。

他曾经住在一个农民暴动队长家里。这家很贫穷，生活清苦，毛泽覃和他们一起喝稀粥、吃野菜。那位暴动队长的妈妈过意不去，想给他弄点好菜，几次拿鸡蛋去煮，都被他发现后劝止。一次，老妈妈怎么也不听劝说，两人争了好久，毛泽覃表示，如果硬要煮蛋，他就“罢餐”。结果，那位老妈妈只好含着眼泪又把鸡蛋放回去。

1930年1月，毛泽覃任红6军（后改称为红3军）政治部主任，曾代理军政治委员，与军长黄公略率领全军在赣水两岸开展游击战争，巩固和扩大了赣西南革命根据地。

1932年12月28日，我军最早的瑞金卫戍区正式成立，周子昆任总指挥，毛泽覃任政治委员。1932年，毛泽覃任苏区中央局秘书长。期间，与邓小平等一起，同党内“左”倾错误进行了坚决斗争。

壮烈牺牲黄田坑

在革命战争的磨炼下，毛泽覃很快成长为红军优秀的指挥员。他参加了保卫井冈山的战斗，参加了中央苏区五次反“围剿”斗争。因战功卓著，1933年8月1日，他荣获一枚中央军委颁发的二等红星奖章。

1934年10月，由于“左”倾冒险主义的错误，导致第五次反“围剿”失败，红军主力被迫进行战略大转移。毛泽覃和妻子贺怡被留在苏区坚持游击战争。转眼间，红区变成了白区。

12月，已被任命为红军独立师师长兼闽赣军区司令员的毛泽覃和担任区委书记的贺怡同时接到命令：毛泽覃要率部南下转战闽赣边界，贺怡因怀有身孕不能同往，则携带父母北上赣州从事地下工作，担任赣州县委书记。毛泽覃率部护送他们至会昌县白鹅洲码头后分手，没想到此处竟成了夫妻俩的永诀之地。

1935年是白区工作最艰苦的岁月。在极端困难的条件下，毛泽覃率部转战闽赣边界的崇山峻岭之中，由于苏区中央局及福建省委继续推行王明“左”倾路线，经过一次次的拼杀，毛泽覃的独立师只剩十来个兵十几条枪。

1935年4月25日，毛泽覃率余部来到瑞金县红林山区黄田坑村宿营。第二天清晨，山中突然响起一阵枪声，敌军包抄过来。他机警地冲到左边门口，命令游击队员迅速从后门撤往山上，他自己则端起枪向涌来的敌人猛烈扫射。敌人以小丘、丛林作掩护，从四面向毛泽覃逼上来。一阵枪弹飞过来，毛泽覃右腿一阵剧痛，鲜血染红了草地。毛泽覃咬紧牙关，忍着伤口的剧痛，继续朝敌人射击，不料从右后侧又打来一枪，子弹穿进他的胸膛。毛泽覃壮烈牺牲，时年29岁。

周逸群

与贺龙并肩战斗的战将

周逸群，1896年出生于贵州铜仁。他是贺龙同志的入党介绍人，湘鄂西红军和苏区的创建人，中国工农红军高级将领。他说：“只要我一天活着，我就一天不停止党的工作。”凭着对革命事业的无限忠诚和钢铁般的意志，他在湘鄂西这片热土上倾洒了自己的热血，被称为“革命的英雄”“党的楷模”。

积极投身革命斗争

1919年，周逸群东渡日本，致力于马克思主义的学习与研究。当国内爆发五四爱国运动时，以周逸群为首的留日学生纷纷组织起来，举行集会游行，声援国内的反帝反封建斗争。

1924年初，周逸群回国，与恽代英等一起以笔为矛，在上海发表一系列文章，歌颂党的统一战线政策和孙中山的民主革命思想。他参加创办《贵州青年》旬刊，宣传反帝反封建的革命思想，唤起无数革命青年，受到团中央的重视。

10月，周逸群投笔从戎，进入黄埔军校第二期学习，并受到孙中山的亲切接见和高度赞扬。11月，周逸群加入中国共产党，担任中共黄埔军校特别支部宣传委员，成为学校政治部主任周恩来的得力助手。期间，他积极从事青年军人运动的宣传和组织工作，显示出卓越的组织和宣传才能。

1926年7月，北伐战争开始后，周逸群受命在长沙组织北伐军总政治部宣传队。8月，党派他率宣传队到国民革命军第9军工作时，遇到了第1师师长贺龙。贺龙一直向往革命，急切要求共产党帮助改造部队，即请周逸群留任师政治部主任，从此，周、贺成为亲密战友。

当时，贺龙要求参加共产党，周逸群告诉他：共产党不会关门的，只要够条件，一定有人找你。在周逸群的帮助下，贺龙更加接近共产党，认为共产党的主张好，有办法，能够救中国，决心在共产党的领导下干革命。贺龙也对周逸群更加信任了。1927年，贺龙部先后改编为独立第15师，扩编为第20军，周逸群始终任政治部主任。

参加南昌起义

当时党内职务并不高的周逸群在“八一”南昌起义中是个关键人物。他最大的贡献在于：深刻地影响了当时并不是共产党员的贺龙跟党走，使我们党掌握了一支重要的起义力量。有人说，周逸群“像一滴红水落到缸里，正在逐渐扩散，改变着部队的颜色”。

1927年7月，周逸群随贺龙率部从武汉开赴南昌，参加南昌起义。他参加了前委会议，与刘伯承一起协助贺龙制定起义作战计划，亲临火线指挥战斗。

起义军南下后，周逸群任第20军第3师师长，率部担负保卫革命委员会领导成员安全的重任，与朱德等共同指挥了会昌战役，组织指挥潮州保卫战。这期间，他十分注重党务活动，介绍贺龙加入了中国共产党，并发展了一批新党员，为党增添了新鲜血液。

1928年1月，周逸群受党中央派遣，与贺龙等一起前往湘鄂边组织红军武装，开展武装斗争，并担任中共湘西北特委书记，领导了荆江两岸的年关暴动，重新点燃了江汉平原的革命烈火。3月上旬，到达湘西桑植洪家关，与贺龙一起组织工农革命军，发动桑植起义。

桑植起义受挫后，周逸群转往石首，重建遭敌破坏的中共鄂西特委，并担任特委书记。在他的努力下，统一了鄂西地区党的领导和军事指挥，深入农村发动群众，开展游击战争，建立苏维埃政权，实行土地革命。

开辟湘鄂西根据地

1929年春，周逸群把江陵、监利等县的游击武装整编成鄂西游击大队，并逐步扩编为鄂西游击总队。他兼任总队长，领导鄂西地区军民，运用“你来我飞，你去我归，人多则跑，人少则搞”和“分散以发动群众，集中以应付敌人”等游击战术，挫败了国民党军多次的“清剿”。

随着红色武装力量的发展壮大，1930年2月，周逸群领导组建红六军，兼任政治委员，与军长邝继勋率部连克潜江、郝穴、调弦口等城镇。7月，他率红6军与红4军在公安县会师，组成红2军团，任军团政治委员和党的前委书记。此后，又与贺龙一起创建了以洪湖为中心的湘鄂西苏区，任中共湘鄂西特委书记兼湘鄂西苏维埃政府主席。

不久，红2军团主力南征，仅有少数部队留守根据地，国民党军趁机派重兵“围剿”。在这种极端困难的情况下，周逸群和段德昌指挥部队依靠苏区人民，利用洪湖地区江湖港汊的有利地形，避强击弱，开展机动灵活的游击战，相继取得了第一、二次反“围剿”斗争的胜利，保卫了洪湖苏区，壮大了红军和地方武装力量。

1931年5月，周逸群由洞庭湖特区返回江北汇报工作，途经湖南岳阳贾家凉亭时，遭国民党军伏击，不幸壮烈牺牲，时年35岁。

时至今日，洪湖人民仍然传唱着这样一首歌谣：“洪湖水上长莲苔，莲苔年年把花开。莲花时开时又谢，烈士鲜花永不败。”这首歌谣，寄托着洪湖人民对周逸群的哀思。

八 方志敏

正气浩然垂青史的将领

方志敏这个伟大的名字，对于新中国几代人都不陌生，他在国民党狱中所写的《清贫》《可爱的中国》，曾被选入中小学课本，让无数少年为之热血沸腾。1953年4月，毛泽东在登莫干山时，曾对身边的人这样评价道："方志敏同志是有勇气、有志气而且是很有才华的共产党员，他死的伟大，我很怀念他。"

很有名气的学生

方志敏1899年出生在江西省弋阳县一个贫苦家庭。少年求学时，他在学校图书室看了很多进步书籍，并组织了"九区青年社"，专门与土豪劣绅作斗争。

当时，有个姓张的大地主想弄个"省议员"当。他让手下用钱去买选票，老百姓议论纷纷。方志敏写了一张小字报《张地主十大罪状》，连夜贴在县城最显眼的地方。城里的人都挤着去看小字报，拍手称快。张地主气得浑身发抖，派出爪牙终于找到了方志敏。

面对威胁，方志敏不慌不忙地说："我早给报馆和警察署写好了信，今晚我要回不去，就有人将信寄出去。你残害学生的事情全省的人都会知道。"地主无奈，最终还是让方志敏走了。姓张的地主没有当上议员，而方志敏却成了弋阳城里很有名气的学生。

1918年，北洋军阀段祺瑞投靠日本帝国主义，激起了群众极大愤慨。

一天，弋阳高小的师生在操场举行声讨段祺瑞卖国政府的集会。方志敏平时最敬佩的一位刘老师，登上台子演讲。他慷慨激昂地说：“卖国政府把我们的国家一片片出卖，日本帝国主义又要鲸吞我们的神州。我们应该从自己做起，抵制日货。”说着，刘老师把平时用的日本牙粉、日本脸盆拿出来，一脚踩碎牙粉盒，又用石头把日本脸盆砸碎。同学们都被刘老师的爱国行动所感染。方志敏抬腿跑到宿舍，把他铺的一床日本草席抱出来，跑上讲台，点燃一根火柴烧着日本草席说：“我向刘先生学习，坚决不用日货。”

革命者的清贫作风

1924年3月，方志敏在南昌加入了中国共产党。大革命失败后，大批共产党员和革命群众遭屠杀，全国笼罩在一片血雨腥风的白色恐怖之中。

1927年8月下旬，方志敏潜回弋阳家乡，在革命的关键时刻号召进步群众：“重起炉灶，再来干吧！”在斗争实践中，他以两条半枪起家，在本乡本土就地发动农民创建根据地和红军。这种做法，被毛泽东称为“方志敏式”。

虽然是根据地的最高领导，但方志敏一直过着清贫朴素的生活，从没有奢侈过。他刚刚担任苏维埃主席时，有人劝方母去讨些钱，老人去了。可是，方志敏没有钱。他内疚而诚恳地对母亲说：“姆妈，我是当主席，可当的是穷人的主席，哪里是官？饷银嘛，将来会发，现在没有。苏维埃刚建立，革命才有个起头，我们每日的饭钿才七分呢！”方母听了，说：“晓得了，晓得了。姆妈这一趟没有白来，明白了仔是当穷人的主席，我苦点也舒心啦！”

有一次，方志敏发现自己吃的是白米粥而大家吃的是米糠和野菜煮的粥，就叫警卫员告诉伙房：“大家吃什么，我吃什么，不能特殊。”老管理员听了警卫员的转达，叫了起来：“什么特殊？要讲特殊也行！方主席操心又劳累，肺痨痔疮病痛常常发作，哪个要为这事提意见，我来担当！”方志敏感激这位老同志，但仍然把粥端回了，和大家一起吃糠咽菜。

1934年11月，中国工农红军北上抗日先遣队与闽浙赣苏区红10军等组成红10军团，掩护中央红军长征，方志敏任军团军政委员会主席。红10军团在通过怀玉山封锁线时陷入敌人的重围之中，由于叛徒出卖，方志敏于1935年1月24日不幸被捕。被捕那天，两个国民党士兵搜遍方志敏全身，除了一块手表和一支钢笔，只有两个铜板。敌兵始终不相信，堂堂共产党领导，竟然如此穷酸。

狱中坚持斗争

蒋介石获悉方志敏被抓到了，立即密令国民党江西省党部千方百计劝降方志敏。

国民党江西省党部的头子对方志敏假惺惺地说："蒋委员长很想重用你，你为什么不早点出来呢？"

方志敏听后，鼻子哼了一声，说："蒋介石是什么东西！"

那头目又说："你们不是失败了吗？"

方志敏坚定地说："不！我们在军事上暂时失败了，政治上并没有失败。我可以告诉你们，我们永远不会失败！"

劝降失败了，敌人凶相毕露，用皮鞭抽打、坐老虎凳、灌辣椒水，残酷地折磨方志敏。方志敏忍受着巨大的疼痛，毫不动摇，没有透露一点党的机密。

敌人黔驴技穷，最后又拿来纸和笔，让他写"口供"。方志敏被捕后一直想写点东西，就利用这个机会，埋头写了起来。方志敏重病在身，咬牙坚持，一字一字地写。实在不行了，就停下来喘口气。就这样，在极为艰苦的条件下，方志敏饱含激情和对党的忠诚，在敌人牢房里写下了《清贫》《可爱的中国》等作品。书稿最终通过一个同情革命的狱卒带出了监狱。

1935年8月6日，方志敏在南昌被国民党反动派杀害，时年36岁。他以生命信守了誓言："敌人只能砍下我们的头颅，决不能动摇我们的信仰！因为我们信仰的主义，乃是宇宙的真理！为着共产主义牺牲，为着苏维埃流血，那是我们十分情愿的啊！"

许继慎

中国工农红军杰出将领

许继慎是中国工农红军高级指挥员，政治坚定，才华出众。周恩来赞许他“政治上很强，很能打仗，把叶挺独立团的战斗作风带到了红四方面军”，徐向前称赞他为鄂豫皖红军做出了突出的贡献。

黄埔为俊杰

许继慎1901年出生于安徽省六安县一个普通农民家庭。少年时期，他就怀着改革社会、探求真理的远大抱负，是安庆学生运动的骨干、安徽早期社会主义青年团员之一。

1924年5月，许继慎投笔从戎，考入黄埔军校第一期。他热情开朗，善于交际，入校不久，便结识了很多进步同学，阅读了《共产党宣言》《唯物史观》等著作。

在共产党员蒋先云的帮助下，许继慎政治觉悟有了显著提高，并加入了中国共产党。之后，他成为在军校颇有影响的进步组织“中国青年军人联合会”的骨干和负责人之一，经常与国民党反动分子作针锋相对的斗争。

许继慎对军事知识和军事理论抱有极大热情，如饥似渴地学习，门门功课都取得了优异成绩，这为他成为一名杰出的军事家奠定了坚实基础。

军校毕业后，他留校任教，被分配在新编教导第2团担任排长。

1925年2月，许继慎参加了讨伐陈炯明的第一次东征，作战英勇，多次立功，被提升为连党代表、连长。第二次东征时，升任7团党代表办公室少校干事、代理团党代表。

北伐当先锋

1926年7月，北伐战争狂飙突进，许继慎被派往叶挺独立团任第2营营长。8月26日，国民革命军第4军攻打通向武昌的交通要道汀泗桥。吴佩孚纠集了主力部队在这里死守，以大刀队督战，并用火力封锁铁路桥，两军遂成隔河对峙局面。

第二天，独立团从吴部右翼抄小路，翻高山，绕到吴部背后实行攻击，敌人纷纷向咸宁城溃逃。独立团立即乘胜追击，许继慎率第2营为前卫，冲在前面，他看到吴部官兵在咸宁城外山上和铁路桥头筑工事，非常混乱，又正是大水泛滥，在一片汪洋中，只有一条铁路线可以通行，便立即向团长叶挺报告，提出一个奇袭的方案："城中敌人甚为混乱，铁路线可以通过，请速令机关枪连掩护过去。"

叶挺亲往观察后，认为许继慎的方案可行，当机立断，命令机关枪连掩护2营冲锋。

许继慎接到命令后，立即进行了激昂的战斗动员。随后，他率领全营战士冒着守军的猛烈炮火向前冲去。当冲上铁路桥时，遭到守军交叉火力的阻击，但战士们毫不畏惧，继续攻击前进，终于占领了桥头阵地。敌军一看不妙，只得向贺胜桥溃退。

在随后的进攻贺胜桥战斗中，许继慎胸部受伤，忍痛坚持指挥战斗，直至战斗胜利。同年冬，他伤愈归队，担任由叶挺独立团扩编的第4军73团参谋长。

鏖战鄂豫皖

1930年4月初，许继慎到达鄂豫皖边区，迅速开展建立党的统一领导和组建红一军的工作。

许继慎指挥红军打的第一仗是攻克流波的战斗。

流波是六安西南山区一个繁荣的集镇，山环水绕，易守难攻。守在这里的六七百敌人是由国民党地方政府收编的土匪队伍，并在镇中心筑有坚固的炮楼。许继慎采取两面夹击的战术，先扫清敌外围据点，再逼碉堡内的敌人缴械投降，全歼守敌，取得了东征皖西后的第一个胜利。

第二天，许继慎乘胜追击，挥师攻打皖西南山区重镇麻城。镇内驻守的2000多人，除300多人逃跑外，其余全部被歼，红军取得了东征皖西的第二个胜利。

接着，许继慎又率部打下霍山县城，歼灭地方反动武装1000多人，痛击六安驻敌的反扑，毙俘敌副旅长以下700多人，取得了第三个胜利。

不久，许继慎又指挥了英山战役，这是红一军首次南下出击的重大战役。在敌我兵力相当的情况下，许继慎采取攻点打援的战术，在运动中分割围歼敌人。红3师与英山游击队密切协同，将逃敌全歼，接着又将从英山出援之敌的2个团全歼。

在许继慎的指挥下，红一军在鄂豫皖根据地内纵横驰骋，在短短2个多月的时间内连战皆捷。战事的有利局面使根据地迅速扩大，皖西、豫东南根据地基本连成一片，鄂东根据地扩大到黄陂北部和孝感大部分地区。

1931年11月，张国焘以“改组派”“第三党”“AB团”等罪名，将年仅30岁的红军杰出将领许继慎秘密杀害于河南光山县白雀园。1945年，中国共产党第七次全国代表大会上，许继慎的冤案得以平反昭雪，恢复了名誉和党籍，被追认为革命烈士。

八 大渡河17勇士

先锋中的先锋

大渡河河道陡峻，险滩密布，水流湍急。当年太平天国翼王石达开就是在这里全军覆没的。相同的大渡河，不一样的结局，红军勇士们在1935年5月写下了革命史上浓墨重彩的一笔。“翼王悲伤地，红军胜利场”，这副对联用简单的10个字诠释了两段极具反差的历史书卷。

夺取安顺场

最先到达大渡河岸边的是中央红军先头部队第1师第1团。他们从离大渡河160多里路的一个庄子里冒雨出发，经过一天一夜的急行军，5月24日晚上，悄悄逼近了安顺场渡口。

安顺场是个有近百户人家的小市镇。国民党为了防止红军渡河，用2个连的兵力把守在这里，他们把渡河用的船，能抢走的抢走，能毁坏的毁坏，只留下一条船供过河用。安顺场对岸还有一个营的兵力在封堵。

为了继续北上，就要拔掉安顺场这颗“钉子”！

刘伯承司令员和聂荣臻政委特别指示红1团团长杨得志：这次渡河，关系到数万红军的生命！一定要战胜困难，完成任务，为全军北上打开一条胜利的道路！

杨得志接到命令后，安排政委黎林率2营到渡口下游佯攻，以吸引对岸敌军；3营担任后卫，留在原地掩护指挥机关；他自己率领1营冒雨兵分三路夺取安顺场。

安顺场的敌军怎么也没有想到，红军会来得这样快。他们认为红军还没有出少数民族地区，所以都蒙头大睡呢。

“哪部分的？”敌军的哨兵满不在乎地问出现在他眼前的红军战士。

“我们是红军！缴枪不杀！”说着就扑向了敌人。

这次战斗只经过20多分钟，敌军的2个连就乖乖地当了俘虏。但是杨得志却高兴不起来，因为他们只找到了敌军自己用的那条木船。

组成突击队

擦亮英雄名片
传承英雄精神

怎么办？让战士游过去？水急、浪高、漩涡多，人一下水，就会被卷走。架桥呢？别说水流太急打不了桥桩，河对岸的敌军那也不是吃素的呀。看来只能先靠那只渡船了。

1营营长孙继先找来了8名当地的船工，船工们同情红军，都说愿意帮红军渡河。

天亮了，杨得志用望远镜观察对岸的敌情：离渡口一里地的地方，是个四五户人家的小村子，村子周围有半人高的围墙；渡口附近有2个碉堡，虽然看不到敌军的活动，但是杨得志清楚，敌军是隐蔽在小村子里，就等红军渡河部队接近渡口时，来个冲锋，把红军消灭在河里。

可杨得志下了强行渡河的决心。他开始部署火力，迫击炮、重机枪、轻机枪和特等射手——就位。

接下来开始组织渡河突击队。1营营长孙继先自告奋勇，他集中队伍宣布名单：连长熊尚林，到！2排长曾令明，到！3班长刘长发，到！……一个个的点名声，和一个个响亮的应答声，在山谷里回荡。16名勇士齐刷刷地站成了一排。

突然“哇”的一声，一个战士从队伍里哭着冲了出来。“营长，我也去！我一定要去！”杨得志一看，原来是2连的小通信员。他什么也没说，只是向孙营长点了点头。

一支英雄的渡河突击队组成了：17个勇士、17把大刀、17支冲锋枪。

强渡大渡河

7时整，强渡开始了。随着杨得志一声令下，17个勇士跳上了渡船。

发现红军渡河，对岸碉堡中吐出了火舌。

“打！”杨得志向炮兵下达命令。只听“通！通！”两声，敌军的碉堡就开了花儿。碉堡是没了，可从对岸村子围墙里，射出一串串的机枪子弹。8名船工拼命划着，子弹“嗖嗖”地从他们耳边飞过。红军的机枪手们，也同样还以颜色。红军怎么不开炮呢？因为红军只有4发炮弹，还要用到更关键的时候呢。

渡船在汹涌的波浪中颠簸着前进，离对岸越近，敌人的炮火就越猛烈，有的战士不幸负伤了。突然，敌人的一发炮弹落在了离船不远的地方，船剧烈地晃荡起来。船工们奋勇地控制着木船，战士们只恨自己帮不上忙。

这时，一股激流涌来，渡船飞快地向一块大礁石撞去。船工们手疾眼快，4个船工跳下水，用双腿撑住礁石，拼命地用背顶着船，另外4个船工则拼命地划着桨，最终化险为夷，避开了礁石。

渡船离岸只有五六米了，勇士们不顾敌军疯狂的射击，一齐站了起来，准备跳上岸去。

这时候，只见小村子里冲出一股敌军，涌向渡口。

“给我轰！”杨得志大声命令着炮手。

“通！通！”又是两下巨响，迫击炮弹不偏不斜地在敌群中爆炸了。在红军猛烈火力掩护下，17名勇士飞一样地跳上岸去，一排手榴弹、一阵冲锋枪，勇士们和敌人展开了肉搏战。17把大刀闪着寒光，左劈右砍。敌人哪见过这阵式呀，丢盔弃甲地往山后逃跑了。

红军顺利地控制了安顺场渡口，强渡大渡河的战斗胜利地完成了，后经7天奋战，红1军团第1师和干部团相继渡过了被国民党军视为不可逾越的天险大渡河，为后来夺取泸定桥奠定了坚实的基础。

17名勇士均获中革军委授予的“红星奖章”，2连被誉为“大渡河连”。

飞夺泸定桥22勇士

奇迹中的奇迹

毛泽东《七律·长征》中，“金沙水拍云崖暖，大渡桥横铁索寒”，让红军飞夺泸定桥的壮举变得家喻户晓。“大渡桥横铁索寒”，描写的正是英勇的红军突破围追堵截的敌军封锁线，飞夺泸定桥，一举粉碎蒋介石让红军成为“石达开第二”的企图，绝处逢生，继续北上长征的军事奇迹。

命悬一线

中央红军渡过金沙江后，急速向大渡河畔的安顺场挺进。这条路线与72年前太平天国翼王石达开渡过金沙江后走的路线极为相似。原因很简单，别无他路可走——左为天险雅砻江和大雪山，右为地势更为复杂、无法补充给养的彝区大凉山。唯有“一线中通”，但是，却有汹涌的大渡河横亘在面前。

在红军抵达大渡河前，蒋介石亲自飞抵昆明，调动10余万国民党军，在大渡河沿线组成封锁线，全力堵截红军。

红军不是石达开。毛泽东在地图上思索良久，仍然果断地用铅笔在“安顺场渡口”字样上画了一个圈。强攻！别无他路。

红军开始选择的渡河地点在安顺场。红1军团第1师英勇善战的红1团，在团长杨得志率领下，作为全军的先遣队，经过一昼夜140多里的急行军，迅即抢占了大渡河南岸安顺场渡口。

但是，由于安顺场水深流急，无法架设浮桥，而红军仅找到4只小船，大部队难以迅速过河。

1935年5月26日，毛泽东同周恩来、朱德到达安顺场，听取刘伯承、聂荣臻的汇报后，决定中央红军主力火速抢占距离安顺场320里的泸定桥。在后有追兵的危急情势下，能否夺取大渡河上这座唯一的桥梁，成为红军是否能够胜利渡河、脱离险境的关键。

能飞敢夺

飞夺泸定桥首先要“能飞”。

泸定桥距安顺场320里，全是山路，一面是悬崖陡壁，一面是奔腾咆哮的大渡河，河边是坎坷不平的羊肠小道。作为左纵队前锋的红2师4团于27日早上从安顺场出发，一面行军，一面打仗，头一天行程仅80余里。次日凌晨，朱德命令左、右两纵队之先头部队，要他们29日赶到泸定桥。这样余下的240里要在一天时间内走完，何况当时还下着大雨，其困难可想而知。

在红4团向泸定桥急行军的时候，对岸川军刘文辉的部队也在向泸定桥增援。后来对岸敌人累得不行宿营了，红4团战士还在拼命往前赶，最后硬是创造了一天一夜急行军240里的奇迹，于29日清晨抢占了泸定桥的西桥头。

飞夺泸定桥还要“敢夺”。

泸定桥桥长103米、宽3米，13根碗口粗的铁索固定在两岸桥台落井里，9根作底链，4根分两侧作扶手，桥下湍急的大渡河水在陡峭狭窄的缝隙中奔腾。红军赶到时，桥上只剩下光溜溜的几根铁索，上面的木板被拆得七零八落。这样一座铁索桥，别说要在枪林弹雨中夺过来，就是走过去也让人不寒而栗。

面对困难，红军战士勇往直前，义无反顾。

红4团在沙坝天主教堂内召开全团干部会议，进行战斗动员，组织了由连长廖大珠、指导员王海云率领的22名夺桥突击队。当时挑人的标准是：凡是干部，先要挑出来；曾经是战斗英雄的，也要挑出来；平时作战勇敢的，挑出来。挑选出来的人，必须是共产党员、共青团员，起码也要是入党入团积极分子。

勇往直前

下午4时，22名勇士每人手持冲锋枪，背插马刀，腰缠10来颗手榴弹，攀踏着悬空的铁索向东桥头攻击。

面对从桥上爬过来的红军勇士，对岸的敌人简直不敢相信自己的眼睛，一时竟不知道该做什么才好。敌人恐慌地喊着："共军爬过来了！"直到红军突击队员爬出一段距离，敌人方才开始放枪，顿时，子弹像雨点一样射过来。

连长廖大珠大喊一声："同志们不要怕，冲过去就是胜利！"敌人火力很猛，重机枪打得铁链直冒火星。

22名勇士以惊人的胆量，在枪林弹雨中拼死前进，速度越来越快。接近桥头时，工事中的敌人已经被红军勇士的无畏气概所震慑，一个个魂飞魄散，纷纷掉头逃命。

红军突击队员爬过铁索桥，站起身来准备冲锋。

突然，桥头城门火光冲天，熊熊烈火直向战士扑来。敌人用桥上抽下来的木板，集中在城外，然后浇上煤油，点起火来。火借风势，风助火威，顿时火光照红了高峡之间的天空。

"前进！"廖大珠突然一跃而起，在同志们的口号中，带头冲进火海。他头上帽子着火了，身上衣服着火了，然而，他仍旧不顾一切地向火里扑去。勇士们把手榴弹扔到敌群中间，随着爆炸声，一个个踩过火舌，挥舞着闪光的马刀，杀向了敌人，冲入泸定城内。

整个战斗仅用了2个小时，便奇绝惊险地夺下了泸定桥。

打下泸定桥的第3天，军团主力到了。毛主席高度赞扬夺桥的胜利，他手扶泸定桥的铁索，无比自豪地说："这样险要的桥都能夺取，说明红军是不可战胜的！"

第4天，红军千军万马从泸定桥上越过了天险大渡河。

中央军委为了表彰红4团，除了颁发一面奖旗外，还给22位首先过桥的突击队员以及团长、政委发了奖，每人一套印有"中央军委奖"字样的列宁服、一支钢笔、一个日记本、一个搪瓷碗、一双筷子。这在那时已经是最高的奖赏了。

吴焕先

赤胆忠心的红军指挥员

红25军是中国工农红军的一支重要力量。中央红军主力长征到达陕北后不久，毛泽东曾表彰红25军为中国革命立下了大功。吴焕先就是这支英雄部队的杰出领导人。1985年，在纪念吴焕先牺牲50周年前夕，徐向前元帅为他题词：“赤胆忠心，英勇善战。”

破家革命，揭竿而起

吴焕先1907年出生于湖北黄安一个地主家庭。1926年初，吴焕先在黄安七里坪加入中国共产党，投身农民运动。他将几家佃户债户请到家里，一面向他们宣传革命道理，一面将他们的租地契约和债务借据一把火烧了个精光。这件事在当地引起很大轰动，人们奔走相告，对他“破家革命，揭竿而起”的义举交口称赞。

1927年11月，黄麻起义爆发，成立了工农革命军第7军。吴焕先率军转战木兰山，带领革命群众在当地坚持斗争。他装扮成风水先生，身背罗盘，四处奔走，发动群众坚持斗争。

一天，吴焕先走到七里坪一个小村，在山坡上和几个放牛娃聊起来，得知村中一个地主家里死了儿媳和耕牛、黄狗肿了头，便径直来到地主家门口，定下罗盘，有板有眼地说：“新开门楼连水流，栽秧季节死耕牛，小儿媳妇难产死，看家黄狗肿了头。”这家老财见他吉凶卜得如此准确，便毕恭毕敬地将吴焕先请到家里，先是好酒好菜招待，又好说歹说要吴替他化灾祛难。吴焕先故作玄虚地说："消灾要回江西请张天师来。"地主送给他5块银圆，他随即将钱交给了党组织。

在这种艰苦的环境下，吴焕先坚定的革命信念毫不动摇，他在天台山的石洞边留下了"深山密林是我房，沙滩石板是我床，尽管敌人逞凶残，坚决斗争不投降"等诗句。

重建红25军

1932年6月，蒋介石发动第四次"围剿"，鄂豫皖根据地遭到严重破坏，10月红四方面军主力越过平汉路西去。面对严峻的形势，党组织决定重建红25军，由吴焕先任军长，全军7000余人。

受命于危难之际，吴焕先深感责任重大。他亲自深入基层部队，号召大家："革命先烈用生命和鲜血换来的鄂豫皖革命根据地，我们绝不能丢！我们大别山的红旗不能倒！战则存，不战则亡，我们一定要坚持到最后胜利！"从此，开始了一个保卫鄂豫皖根据地斗争的新时期。

这时，蒋介石以20万兵力疯狂进攻鄂豫皖红军。1933年3月初，吴焕先率红25军从新集以南的野鸡楼出发，向敌人发起猛攻，经几小时激战，将敌全部歼灭，取得了红25军重建后的第一次大胜利。4月间，又在潘家河歼敌一个多团，在杨四寨附近歼敌300余人。这些接连不断的胜利，使蒋介石"彻底肃清"鄂豫皖红军的计划成了泡影。

在飘忽不定的游击战争中，部队缺粮严重，吴焕先和战士们一样忍饥挨饿。对待自己的亲属，他更是严格要求。1933年夏，在围攻黄安七里坪的艰苦日子里，吴焕先的老母亲"跑反"乞讨到了军部。战士们知道后，纷纷要求军长将老妈妈留下来。但是，望着忍饥挨饿的官兵们，吴焕先还是硬着心肠拒绝了。当老妈妈拄着讨饭棍离开部队时，战士们痛哭流涕，吴焕先这位钢铁男儿也禁不住大放悲声。如此一别，吴焕先就再也未见到生他养他的老母亲。

喋血长征路

1934年11月，红25军开始长征。在行军途中，吴焕先骑在马上不是看报就是读书，到达宿营地就察看地形，布置警戒。一路艰苦转战，吴焕先率部在粉碎敌人40多个团的围追堵截后，长驱千里进入陕南地区。

进入陕南后，红25军先后与阻拦的国民党军多次激战，开辟了鄂豫陕根据地。吴焕先十分关心中央红军和红二、四方面军的行踪。他说：消灭敌人两个团也不如缴获一部电台，有了电台就可以听到中央的指示了。

打出终南山以后，红25军从缴获的报纸上和交通员带来的信息中，获悉红一、四方面军已在川西会合，并有北上的动向。吴焕先和省委其他同志认真研究了斗争形势的重大变化，召开了鄂豫陕边区省委会议，决定带领红25军向甘肃方向挺进，策应党中央与主力红军北上，同时决定北上与陕北红军会师。

吴焕先参加的最后一战，发生在1935年8月21日的甘肃泾水边。部队抢渡汭河，却被突然暴涨的河水分隔在南北两岸，尾追而至的国民党军向北岸袭来。前有天堑横断，后有敌军压上，吴焕先一马当先，带领百余名战士迅速抢占制高点，从侧翼向敌人发起猛攻。高地上，他向战士们大声疾呼：“跟我冲！”不幸的是，敌人的数粒子弹击中了这位年仅28岁的军政委。

将帅不惜死，战士敢拼命。1935年9月15日，红25军胜利到达陕北，成为最先完成长征的红军部队。

邓萍

浴血长征的军团参谋长

“长夜沉沉何时旦，黄埔习武求经典。北伐讨贼冒弹雨，平江起义助烽焰。围剿粉碎苦运筹，长征转战肩重任。遵义城下洒热血，三军征途哭奇男。”这首诗表达了张爱萍将军对战友邓萍烈士的悼念之情，也概述了邓萍革命的一生。作为长征中牺牲的职务最高的红军将领，他留下来的金属衣扣、毛衣碎片、磨平了的帆布鞋底等遗物，被中国人民革命军事博物馆珍藏，作为永久的纪念。

平江起义露锋芒

邓萍1908年生于四川自贡，1926年底考入武汉中央军事政治学校，在校加入中国社会主义青年团，不久加入中国共产党。

1928年夏，邓萍受党组织委派，前往湖南参加平江起义的组织工作。他与彭德怀、滕代远商定，起义定在7月22日上午10时。

7月18日夜，在平江县医院的一间病房里，邓萍对着军用地图，将先期侦察到的敌人兵力部署情况作了分析：“平江县城内除警察局、民团外，再无其他兵力，我们放一个营绰绰有余，但出县城100千米，就驻有敌一个整编团的兵力。”

割断县城内外敌人的联系，是取得起义的关键！因此，邓萍建议：“在起义开始前派小股部队占领电话局，截断电报、电话，以免敌人向外间呼救。”这样，可以延迟城外敌兵增援的时间。

为了确保城里举事成功，就得设法将援敌消灭在路上。邓萍继续谈自己的设想：“在离城30千米援敌必经的两个方向分别部署一个营的兵力，并将重机枪、迫击炮全部调拨给他们。同时，架通电话线，工兵连在援敌必经的两座大桥上预埋好炸药，接好引爆电线，这样就可断绝敌外援之路……”

彭德怀不由得对邓萍的军事谋划才能刮目相看，连连赞叹：“邓萍同志不愧是黄埔出身，比我这个讲武堂出来的丘八强多了。”他们研究了起义的准备工作、军事部署和分工，由邓萍负责起义后布告、标语和其他文告的撰写。

7月22日，平江起义的枪声打响，并取得胜利。以起义部队为基础，成立中国工农红军第5军，彭德怀任军长，滕代远任政治委员。鉴于邓萍展露的军事才能，由他担任红5军参谋长。从此，邓萍正式成为彭德怀的军事助手。

长征攻克娄山关

1933年7月，邓萍任红军东方军参谋长，参与指挥所部入闽作战。在中央苏区，邓萍南征北战，战功卓著，成为红军的著名将领。

红军开始长征后，邓萍任红3军团参谋长。1935年1月9日，红军占领遵义。15日至17日，中央政治局在遵义召开会议，确立了毛泽东在全党、全军的领导地位。从19日开始，红军各部在毛泽东的指挥下开始四渡赤水。

一渡赤水后，中革军委于2月23日电令红3军团必须在本月底前重占遵义，以调动敌人南返。24日，彭德怀、杨尚昆（接替滕代远任军团政委）、邓萍率部队从川南急行军，扑向通往遵义的要隘——娄山关。等到了才发现，黔军已先我占领了这座通往遵义的北大门。

这时，天空中飘起了阵阵雨夹雪，寒风吹来，侵入肌骨。彭德怀、杨尚昆、邓萍在油纸伞下，开起了紧急作战会议。彭德怀对二人说：“我们不仅要拿下娄山关，打通去遵义的通道，还要将山上的敌人全部消灭，避免其溃逃进入遵义，给我军下一步进攻作战增加困难。”杨尚昆点点头，补充强调说：“是歼灭而非击溃，这是作战的指导思想。”

按照首长们的指示，邓萍作了部署并亲自指挥，以1个团从娄山关左翼迂回到山后断敌退路，2个团分别从正面和右翼进攻。尤其壮观的是，邓萍集中了军团的全部迫击炮，向敌人的阵地齐射。只听得尖利的嘶叫声和隆隆的爆炸声此起彼伏，回荡在山峦沟壑之间。不到2个小时，拿下了娄山关的主峰。

遵义城下洒热血

首战告捷，红3军团乘胜前进，于27日上午9时攻占遵义城外围的一个小隘口——石字铺。

傍晚，进抵遵义城下。在军团司令部，邓萍与第11团政委张爱萍等研究攻城部署。邓萍说："现在我们已经暴露在城下，敌人明白了我们的作战意图，因此，攻击的发起时间越早越好。我现在就同你们一起去看地形，研究、确定好攻城方案，务必要在明天拂晓前占领遵义。"

冒着连绵的阴雨和料峭的寒风，邓萍等在当地农民的引导下，到遵义老城北门外的土埂边侦察敌情。在对地形进行分析后，邓萍命令张爱萍派1个营从河的跳墩上过去，沿着小坡接近城墙。不一会儿，第3营也顺利过了河，摸到了城墙下。

突然，邓萍从望远镜里发现有战士在爬城，便问张爱萍："哪个叫他们去爬城的？第一个是哪个？"张爱萍回答："没有哪个要他们去爬城，真糟糕！那个爬城的是蔡爱卿同志，7连的指导员。蔡爱卿的胆子很大，作战勇敢，每次都冲在前面。"

这时，天快黑了。邓萍又举起望远镜观察第3营的行动。他命令说："第3营与侦察排现在的位置不动，今天晚上就从那里爬城。军团决定今晚攻城，你们先钳制住守城之敌，待军团主力到达后，发起总攻，一定要在明天拂晓前拿下遵义。"

邓萍一边观察，一边叮嘱张爱萍："情况紧急，明天增援遵义的敌人薛岳部就可能赶到……"邓萍的话还没说完，一颗突然飞来的子弹击中了他的头部，邓萍一头倒在张爱萍的右臂里，殷红的鲜血喷溅出来。邓萍壮烈牺牲，年仅27岁。

董振堂

“坚决革命的同志”

“英雄战死错路上，今日独怀董振堂。悬眼城楼惊世换，高台为你著荣光。”这是叶剑英元帅1956年11月视察河西走廊时，仰望悬挂过董振堂烈士头颅的高台县城楼，感慨万千，深切地怀念董振堂将军而作的一首诗。毛泽东曾满怀深情地说“路遥知马力”，赞誉董振堂是“坚决革命的同志”。

宁都起义当红军

董振堂1895年出生于河北新河县一个中农家庭。他小时候目睹父亲被天主教徒打得头破血流，而官府因怕洋人而不敢管，于是便提出要去念书学本领。因家境困难，他13岁才上小学，有时买不起笔墨就用毛刷子蘸水写字。19岁时，升入冀县中学，因学习刻苦得到奖励。22岁毕业后考入保定军校，毕业后进入冯玉祥的西北军，因战功卓著升到师长。

1930年的中原大战中，西北军被打垮。1931年初，蒋介石把冯玉祥的嫡系孙连仲部收编为第26路军，董振堂担任了第73旅旅长。这支杂牌军从山东被调到处于苏区三面包围中的江西宁都，后面有蒋嫡系部队督战，不“剿共”就不发饷。为此，董振堂和同仁们都积愤在胸。同年，东北沦陷，官兵们要求北上抗日保卫家园，刚行30千米，就被中央军堵回。苦闷之中的董振堂想寻找红军，已秘密加入共产党的军参谋长赵博生这时动员他暴动，马上引起他的共鸣。

1931年12月12日夜，宁都城响起激烈枪声，并传来“解放”的口令。董振堂在赵博生指挥下，和另一个旅长季振同等共同举事，驱逐了2个顽固的师长，消灭了反动军官和地方土豪武装。天亮后，6个旅的部队1.7万人全部被争取过来，董振堂站在城东南的高塔下，带头把国民党的帽徽、胸章撕下来，并大喊：“我们马上到红军那边去！”

长征途中的“铁后卫”

宁都起义后成立的红5军团，经迅速整编后，参加了中央苏区的第四、五次反“围剿”，成为红一方面军的主力军团之一。在二万五千里长征中，红5军团经常执行断后、掩护任务，打了许多恶仗、硬仗。紧要关头，红5军团指战员往往手持大刀上阵，与敌军短兵相接，杀得敌人血肉横飞，闻风丧胆，被称为“铁流后卫”。

1934年11月30日，中革军委命令红5军团在湘江东岸的渡头、土地圩一带，至少坚守两天两夜，阻击国民党正规军的追击，全力保护主力红军、中央纵队、军委纵队顺利渡过湘江。

董振堂比任何人都清楚，红5军团的身后就是中央首脑机关，如果顶不住，整个红军将会陷入绝境。红5军团打退了10多万敌人无数次的冲锋，有力地保障了中央首脑机关的安全。两天两夜，董振堂都没能合眼，始终战斗在最前线。第二天傍晚，中革军委又来了一道命令，要求保护红8军团过江。红8军团是一支新军，没有战斗经验，途中掉队了。为保护红8军团过江，他们又坚守了一天一夜。

1935年4月底，红军渡金沙江时，中央红军趁滇北防守空虚，决定兵分3路，从3个渡口同时渡江，董振堂的红5军团负责掩护军委纵队从中间的皎平渡渡江。

按照这个部署，红5军团在江南岸的石板河一带掩护3 天便可撤防。但渡江行动开始后，第1军团找不到渡船，架了半截的浮桥又被江水冲垮，第3军团也无法架浮桥，于是中央军委命令第1军团沿江而下，第3军团沿江而上，都改从皎平渡渡江。而皎平渡仅有6只小木船，这样一来，渡江所需时间大大延长，因此，董振堂率部在防御阵地一直坚守了9天9夜，连续3次打退敌人的进攻，圆满地完成了保障红军主力渡江的任务。

血染河西高台

红军三大主力会师后，为执行宁夏战役计划，1936 年10 月，第30、第9、第5军次第渡过黄河西进。11月8日，过河部队正式称西路军，董振堂所率领的第5军仍然担任后卫。

西路军渡过黄河以后，董振堂指挥红5军接连打了一些胜仗，并于1937 年1月1日接连攻下甘肃省临泽县城和高台县城，但随即陷入了马步芳、马步青部队的重围之中。

1月12日起，敌人接连不断地向高台城发起猛攻，先是用炮火轰击城墙，抬着云梯，挥舞马刀杀来。红5军的电台控制在政委黄超手中，黄超又不在高台，因此董振堂无法与总部联系。他指挥部队孤军坚守高台，首先部署部队重点防守城外的两个制高点——城西北和城东南方的两个大碉堡，但是由于我军弹药极为缺乏，敌人很快攻下了这两个制高点，并利用这两个制高点压制我军守城的火力。高台城墙实为一个大土园子，高不到两丈，顶上又窄，很难组织火力。守城红军在人力和弹药方面都遭受了很大损失。形势越来越严重， 在危急情况下，董振堂决心率部队突围。

正在这时，红5军政委黄超派人送来一封信，信的大意是：高台是西进的要冲，必须坚守。董振堂读完信后，在天主教堂召开干部大会，号召大家与高台共存亡。经过7昼夜的激战，收编民团中的坏分子哗变，打开了城门。敌人冲进高台城，红5军与敌人展开巷战。董振堂率部队突围，他从高台城的东北角跳了下去，不幸摔断了腿。面对围上来的敌人，他跪在地上两手用双枪连连射击，只剩最后一颗子弹时射向自己的头部……董振堂牺牲后，马匪残忍地将其头颅在高台县悬挂示众。

在抗日战争中
砥柱中流

杨靖宇

东北抗日联军的杰出将领

杨靖宇，原名马尚德，1905年出生于河南确山县一个贫苦农民家庭，1927年5月加入中国共产党。“九一八”事变后，他率领的抗日队伍驰骋于东北广阔的土地上，沉重地打击了日本侵略军，有力地配合了全国抗日救亡运动。为纪念他，1946年东北民主联军通化支队改名为杨靖宇支队，濛江县改名为靖宇县。

声威震敌胆

1933年冬，杨靖宇率领东北人民革命军高举抗日义旗，驰骋于白山黑水之间，并号召各个抗日武装团结起来，共同进行抗日斗争。

1936年春，根据中共中央《八一宣言》精神，党领导的东北抗日武装发表了《统一建制宣言》，东北人民革命军第一军改编为东北抗日联军第一路军，杨靖宇任军长兼政治委员。在组建东南满临时省委会议上，杨靖宇收到了抗联第二军政委魏拯民送给他的一本《共产党宣言》。杨靖宇如获至宝，回赠一把自己的爱枪，风趣地说：“你送我马列主义，我赠你杀敌武器！”从此，这本书一直被杨靖宇与军事地图一道，放在随身携带的挎包里，一直伴随他战斗到生命的最后一刻。

抗联第一路军在杨靖宇的领导下，歼灭了大批日伪军，声威大振。杨靖宇的名字使日伪军闻之丧胆，而在人民群众中，成了抗日的旗帜。东北人民都亲热地称呼他“杨司令”，把抗联第一路军称为“杨司令的队伍”。

他创作了《东北抗日联军第一路军军歌》，被广为传唱：“我们是东北抗日联合军，创造出联合的第一路军。乒乓的冲锋杀敌缴械声，那就是革命胜利的铁证。正确的革命信条应遵守，官兵士兵待遇都是平等。钢铁般军纪风纪要服从，锻炼成无敌的革命铁军。”

这支“无敌的革命铁军”，在白山黑水间沉重打击敌人，日益发展壮大，威胁着日伪在南满的统治，成为日寇的心腹之患。

苦斗为革命

共产党人22年的革命斗争中，有三件最艰苦的事。第一件，红军二万五千里长征；第二件，南方红军的3年游击战争；第三件，就是东北抗日联军的14年苦斗。

1938年下半年，由于全国抗战逐渐进入相持阶段，日军抽调兵力加紧“围剿”东北抗日联军，致使我南满抗日游击根据地相继遭到破坏。敌人想尽一切办法，采取一切措施来捕杀杨靖宇，企图消灭他所统率的抗日队伍，这就使杨靖宇部队处于极度的困难之中，几乎每天都要与强敌遭遇。

天寒地冻，无衣无食，赤足在雪地上行军，空腹与敌人战斗，是经常的事情。在当时，一顿最好的美餐不外是雪水煮玉米粒，至于油盐酱菜，更是连想都不敢想的事，常常是几天几夜不吃不睡，与敌周旋。东北抗日游击战争进入了艰难的岁月。

面对强大的敌人，为了保存实力，避免与敌正面冲突，杨靖宇从1939年末开始，即采取化整为零的策略，把大部队分散成若干股小部队活动。杨靖宇率部进入长白山区建立密营，坚持战斗。

日伪想尽一切办法破坏杨靖宇的密营，但始终都没有得逞，直到杨靖宇的爱将程斌叛变，形势开始变得对杨靖宇及部队极为不利。程斌投降以后，第一件事就是带领日本人摧毁了70多个抗联密营，这些贮存粮食、布匹、药品和枪械的秘密宿营地是抗联的补给生命线。一夜之间，杨靖宇部陷入了弹尽粮绝的境地。

战斗到最后一刻

1940年1月9日到30日，21天的时间内，杨靖宇率部队与敌人作战14次。

1月21日，军部警卫旅第1团参谋丁守龙被捕叛变；2月1日，司令部特卫排长张秀峰携武器、密件、现金投敌叛变，进一步暴露了杨靖宇的行踪。日军即刻调集兵力，漫山遍野地日夜搜索。杨靖宇在敌兵重重包围中穿梭苦战。

2月12日，杨靖宇身边仅剩下6名战士。2月15日，在敌侦察机引导下，地面敌人开始对杨靖宇进行搜索。杨靖宇几处受伤，加之奔走多日，腹无粒米，饥寒交迫，精疲力竭，但他仍然顽强地战斗。18日，2名警卫员在购买食物时与追捕的敌人交火后牺牲。22日晚，农历正月十五，杨靖宇在距濛江县城西南6千米的保安村三道崴子度过了他人生的最后一个夜晚。

2月23日，正是长白山的严冬季节。杨靖宇衣着单薄，孤身被围，已断粮5天。敌人顺着杨靖宇在雪地上留下的脚印追了上来，对他形成了包围。杨靖宇烧毁了全部文件，双手双枪向敌人射击，边走边战，用不断射出的子弹回答敌人的劝降。但终因寡不敌众，身中数弹，壮烈牺牲，时年35岁。

左权
以身殉国的抗日名将

1942年5月25日，37岁的八路军副总参谋长左权牺牲了，他是八路军在抗日战场上牺牲的级别最高的指挥员。名将阵亡，太行山为之低咽，全党为之悲痛。得知左权牺牲的噩耗后，朱德挥笔写下挽诗：“名将以身殉国家，愿拼热血卫吾华。太行浩气传千古，留得清漳吐血花。”

三次军校求学

左权1905年出生于湖南醴陵一个贫苦的农民家庭。

1923年冬的一天，左权得到一个振奋人心的消息：广州孙中山大元帅府的军政部部长程潜派人来到醴陵，招收大本营陆军讲武学校的学生。次年初考入后，他激动地下定决心：国民革命要靠我们来奋斗牺牲，让我们共同努力吧！未来在我们的手中将会诞生一个强大的国家。

1924年9月，左权转入黄埔军校第一期学习。1925年1月，经陈赓和周逸群介绍，左权在周恩来的批准下加入了中国共产党。

1927年9月，左权正式进入苏联伏龙芝军事学院学习。左权学习非常认真刻苦，无论是课堂学习、图上作业，还是野外演习，他都专心致志，一丝不苟。

左权的三次军校求学经历，对他后来的军事生涯产生了重大影响。左权一生最幸运的是，他曾经就读于世界四大著名军校——美国的西点军校、英国的桑赫斯特皇家军事学院、俄罗斯的伏龙芝军事学院以及中国黄埔军校中的两所，接触到了当时世界上最先进的军事理论，为在革命战争中充分展示自己的军事才华、逐步走上我军高级指挥员的领导岗位，奠定了良好的基础。

筹建兵工厂

八路军挥师深入敌后，武器十分匮乏，一个战斗班只有三五支枪，有时不得不用大刀长矛同敌人拼杀。为了解决武器装备问题，八路军总部于1938年9月成立了总部修械所，主要负责修理受损的武器和缴获的枪械，同时还兼造地雷、手榴弹、步枪。步枪最高月产量仅五六十支，远远不能满足前线的需要。为了扩大生产规模，八路军总部决定建一个更大的兵工厂，由左权负责。

左权作风严谨，做事之前，特别注重调查研究，掌握第一手资料。经过实地勘测，左权决定把兵工厂建在黄崖洞。黄崖洞地处太行山脊的深谷中，四面险峰环抱，唯一的出口是南面绝壁中的一道裂缝，仅容一人出入。从军事地形上看，此地易藏易守。

地址选好后，左权亲手规划工厂布局及保护工厂的军事设施的配置。经过一年的建设，一座年产足可装备16个团的兵工厂建立起来了，在一定程度上改善了八路军装备匮乏的状况。朱德称它是八路军的“掌上明珠”。

为保护好这颗“明珠”，左权亲自指导战士们伐树木、烧石灰、挖战壕、修碉堡，进行地形改造和工事构筑。严寒中，他穿着和战士们一样单薄的旧军装，在黄崖洞周围的高山上爬来爬去，选择地形配备火力。

指挥黄崖洞保卫战

黄崖洞兵工厂建立后，很快成为日军的重点进攻目标。1941年11月，日军派遣重兵来袭，左权指挥若定：“一定要抓住一个‘稳’字，坚持不骄不躁、不惶不恐，以守为攻、以静制动的原则。”

11日凌晨，战斗打响，日军凶猛攻击未果，竟灭绝人性地向我军阵地施放毒气弹。特务团按照左权的指示，顽强坚守阵地，并组织反击，打退了日军的多次进攻。

日军接连失手后企图利用山侧的悬崖，居高临下侧击我军阵地。左权及时指示特务团“待机行动，以变应变”，重新配置防御力量，继续给进攻的日军以重大杀伤，重挫了敌军的锐气。

19日，黄崖洞保卫战进入尾声。八路军在曹庄一带设下伏兵，引诱日军进入了伏击圈。日军被密集的弹雨打得阵脚大乱，伤亡惨重，向黎城方向溃逃。21日，乘胜追击的八路军收复了黎城，胜利地结束了黄崖洞保卫战。此战日伪军损失2000余人，敌我伤亡之比为6比1。

中央军委认为，这次保卫战是“最成功的一次，不仅我受到损失少，同时给敌人数倍杀伤，应作为1941年以来反‘扫荡’的模范战斗”。

太行压顶也不动摇

1942年5月，日军纠集3万兵力，对太行抗日根据地实施了空前残酷的大“扫荡”。由于敌我兵力对比悬殊，八路军总部决定实施转移。左权不管硝烟气浪，沉着指挥战斗，对负责掩护撤退的警卫连连长说：“你们连80%是共产党员，90%以上都是老红军，相信你们一定能够完成这次任务。告诉同志们，太行山压顶也绝不要动摇！”

5月25日上午，突围部队仍然未脱离险境，被日军围堵在一条山沟里。地面上，日伪军以“纵横合击”战术构成的包围圈一步步在收紧；天空中，日军飞机不时地投弹扫射，受惊的骡马狂奔乱跳。左权不顾敌机的威胁，一边观察着战场情况的变化，一边指挥部队分路突围。

日伪军加速收缩合围圈。左权督促彭德怀赶紧转移：“你的转移事关重大，只要你安全突出重围，总部就能得救。”

彭德怀突围后，部队进行短暂休整。左权用嘶哑的声音激励极其疲劳的队伍：“同志们，尽管敌情严重，大家不要慌。我们要胜利，就得一齐冲。一齐冲就要听从指挥，只要冲过前面一道封锁线，我们就安全了。”

太阳偏西了，日军的炮火依然很猛烈。左权从容地指挥队伍继续突围，他登上一块高地，一遍又一遍地高喊着：“不要隐蔽，冲出山口就是胜利，同志们快冲啊！”

突然，一发炮弹落在左权身边，他继续高喊着让大家卧倒。第二发炮弹接踵而至，他的头、胸、腹部都中了弹片，才华横溢、智勇双全的八路军副总参谋长英勇牺牲了。为纪念左权，辽县改名为左权县。

马本斋

百战百胜的回民支队司令员

抗日战争时期，在华北平原上，活跃着一支以回民兄弟为主组成的抗日部队——回民支队。这支部队屡建战功，威震敌胆，给日本侵略军以沉重打击，被八路军冀中军区誉为“无攻不克、无坚不摧，打不垮、拖不烂的铁军”。毛泽东称之为“百战百胜的回民支队”。马本斋就是这支英雄部队的司令员。

寻求抗日正道

马本斋1902年出生于河北省献县一个贫困农家。在那个社会动乱不安、国家支离破碎的时代，民众生活在水深火热之中。马本斋的童年过得十分清苦，上过几年私塾后，他随父亲流浪东北，饱尝人世艰辛。一次偶然的机会，马本斋报名参加了张作霖的奉军，由于粗通文墨，能写会算，很快得到了重用。

面对大好前程，刚过而立之年的他却做出了令世人意想不到的举动：解甲归田，回乡务农。因为他感到，在旧军队看不到一点希望，对那些检查军务却要唱堂会、抽大烟的上司非常厌恶，认为简直就是一个“黑洞”。“九一八”事变后，东北军执行绝对不抵抗的政策，把数千万父老乡亲置于日军铁蹄之下，这加重了马本斋对国民党政府的不满。辞职时，他留下了这样悲愤的诗句：风云多变山河愁，雁叫霜天又一秋。男儿空有凌云志，不尽苍江付东流。

1937年卢沟桥事变爆发，日本帝国主义发动了全面侵华战争。马本斋在乡亲们的鼓励下，在村里组建了约70人的回民义勇队。当时，有很多地方武装看重他当过团长，封官许愿拉他入伙，但马本斋一心想着抗日，丝毫不为所动。

在与各色武装打过交道后，马本斋感到共产党人是真正替老百姓打天下的队伍。1938年4月，经回族共产党员刘文正联系，马本斋率义勇队参加了八路军，所部改编为冀中军区回民教导总队。

当年10月，马本斋加入了中国共产党，他在志愿书中这样写道："我甘心情愿把我的一切献给伟大的中国共产党，献给为回族解放和整个中华民族的解放而奋斗的伟业。"

百战百胜的回民支队

1939年6月，回民教导总队编入野战部队，改称八路军第3纵队回民支队，马本斋任司令员，创造了许多平原游击战的经典战例。

康庄伏击战就是一个引蛇出洞、围点打援的出色战斗。

康庄位于河北省衡水县城和安家村据点之间，是衡水到安家村的必经之地。1940年5月29日深夜，马本斋等率主力部队悄悄进入康庄附近的麦田设伏。次日凌晨，一小部分部队受命佯攻安家村据点，一时间弥漫的硝烟和震天的杀声使敌人摸不着头脑，急急忙忙打电话向衡水求援。

上午8时，百余名日伪军杀气腾腾地向安家村赶来。敌人进入了伏击圈，回民支队枪炮齐发，打得敌人鬼哭狼嚎，魂飞魄散。激战40分钟，歼灭大部日伪军，回民支队无一伤亡。

1940年初至1941年7月间，面对日军企图分割我抗日根据地的严峻形势，马本斋创造了"漩涡打卷"战术，避其锐气，打其疲弱，打得赢就打，打不赢就走，率回民支队经历大小战斗五六百次，歼灭日伪军万余人。

屡建战功，威震敌胆，马本斋与回民支队名声大噪，引起了日军的极度恐慌与憎恨。

母子两代英豪

日军对马本斋恨之入骨，千方百计想抓住他，当得知他是有名的孝子时，便决定从马本斋的母亲下手。

1941年8月的一天，侵华日军山本联队的500多骑兵突然包围了献县东辛庄，并用刺刀把躲在村外的群众逼回了村子，要求乡亲们指认马母，否则就大开杀戒。到傍晚时分，先后杀了两名群众。为了保护更多的群众免遭残害，马母挺身而出，痛骂道："你们这群该死的畜生，杀人的强盗，吃人的魔鬼！不敢找马本斋，只敢欺负我们这些手无寸铁的老百姓，迟早有一天你们要遭报应！"

马母被抓后，敌人假仁假义，安排她住上等的房间，送来可口的饭菜，劝她写信给马本斋，并保证只要马本斋归顺，不但不为难他，还要委以重任。马母呵斥道："杀剐存留，全在你们，想让我儿子投降，你们死了这条心。"她宁死不从，坚决不吃敌人一粒米、不喝敌人一口水，绝食7天，为国殉难，时年68岁。

得知噩耗，马本斋写下了铮铮誓言："伟大母亲，虽死犹生，儿承母志，继续斗争。"他这样表达自己为抗日献身的坚定决心："宁为玉碎洁无瑕，烽火辉映丹心花。贤母魂归浩气在，岂容日寇践中华！"

1944年1月，马本斋奉命率部队开赴延安。启程前，马本斋病倒了，颈后长毒疮，并发急性肺炎，于2月7日病逝于后方医院，终年43岁。临终前，他作了最后一次动员："要跟着党，跟着毛主席，抗战到底！"

3月17日，党中央在延安为马本斋召开了隆重的追悼大会，毛泽东题词："马本斋同志不死！"

八一

吴运铎

“中国的保尔”

从历史的深处，有一位“中国的保尔”向我们走来，他就是上个世纪五六十年代中国人民心中的英雄楷模、党的好儿子、军工专家吴运铎。这位老英雄抗战时期投身革命，为研制炮弹数次负伤，九死一生，落下终身残疾。但他无怨无悔，乐观向上，以超乎常人的坚韧不拔的毅力继续战斗在军工事业第一线。

创造新四军造枪纪录

吴运铎1917年出生于江西萍乡，早年曾在安源煤矿做童工、当学徒，积极参加反帝爱国运动。抗战爆发后，他和志同道合的三位同伴奔向皖南云岭，参加了新四军，被分配在司令部修械所工作。

吴运铎头脑敏捷，人也机灵，什么东西他只要看上一眼就会。一年之后，修械所扩大为兵工厂，吴运铎担任了造枪班班长。

造枪对吴运铎来讲这是第一次，厂里没有图纸，设备也十分简陋，为了造出枪来，完成党交给的工作任务，吴运铎有股初生牛犊不怕虎的气概。他不气馁、不畏惧，没有图纸自己画，精心打造一个个零件。功夫不负有心人，不到3个月，凭着他的智慧和灵巧的双手，设计和制造出了枪支，创造了新四军造枪的纪录。新枪一批又一批地从这里送到了前线。

一天，叶挺军长带着国际友人史沫特莱来参观。走进造枪车间，她要了一支新造的步枪，拉开枪机，装进子弹，举枪向前方的钢板一连打了三枪，弹弹穿过。她看了看周围的环境，好奇地问，这枪是用什么机器制造出来的。吴运铎指指长凳、矮凳、木桩、木板，回答她说："就这些。"

史沫特莱耸耸肩，称赞说："奇迹！没有机器，凭着智慧热血制造出了枪。我见过许多兵工厂，可从未见过没有机器的兵工厂，这个兵工厂是世界上少有的。"

挖雷汞负伤致残

1941年1月，吴运铎在皖南事变突围时身受几处枪伤，他凭着坚强的毅力，撤退到盐城，受命在淮南建成了新四军第2师的子弹厂。

1942年夏天，罗炳辉师长指挥部队打了一个大胜仗，缴获了日军5000发迫击炮弹。但是经检查后发现是一批报废了的炮弹，不能用，可丢了又可惜。他派人把这批炮弹送给了吴运铎，要他尽一切可能，修好这批炮弹。

吴运铎检查发现，这批炮弹缺的最多的是引火的炸药——雷汞。他灵机一动，决定从废旧的雷管中挖汞。内行的人知道，这是一件十分危险的工作，工人们纷纷要求参加试验工作，吴运铎说："大家别争了，我是共产党员，又是厂长，在关键的时刻，我必须站在最前沿，这个试验就让我来完成它。"

然而，意外发生了，"轰"的一声巨响，雷管爆炸了。吴运铎左手的四根手指被炸飞，左腿膝盖炸开了个碗口大的伤口，脸上也在流血。

吴运铎昏迷的那段时间里，他有时会突然从床上跳下来，直往大门外跑，嘴里还高喊着："我要回去，前方正等着要炮弹呢！"有时，他会突然撕开伤口的绑带，喊着："为什么把我的手捆起来？这怎么干活啊！"

十多天后，吴运铎终于清醒过来，但左眼瞎了，大家都难过得说不出话来。吴运铎安慰他们道："我的负伤是和千千万万的战士负伤一样光荣。虽然我被炸掉了左手，可我还有右手，炸瞎了一只左眼，我还有一只右眼。革命总是要流血牺牲的，不是我就是其他同志。只要我能回到工厂，能站在机床前，我仍要生产更多的子弹、炮弹来打击敌人。”

成功研制枪榴弹

一天，他接受了一项新任务：研制新型的类似掷弹筒一样的武器——枪榴弹。他找来有关书籍，看了一遍又一遍，又将掷弹筒拆散，对一个个零件进行研究。

终于，他想出了一个方案：把粗钢棍掏空，制成类似掷弹筒的枪榴弹筒，用铸铁造成像迫击炮弹一样的枪榴弹，装进枪榴弹筒内，用没有弹头的步枪子弹的火药高压气体，把筒内的枪榴弹发射出去。半个月后，第一批枪榴弹和第一支枪榴筒造出来了。

他们制造的枪榴弹，很快就出现在前方。

1943年8月，在反击日伪军“扫荡”的桂子山战斗中，枪榴弹第一次立了大功。一个大队的日军和汉奸伪军，到根据地“扫荡”抢粮，刚进入边界山区，新四军的枪榴弹就像雨点般飞过去，一下子打死了十几个日本鬼子。战后，上级特地把一支从日本军官身上缴获的手枪送给了吴运铎，作为对他制造出枪榴弹的奖励。

抗日战争胜利后，吴运铎和他的军工厂由盱眙迁移到了淮阴，后又迁移到山东。1947年3月，吴运铎建立了东北炮弹厂，制造了一批又一批炮弹，支援了辽沈战役，还为淮海战役提供了30万发炮弹。

1950年，吴运铎担任了中南兵工厂厂长。1953年，他撰写出版了《把一切献给党》的传记作品，被朱德总司令誉为“中国的保尔·柯察金”。

1991年，一代“枪炮大王”吴运铎在北京病逝。

朱镜我

学贯中西的新四军儒将

朱镜我1901年出生于浙江鄞县，自幼勤勉好学，成绩优异，赴日本求学10年，1927年毕业于东京帝国大学。回国后于1928年5月参加中国共产党，是中国左翼作家联盟发起人之一，领导革命文化运动和党的宣传工作。1941年1月在“皖南事变”中壮烈牺牲。

身陷囹圄坚贞不屈

1933年初，党中央机关迁往江西苏区，决定在上海成立上海中央局。翌年，朱镜我被任命为上海中央局宣传部长。1935年2月19日，上海中央局第三次遭到敌人的大破坏，朱镜我不幸被捕。

敌人破坏了上海中央局机关后十分得意，把这件事和红军退出江西吹嘘为“剿共”军政上的大获全胜，要朱镜我等“打报告”自首，还派来叛徒做“转变”工作。

朱镜我大义凛然，嗤之以鼻。国民党南京警察厅厅长陈空如是朱镜我的同乡和亲戚，他写信答应保释朱镜我，但条件是必须“办手续”。朱镜我看了信对同志们说：“这些人真是以小人之心度君子之腹，谁理他！”

国民党中央党部要员雷震是朱镜我在日本时的同学，也去劝朱镜我“自新”。朱镜我坚持革命立场，在看守所接见室用日语和雷震进行激烈辩论，声明自己无罪，根本不需“自新”。

朱镜我爱人的叔父赵次胜当时任国民党宁波专区保安司令，和蒋介石关系密切，也出面要保释朱镜我，但朱镜我仍不为所动，赵次胜不得不感叹地说他是“很有骨气的人”。

在被捕的人中也有少数人经不起威逼引诱而动摇了。朱镜我知道后，十分难过和痛心。他本患有严重的胃病和肺病，时常吐血，但他还是忍着病痛，鼓励同志们坚持斗争。他说：“中国革命已到了最困难的时候，黑暗到了顶点，光明也快来到了。正如雪莱说过的：冬天到了，春天还会远吗？我们必须坚持下去。”

由于朱镜我不肯低头屈服，被国民党当局判处12年徒刑，投入监狱。直到1936年12月“西安事变”后，经过中国共产党的种种努力和斗争，蒋介石不得不同意联共抗日，释放政治犯。1937年6月，朱镜我获得自由。

忘我工作无私奉献

1938年春，朱镜我奉调到江西南昌新四军办事处和中共中央东南分局宣传部工作，并负责编辑《剑报》副刊。同年秋到皖南新四军军部，任军政治部宣传教育部第一任部长，兼军部刊物《抗敌》杂志主编。

朱镜我对工作认真负责，刻苦努力。他虽因严重疾病，平时只能喂一小碗稀饭喝，经常呕吐酸水、鲜血，每天需服几次大量的小苏打粉，瘦成皮包骨头，但在云岭汤村汤氏宗祠的一间小房里，仍然日夜伏案工作，撰写文章，批校稿件……

朱镜我身为著名学者、军内高级干部，但他一身士兵服装，和战士吃住在一起，常常亲自为干部战士讲授理论和政策，还撰写了许多文章，深得广大干部、战士的爱戴。他和爱人赵独步与袁国平夫妇、薛暮桥夫妇一起，曾被军部评为“模范夫妻”，一时传为佳话。

百折不挠壮烈牺牲

1940年10月，国民党顽固派发动第二次反共高潮，调集重兵向皖南新四军军部四周逼近。朱镜我抱病创作了《我们是战无不胜的铁军》：“我们是工农自己的队伍，我们在斗争中生长壮大，千百次血战恶斗，锻炼出无限伟大的力量。”这是一首战斗性很强的歌曲，表现了工农武装奋勇杀敌、百折不挠的意志，很快在新四军全军流传起来，以后又流传到江南、皖北、苏北等广大地区。

“皖南事变”前夕，军部决定先将一些年高体弱以及非战斗人员分批撤离皖南。朱镜我因身患重病，经常咯血，军部决定他先行撤离，经上海去苏北根据地，但他坚持要与部队一起行动。同志们去劝朱镜我先走，但他坚决地说：“我是宣教部长，怎么能走？”

1941年1月4日，军部撤离泾县云岭，朱镜我随军行动。7日，部队在云岭遇到国民党军队的阻击。朱镜我极其虚弱的身体，已经疲惫不堪，实在走不动了，只得用了担架。到8日晚，他大量咯血，但仍坚持随队日夜兼程。12日，敌发起总攻，朱镜我和军政治部的队伍被围困在石井坑虎云垄山头。13日，敌军越逼越近，放火烧山，战士们要背他下山撤退，他为了不连累战士们，厉声下令：“不必为我多送几条命，你们自己快打出去！”他命令警卫员：“你对我开枪吧，我绝不当俘虏！”见警卫员不肯离去，朱镜我咬紧牙关，站立起来，纵身跳下悬崖，壮烈牺牲，时年40岁。

刘老庄连

我军指战员英雄主义的最高表现

在抗战史上，曾有过这样一支英雄连队：面对20倍于己的日伪军，全连82名壮士毫不畏惧，奋勇拼杀，激战至最后一息也不屈服，最终全部壮烈殉国。这支彪炳史册的连队，就是新四军第3师7旅19团2营4连，亦即著名的“刘老庄连”。

狭路相逢刘老庄

1943年2月，日伪军调集重兵，在苏北淮海区一带“扫荡”，企图寻歼新四军。3月16日，日伪军1000余人兵分11路，对进驻在梁岔一带的新四军实施“铁壁合围”。4连等闻讯迅速转移，跳出了日军包围，转移到刘皮镇刘老庄一带。

刘老庄村是苏北平原上的一个普通乡村(今属江苏省淮安市淮阴区刘老庄乡)，人不足百口，南距淮阴城50多里，紧靠淮沭公路右边。

18日凌晨，4连站岗值哨的班长匆匆跑来喊醒连长白思才，报告南庄的老百姓正在四散奔逃，据说敌人已到南面5里的地方。白思才一跃而起，和指导员李云鹏简单碰了一下头，即派通讯员传令各排马上起身，收拾行装到庄子后集合。

部署完毕，白思才来到庄前哨位上，看到老百姓在田野里慌乱地跑着，有的拉着牲口，有的背着包袱，有的抱着小孩，敌人的枪声就在不远处挑衅似的持续响着。白思才让收了哨，集合队伍向西北方向撤离。

队伍刚出庄子，只见一条又宽又深的交通沟向西蜿蜒伸展着。指战员们都下了沟，走着走着，忽然从西南方向冲过来一股敌人的骑兵，一匹、二匹、十匹……向着这个方向快速奔来。

白思才叫大家快走，尽快甩掉敌人。这时，前面的尖兵停住了，班长跑回来向白思才报告："交通沟是断截的，走不通了！"

狭路相逢勇者胜，白思才把驳壳枪掏了出来，叫大家准备好武器……

死死钉在阵地上

敌人气势汹汹地压了过来。白思才看了看附近的地形，既没有院墙和树林等障碍物，也没有坟堆等小高地，突围是暂时不可能了，只有坚决抵抗！于是，他下达了战斗命令，督促大家上好刺刀，准备战斗到底——他们多坚持一会儿，附近的群众就能多转移出一批人。

3月18日上午，鬼子步兵一个约四五十人的小分队，在火炮、机枪的掩护下，向4连阵地发起第一次冲锋。英雄的连队没有一个人胆怯，他们结成一个沉重的铁锤，以猛烈火力扫射，击退了鬼子的进攻。

在机关枪的咯咯声和手榴弹的咆哮声中，4连打退了鬼子的5次冲锋，田野上留下了许多鬼子的尸体。

指导员李云鹏仍和往常一样沉着，他站在大家的中央，放开嗓子，挥着拳头鼓动讲话："我们八路军、新四军是抗日的队伍，日寇是中国人民的死敌，我们要坚决打到底！"

"保卫根据地，保卫人民！"战士们的回答，像汹涌的波涛怒吼。

"同志们！这是考验我们的时候了！我们要为党的事业战斗到底！为民族解放战斗到底！同志们！我们要坚持党的光荣传统，要做模范，要做英雄。一个也不做孬种，一个也不当俘虏！"指导员高亢的声音，盖过了敌人隆隆的炮火声。

"保持党的光荣，不做孬种，不当俘虏！"同志们异口同声像雷鸣一样地响应。

白刃相搏死拼到底

日军的进攻越来越凶。他们用机关枪对着路沟两头处打过来，迫击炮、掷弹筒像热锅炒苞谷似的，前后左右到处爆炸着，有几颗炮弹落在了沟心里。

突然，李指导员的头部中弹，他一声不响地跌倒在地上，鲜血喷涌，淌满了脸。

白连长跳起来，将驳壳枪一丢，端起一根上着刺刀的长枪，鼓着血红的眼睛，喉咙里迸出粗哑的声音："同志们，上起刺刀拼呀！"

敌人第6次冲锋被打下去了。战士们雪亮的刺刀上染上了日军的血。可是在敌人猛烈炮火下，突围还是没有成功。

子弹打完了，怎么办?

连长发话了："我们绝不让敌人抓住一个活的，也不让敌人得到一支好枪。这都是我们用鲜血换来的。同志们，把机关枪和多余的步枪统统破坏掉！"

战士们握紧上好刺刀的钢枪，决心同日军肉搏!

日军借着夜幕掩护，疯狂涌到4连阵地前沿。4连战士们手端刺刀一跃而上，与日军展开白刃格斗，刀枪撞击之处，传来日军的惨叫声。战士们的刺刀捅弯了，就用枪托砸；枪托砸碎了，就用铁锹砍、牙齿咬。一场悲壮的白刃战，终因敌众我寡，82位勇士全部壮烈牺牲。

这一战，4连共打死打伤日寇500余人。

战后，新四军代军长陈毅撰文表彰："烈士们殉国牺牲之忠勇精神，固可以垂式范而励来兹。"八路军总指挥朱德在《八路军新四军的英雄主义》一文中，把它誉为"我军指战员英雄主义的最高表现"。

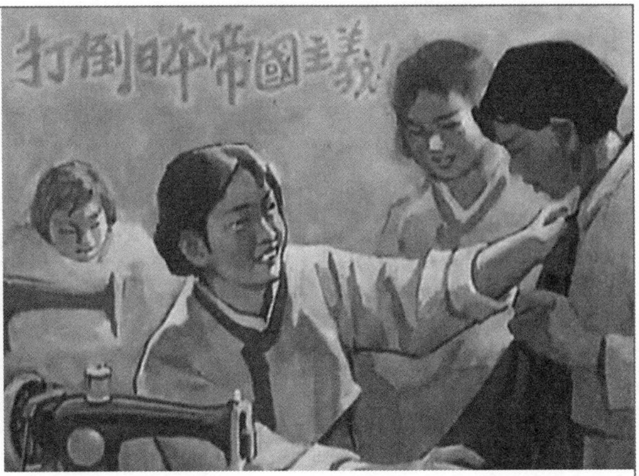

安顺花

宁死不屈的东北抗联女战士

她的名字，被列入东北抗联的军工史册；她领导的缝纫队，被誉为“出色的缝纫队”；她的事迹，载入了中国人民解放事业的史册，成为中朝两国人民战斗情谊的见证！她，就是安顺花。

艰辛的军工生活

安顺花，朝鲜族，1909年出生于朝鲜咸镜南道一个贫苦家庭。1930年，她和丈夫李凤珠一起背井离乡，来到中国吉林省，在珲春县一个大地主家里做佃农。1931年1月，安顺花光荣地成为中国共产党的一名朝鲜族女党员。从此，她把全部精力都投入到革命事业中。

1934年4月，安顺花带领的缝纫队跟随东北人民革命军第2军独立师4团，开始了艰辛的军工生活。频繁的转移，紧张的生产，历尽千辛万苦，付出了沉重的代价。

一次，只有8位缝工的缝纫队接受了2天内赶制几十套军装的任务，又赶上敌人的大“扫荡”，只好把缝纫机搬进芦苇荡里。她带领大家泡在一尺多深的冰冷的水中争分夺秒地战斗，忘记了寒冷，忘记了饥饿，也忘记了带在身边正在发烧的不到1岁半的小儿子。

突然，苏醒过来的小儿子大声地啼哭起来。糟糕！日本鬼子在芦苇荡外巡逻，暴露了目标就什么都完了。她为了缝纫队的安全，立即拿块破布把孩子的嘴堵起来，低声地说：“你要把日本鬼子喊来呀！”后被同伴金贞善发现，把破布掏了出来，但孩子终因疾病和堵塞过久，离开了人世。

强烈的军工责任感，使她坚强地压制着悲痛感情。又一次，上级要她们缝纫队一周内完成500多套军衣。正在这时，家中捎信说公公病重，二儿子因没有鞋子穿冻伤了脚。同伴们劝她做双鞋，顺便回去看看，可她说：“新入伍的抗联战士等着衣服穿，我怎能回家呢？”她接着又投入了紧张的生产。

一连几天几夜没合眼，走东家、串西家，发动老百姓协助缝纫队赶制军装，还动员了不少男战士帮助缝扣眼。任务按期完成了，可家中的噩耗也传来了：在一次大“扫荡”中，公公、婆婆和二儿子都被敌人杀害了，她在中国的家也不复存在了！

随主力向森林转移

战争越来越严峻而残酷。根据“分散扎营，保存力量”的原则，部队将向南转移，进入原始森林。缝纫队怎么办？姐妹们七嘴八舌地议论着。

“安姐！没有缝纫队，抗联战士穿什么？光着屁股冻死啊？你还是带着我们随部队一块走吧，再苦也吓不倒我们！”

“安姐！你这个朝鲜人为中国的解放事业，什么都不怕，难道我们中国人有脸当怕死鬼吗？你就放心带着我们走吧！”

安顺花含着热泪激动地说：“感谢你们！我的好姐妹，让我们拧成一股绳，坚持到革命胜利的那一天吧！我相信胜利是一定会来到的！”

第二天就启程了，姐妹们劝安顺花去团卫生队，向她在卫生队担负领导工作的丈夫李凤珠告别。当晚，夫妻见面，她把明天随部队向原始森林转移的事告诉了丈夫。丈夫安慰她、鼓励她，拣了一些药物包好，递给她。她向丈夫默默地点点头，忍痛含泪而别。

回到缝纫队，安顺花再次仔细地检查了一捆捆布匹和缝纫工具，便在昏暗的烛光下摊开那张印制粗糙而发黄的地图，用手指仔细地在上面缓缓移动，用哭干了泪水的红肿眼睛凝望着上面的山冈、森林、村落和敌人的据点。

清晨，山峦和丛林仍然被浓厚的雾霭笼罩着，一支由几十名女军工组成的缝纫队，踏着冰霜出发了。一天后，在宁安县头道沟安营扎寨，继续在深山里为部队赶制军衣。

为抗日献出宝贵生命

1937年3月26日，日伪“讨伐队”来密营袭击。安顺花组织大家把粮食和缝纫工具等埋在2米深的山涧积雪下，然后向山顶撤退。为了引开敌人，掩护同志们，她毅然向一个小山坡跑去，不幸负伤被捕。

敌人把安顺花带到缝纫队的营棚前，进行轮番的惨无人道的审讯。

“衣服埋在哪里？只要你说出来，保你一条命。”汉奸们吼叫。

“你们是中国人的败类，活着还不如一条狗！”安顺花怒斥道。

日本军官乱吼几声，几个鬼子和伪军把安顺花的头发使劲撕扯，那波浪一样卷曲的头发一把把散落在雪地上。日寇见安顺花只字不吐，恶狼般地撕掉她的上衣，残忍地砍掉了她的双手。这双为革命战士做过无数件军装的灵巧的手，迸溅着鲜血，落在雪地上。

安顺花再次苏醒过来时，残忍的日本军官吼叫：“军衣埋在哪里？”安顺花面无惧色，两眼冒出愤怒的火星。

日寇疯狂地叫起来：“钉木楔子，送她上西天！”刽子手们挥舞着削好的木楔子，扑向安顺花。

1根、2根、3根、4根，直钉向安顺花的胸部和腹部。

两天后，安顺花的同伴们来到了她的身边，缓缓地把她抬到埋过缝纫机和军装的土坑里，默默地安葬了她们永生难忘的领头人。

这位年仅28岁的朝鲜籍抗联战士，从此长眠在中国的土地上。

赵一曼

甘将热血沃中华的巾帼英雄

赵一曼早年参加革命，投身到阶级和民族解放的火热的斗争洪流中。“九一八”事变后，在东北抗日战场上，为民族、为革命英勇斗争，在敌人面前坚贞不屈，直至壮烈殉国。为赞颂、悼念这位巾帼英雄，朱德曾题词：“革命英雄赵一曼烈士永垂不朽!”

反抗封建干革命

赵一曼1905年出生于四川省宜宾县一个封建地主家庭。四川农村的习俗是不让女孩子读书识字，而她却走出了一条冲出封建家门、入校接受新思想、到国外学习、回国搞革命运动的新路。

赵一曼10岁那年，母亲按当地旧俗要给她裹脚、穿耳眼，但任凭如何呵斥责打，她就是不肯裹脚，并用菜刀剁烂了裹脚布和小尖鞋。

在宜宾女子中学读书期间，校长按照封建当局的要求，特别规定女校学生必须一律挽髻。赵一曼带领几个女同学找到校长说：“我们梳不来头、挽不来髻，请你给梳、给挽吧。”以道学著称的校长一时尴尬不堪。随后，赵一曼和同学们拿出了准备好的剪刀，为自己剪了短发。后来，赵一曼还组织了“妇女解放同盟会”，会员很快就达180人。她们在闹市街头贴标语、画漫画，把乡绅们画成了狐狗、魔鬼。

赵一曼反抗封建习俗的活动在家乡搞得轰轰烈烈，当地封建势力扬言要加以报复。母亲怕赵一曼闯出大祸，就把她关在家里做女红、学绣花，以此来收敛她的心。然而，她9个月内没绣出一朵花，却读了很多革命书籍。

父亲去世后，为了少惹是非，哥嫂将赵一曼收集的进步书刊付之一炬，并准备把她嫁出去了事。赵一曼赶走了前来提亲的媒婆，离家出走，并于1925年在《妇女周报》上用“一超”的名字发表了脱离家庭的宣言。

在大姐夫郑佑之的介绍下，赵一曼加入了社会主义青年团，1926年春转为中国共产党党员，走上了革命的道路。

红枪白马女政委

1931年“九一八”事变爆发后，党中央发表宣言，揭露日寇的侵略罪行，号召东北人民反抗侵略者。同时，派出赵一曼等一批干部去东北组织、领导反日斗争。赵一曼为了民族的独立，离家别子，毅然奔赴抗日疆场。

赵一曼自从来到东北，经常废寝忘食、不避艰险地努力工作。她曾以诗言志，表达自己矢志报国的革命豪情。她在一首题为《滨江抒怀》的诗中写道：“誓志为国不为家，涉江渡海走天涯。男儿岂是全都好，女子缘何分外差？未惜头颅新故国，甘将热血沃中华。白山黑水除敌寇，笑看旌旗红似花。”

1934年4月，赵一曼担任了中共珠河中心县委特派员。至今，在老根据地还有许多关于赵一曼的故事在流传。

群众说，赵一曼特别机灵，遇事有办法。一次，她与妇女会长梁大娘去北沟，途中遇见了敌人。赵一曼怕敌人盘问时自己露出南方口音，就装起哑巴。她把眼睛瞪得直直的，做出愣愣怔怔的样子。梁大娘指着她对伪军说，这是我的哑巴闺女，领她串串门。就这样，把敌人哄过去了。

还有一次，我地下工作人员从驻珠河县城的伪军手中买来一批枪支弹药，但因日寇封锁严密运不出来，大家都很着急。一天，赵一曼到城里后，用油纸、油布把枪支弹药紧紧包好，放入一辆大粪车中。当车老板赶马拉着大粪车来到城门岗哨时，日本兵捏着鼻子嫌臭，伪军也挥手叫赶快走。于是，载着武器的粪车就混出了城。

赵一曼能文能武，胆量过人。她腰里常别着匣子枪，带领模范队、青年义勇军与敌人作战。在伪满报纸上，曾有“共匪女首领赵一曼，红装白马奔驰于丛山密林，投身于抗日反满运动”的报道。

慷慨就义为民族

1935年11月，东北人民革命军第3军第1师第2团被日伪围困于一座山间。赵一曼时任团政治部主任，协助团长指挥作战，与敌人激战数日。团长让赵一曼带领部队突围，她却果断地说：“你是团长，有责任将部队带出去，我来掩护！”大部队顺利突围后，赵一曼在完成掩护任务撤出时与敌人相遇，并在战斗中负伤，后在一个农民家中养伤时被俘。

赵一曼被押解到哈尔滨后，日伪警察头目立即对她进行审讯。她浑然不顾自己的伤口正在不断地流出鲜血，浸透了棉衣，依然滔滔不绝地痛斥日寇侵略中国东北的暴行。负责审讯的日本特务恼羞成怒，竟用竹签从她的指甲缝中钉进去，用鞭子狠抽赵一曼的伤口，使她几次昏死过去。

日军从赵一曼的口中得不到有用的情报，决定将她送回珠河县处死“示众”。

1936年8月2日，赵一曼被押上去珠河的火车。面对死亡，她想起了远在四川的儿子，给儿子写下了一封催人泪下的遗书：“母亲对你没有尽到教育的责任，实在是遗憾的事情。母亲因为坚决地做了反满抗日的斗争，今天已经到了牺牲的前夕了。希望你，宁儿啊！赶快成人，来安慰你地下的母亲！在长大成人之后，希望不要忘记你的母亲是为国而牺牲的！”

到了珠河，敌人把赵一曼架在一辆马车上“游街示众”。临刑前，她视死如归，举起扣着手铐的双臂，高呼“中国共产党万岁!”“打倒日本帝国主义!”等口号。对此，敌人记载说：“其态度从容，毫无惧色，令人震惊。”

枪声响后，殷红的鲜血渗入黑土地，赵一曼壮烈殉国，年仅31岁。

张思德

全心全意为人民服务的楷模

1944年9月8日，毛泽东主席参加了一名普通战士的追悼会，他不仅亲笔题写了“向为人民利益而牺牲的张思德同志致敬”的挽词，而且发表了著名的演说《为人民服务》。这位被领袖追悼的普通战士，就是张思德。几十年间，“为人民服务”这一光辉的口号同张思德的名字一起响彻了中华大地。

受苦受难盼解放

张思德1915年出生于四川省仪陇县一个贫苦农民家庭。他一家几辈都受尽了地主的压榨和剥削，父亲长年以给地主扛长活和打短工糊口。张思德生下来的时候，家里已经没米下锅了，重病在身的母亲只得拖着虚弱的身子，走东家、串西家，把要来的一把半把谷米，捣碎熬成糊喂他，因而，他的小名叫“谷娃子”。

谷娃子不到7个月，妈妈就去世了。妈妈去世以后，张思德的婶母收养了他。张思德6岁就下地干活，割草、挖野菜、拣蘑菇、采松果，什么都干。但是仍然是缺衣少食，吃了上顿没下顿。

几年后，张思德流落在外的父亲从外面回来，租种了地主的几亩地。父子俩辛辛苦苦整整干了一年，但等到谷子上场的时候，却被地主收租克扣到没剩下多少粮食。父亲实在没有办法，只好带着全家重新过上离乡背井的生活。

1933年8月，红军解放了仪陇县。苦大仇深的张思德第一个报名参加少先队，成为乡里首任少先队长。他积极帮助红军筹粮筹款，受到乡苏维埃的嘉奖。同年10月，他加入红军，走上了革命的道路。

长征路上尝百草

1935年3月，张思德随红四方面军参加了长征。爬雪山，过草地，无论遇到什么艰难险阻，他都挺身而出，冲锋在前。

为了战胜饥饿，走出草地，组织上发出了“尝百草”的号召。在茫茫的草地上，野草遍地，毒草丛生，要尝出一种能吃的野草是很不容易的，往往是要付出很大的代价，轻者中毒，重者可能死亡。那时候，张思德在“尝百草”的活动中，总是抢在前头。见到一种草，他总是首先尝一尝，找到一种能吃的草，然后马上去告诉兄弟单位。

有一回，部队来到一片水草丰盛的沼泽旁宿营，一个小战士来到水塘旁，忽然叫起来：“野萝卜！野萝卜！”张思德过来一瞧，果然离水塘不远的地方长着一丛丛野草，绿叶子，跟萝卜叶子差不多。那个小战士兴冲冲地跑过来，拔起一棵就往嘴里送。张思德忙赶上去，一把夺过来，先放到自己的嘴里，细细嚼了嚼，感到又甜又涩。

不一会儿，张思德感到有些头晕脑胀，全身无力。又过了一会儿，他感到肚子一阵绞痛，随后吐出一股股酸水。他急忙对小战士说：“这草有毒，快，快告诉……”没等把话说完，张思德把手中的野草一扔，就栽倒了，失去了知觉。

半个多小时以后，张思德慢慢醒来，模模糊糊地看见小战士端着水蹲在跟前，他急忙说：“不要管我，快去告诉其他同志。”

在“尝百草”的活动中，张思德就是这样把生的希望让给同志们，把牺牲的危险留给自己。

为革命胜利烧炭牺牲

抗日战争爆发后，张思德所在部队在开赴前线前留下老弱病残，编成了一个警卫连。张思德因有伤病也被编入警卫连，任副班长，负责云阳镇八路军留守处和荣誉军人学校的警卫。1940年春，张思德调往延安，在中央警卫营任通讯班长。

1942年10月，军委警卫营与中央教导大队合编为中央警卫团，领导决定张思德由班长改为战士，张思德愉快地接受了组织安排。他说：“当班长是革命工作需要，当战士也是革命工作需要。”当时，和他同期入伍的同志有的已当了营长甚至团长，张思德身为战士，却从不计较职务高低。

抗战期间的延安，冬天要靠烧炭来取暖。1944年夏天，张思德带领战士们到安塞县石峡峪山中烧炭。烧炭是个技术要求很高的活，火要烧得均匀，压火要到火候。为了掌握好火候，张思德吃住在窑旁。白天，他巡回各窑，掌握火候。晚上，他要起来好几次，爬上各个窑顶，观察烟色。窑里温度很高，有的木炭出窑还有火星。但每次出炭，他都是抢先钻到窑的最里边捡木炭，手里包的破布着火了，他就弄熄后继续干。同志们要和他换位置，他总是不肯。在他的带领下，大家仅用一个月时间就烧炭5万多斤，超额完成了任务。

9月5日，天下着小雨，张思德带领战士们照常上了山。砍树的砍树、挖窑的挖窑，张思德和战士小白负责挖一孔窑。快到中午时分，眼看一孔窑就要挖成了，俩人拿着小镢头开始修整窑壁。正在这时，窑顶上突然“啪啪”掉下几块碎土。

“快出去，危险！”张思德发现情况后，大喊一声，随后一把将小白推出窑口，只听“轰隆——”一声，半米多厚的窑顶坍塌下来，张思德被砸埋在窑里。

“老班长！”小白大声呼喊着，用力挖着土。同志们闻声赶来，奋力把张思德从土中挖出来时，他的心脏已经停止了跳动。为了战友的安全，他献出了年仅29岁的生命。

狼牙山五壮士
气壮山河的英雄群体

70多年前，五壮士在狼牙山的纵身一跃，被定格在伟大的中华民族抗日战争的历史上。让我们永远记住五壮士的名字吧！他们是壮烈殉国的马宝玉、胡德林、胡福才，以及幸免于难的葛振林和宋学义。

血战狼牙山

1941年8月，日军华北方面军司令官冈村宁次指挥7万余日伪军，对晋察冀边区发动空前规模的秋季大“扫荡”。这次大规模的“扫荡”和反“扫荡”斗争持续了2个月。

9月24日，3500多名日伪军展开了对狼牙山地区的围剿。狼牙山位于河北易县的西南方向，属太行山脉，呈西南、东北走向，包括有棋盘陀、莲花峰在内的5陀36峰。日伪军来势汹汹，围困住了在山上的游击支队、党政机关和附近的老百姓，形势十分严峻。

根据对敌我形势的分析，杨成武司令员制定了“围魏救赵”的作战方案，命令一部佯攻管头、松山一带日军，促使日军从狼牙山东北方向调兵增援，从而在东北一带撕开一个几公里长的大缺口，大部队趁着月色，向着缺口方向撤出狼牙山。

25日凌晨，500多名日伪军在飞机大炮的掩护下，对狼牙山发起了正面进攻。在敌众我寡的形势下，7连战士凭借狼牙山有利地形，制造了漫山都是八路军的假象。

时近中午，7连战士伤亡非常惨重，连长刘福山也身负重伤。为了让大部队再走远些，也让7连受伤的战士能够安全转移，指导员让6班留下坚守阵地，拖住敌人。于是7连就在6班5位战士的掩护下，沿着棋盘陀转移了出去。

5个人牢记着团首长临别时的嘱咐：“同志们，狼牙山就交给你们了！希望你们像狼牙山一样屹立不倒，在12时以前，不准敌人越过棋盘陀，保证主力能安全地跳出敌人的包围圈！”全班沉着应战，机动灵活，凭借有利地形，把冲上来的敌人一次又一次地打了下去。

一跃化云虹

五壮士边打边往高处撤，太阳偏西的时候，已撤到了莲花峰。

敌人攻势没有丝毫减弱，仍然一个劲往上冲。后来，子弹打光了，他们就用石头砸，能用的石头也砸光了，最后只剩下了马宝玉手中唯一的一颗手榴弹。大家都明白，这颗手榴弹是留给自己的，都不由自主地靠近了马宝玉说：“班长拉吧！”但是，看着还在疯狂进攻的敌人，马宝玉果断地把最后一颗手榴弹也甩向了敌群。

听着敌人叫嚣着“抓活的！抓活的！”，马宝玉一步步向崖边走去，其他人也跟了过去。马宝玉伸手抓住葛振林的肩膀，一字一句地说：“无论如何，不能当俘虏！”说完，他看了看其他3位战士，咬了咬牙，突然盯住提在他手里的那杆新的三八大盖枪，说：“人牺牲了，枪也不能叫敌人得！”他随手把枪扔进了深谷，然后高喊着“打倒日本帝国主义！中国共产党万岁！”，第一个纵身跳下悬崖。

与此同时，葛振林抡起枪使劲往石头上一摔，没摔烂，也随手扔进山谷，飞身向崖边跑去。

胡德林、胡福才、宋学义三位战士，手提着枪，随后向崖边跑去。他们高呼着口号，跳进大山深谷。

“打倒日本帝国主义！中华民族万岁！”气壮山河的口号声回荡在狼牙山群峰峡谷中，让山川呜咽，让百鸟哀鸣。

万世颂英雄

狼牙山战斗结束时，马宝玉、胡德林、胡福才三人壮烈殉国，葛振林、宋学义二人跳崖后挂在绝壁的树枝上，幸免于难。葛振林伤势较轻，宋学义摔折了腰。两人凭着求生的本能和顽强的毅力，艰难地爬上悬崖，相互鼓励，相互搀扶，走到小石林一带碰到当地道观的李道士，经其救助后由民兵送往医院。

1942年4月，晋察冀军区在棋盘陀上建立了“三烈士塔”，后毁于日军炮火。5月，晋察冀军区举行了“狼牙山五壮士”命名暨反“扫荡”胜利祝捷大会，授予三位烈士“模范荣誉战士”称号，通令嘉奖葛振林、宋学义，并授予“勇敢顽强”奖章。

1959年3月，“三烈士塔”重建，更名为“狼牙山五勇士纪念塔”，聂荣臻元帅亲笔题词：“视死如归本革命军人应有精神，宁死不屈乃燕赵英雄光荣传统。”之后，《五壮士之歌》《狼牙山五壮士歌》等歌颂英雄壮举的歌曲被广为传唱。新中国成立后，狼牙山五壮士的英勇事迹被收录进小学课本。

彭雪枫

“共产党人的好榜样”

1944年9月的一个夜晚，时任新四军代军长的陈毅辗转难眠，披衣而起，在昏暗的灯光下奋笔疾书：“淮北哀音至，灯前意黯然。生平共忆想，终夜不成眠。”是谁，使陈毅如此黯然神伤？原来，陈毅那天收到了一则来自前线的消息——他的亲密战友、新四军第4师彭雪枫师长不幸牺牲在抗日战场。

卖马度春荒

1939年2月，河南永城一带正值春荒，野菜都成了稀罕物。那时，彭雪枫带领新四军一部驻扎在这里，他和战士们一样，一天只领3分钱菜金，吃的全是高粱面、红薯之类的粗糠食物。尽管如此，还是难以为继。眼看部队要断粮了，万般无奈的军需处长资凤向彭雪枫汇报，并建议官兵外出挖野菜充饥。

彭雪枫听后，沉思片刻，断然否决。彭雪枫认为军队不能跟群众争抢吃的，出去挖野菜，也是与民争食。于是，彭雪枫当即作出了“卖军马，度春荒”的决定。

听说彭雪枫要卖军马，从军需处长到通信员、饲养员，个个想不通。彭雪枫语重心长地说：“古时秦琼受困于山西潞城，不是卖掉了他心爱的黄骠马嘛？今天，为了打鬼子，为了民族的解放，我们暂时卖掉这红骠马、黑骠马、白骠马，也没有什么了不起！马一天不骑不要紧，饭一天不吃可不行呵！”

接着，他又说：“没有马可以步行，行装物品大家分开带。部队没吃的，特别是伤病员缺盐少油可不行。卖了马，可以换来柴米油盐。再说，春种在即，正是百姓用马之时。这样做，正好是军民两利。”

几天后，资凤和饲养员们忍痛将几匹军马牵到了集市。当地一位开明地主被彭雪枫卖马的义举所感动，自愿帮助部队解决部分粮食，但不肯要马。为了公平交易，彭雪枫令资凤以8匹军马相赠。后来，军需处又卖了几匹马，不仅解决了部队给养，还挤出部分钱粮救济当地的断炊农户。

雪枫“三件宝”

彭雪枫在任新四军第4师师长兼淮北军区司令员期间，先后创办和建立了骑兵团、《拂晓报》和拂晓剧团，人称彭雪枫建军治军的“三件宝”。

新四军第4师骑兵团是新四军唯一的骑兵部队，被称为“红色哥萨克”。1941年，新四军在与敌人骑兵部队作战中接连遭受重大损失。痛定思痛，彭雪枫引用岳飞“步利险阻，骑利平地”的名言，提议组建骑兵团。

8月1日，骑兵团正式成立，开始进行以骑兵制式教练和调养马匹为内容的正规训练，以精湛的马术动作轰动了淮北地区。彭雪枫亲自为骑兵团设计了一种马刀，刀身修长，刀背轻薄，由兵工厂用精钢打造，刀刃十分锋利，战士们爱之如宝，称为“雪枫刀”。骑兵团擅长打伏击战，曾连打三仗，全歼进犯的伪军，缴获大量辎重，自己无一伤亡。

1938年5月4日，经彭雪枫批准、并由他命名的拂晓剧团成立。彭雪枫指示剧团的同志们：“要编一些配合当前抗日斗争的小话剧和活报剧，向群众宣传抗日必胜的道理，同时揭露汉奸和伪军的罪行，打击日寇的气焰。这样，既活跃了部队的文化生活，也教育了广大群众。”

1939年11月，徐海东路过第4师，彭雪枫指示剧团组织一台欢迎晚会。接受任务后，剧团仅用一天时间，就创作排练出了京剧《徐海东粉碎日寇“扫荡”》。帷幕拉开，扮演徐海东的演员亮相，他自报家门道：“我乃徐海东是也，湖北人氏，窑工出身……”坐在台下看戏的徐海东哈哈大笑，说：“好好好，雪枫同志这‘彭家班’真是名不虚传哩！”

彭雪枫曾风趣地说：“将来革命胜利了，我要当个新闻记者。”1938年9月29日，《拂晓报》创刊，彭雪枫挥毫题写了报头，并撰写了创刊词。此后，《拂晓报》随着彭雪枫四处征战，并冲出边区，发行到延安、重庆、西安、阜阳等地，赢得了社会各界的交口称赞。

名将陨落时

1944年9月11日，彭雪枫指挥新四军主力攻打八里庄（今商丘市夏邑县），趁夜包围八里庄等4个据点。顽匪李光明是投靠日本人的伪区长，拥有1000多人马，负隅顽抗。

凌晨3时许，外围战斗结束。陷入重围的顽匪，像昏了头的苍蝇，胡冲乱撞，盲目射击，流弹冷枪满天飞。彭雪枫全然不顾，站在围墙高处观察战场，指挥战斗。警卫员看彭雪枫目标太暴露，把他拉了下来。彭雪枫就和时任师参谋长的张震一起，站在寨墙上的跪射散兵坑里，露出半截身子指挥战斗。

眼看胜利在望，突然，一颗子弹击中了彭雪枫的胸部。张震连忙把他抱住，只见他面色苍白，瞳孔已放大。就这样，新四军杰出的指挥员、抗日名将彭雪枫倒在了抗战胜利的黎明前，时年37岁。

得知彭雪枫牺牲的消息，毛泽东含泪拍案而起：“小小八里庄，竟然损我一员大将！”当时，为了稳定军心，对外没有发布消息。直到1945年1月24日，彭雪枫牺牲的消息才公之于世。

毛泽东、朱德、彭德怀、陈毅共同为他题写挽词：“二十年艰难事业，即将彻底完成，忍看功绩辉煌，英名永在，一世忠贞，是共产党人好榜样；千万里山河破碎，正待从头收拾，孰料血花飞溅，为国牺牲，满腔悲愤，为中华民族悼英雄。”

李林

抗日前线的华侨女杰

这是一个传奇式的女英雄。她来自热带爪哇，却曾率领骑兵，驰骋在雁北抗日游击战场上，奇袭顽敌。日伪曾悬赏重金，要购买她的头颅。贺龙在一次会议上热情地表扬她说："欢迎你，我们的女英雄！听说鬼子听了你的名字都害怕呢，了不起！"她就是24岁在抗日战争中壮烈牺牲的李林烈士。

寻找振兴中华之路

李林，福建省龙溪县人，1915年冬出生后才40天便成为弃婴，被侨眷收养。3岁起，随养母侨居荷属印尼爪哇10年，身受殖民统治压迫，深知无强大祖国做靠山的痛苦。14岁，小学一毕业，她便毅然登程回国，寻找振兴中华之路。

就读于集美学校时，恰逢"九一八"事变，李林第一次向国家庄严宣誓："余誓以至诚加入集美抗日救国会义勇队，服从命令，遵守纪律，准备对日作战，为国牺牲，如有异心，天人共戮！"她先后被选为幼师、女中学生自治会代表、文书股长，带领同学到车站码头检查烧毁日货，下乡宣传抗日。

1934年春，李林北上就读杭州女中，常到岳王庙和秋瑾墓瞻仰徜徉，倾心学习民族英雄和爱国女杰，骑马习武，甚至连秋瑾的喜着男装，她也极力仿效。转到上海爱国女中后，她开始积极投身当时上海大规模的抗日救亡运动，发出了“甘愿征战血染衣，不平倭寇誓不休”的庄严誓言。

1936年秋，李林考取北平民国大学政治经济系，参加了民族解放先锋队，深入平民、士兵和农民中进行抗日宣传。年底，她加入了中国共产党，随即投笔从戎。

战斗在抗日第一线

1937年1月，李林受党的委托奔赴山西，参加抗日牺牲救国同盟会的国民师范军政干部训练委员会军事训练，任我党临时组织“特区”宣传委员职。

在学习中，她处处以身作则，率先垂范。练习射击瞄准时，双肘磨破，鲜血从袖口流出，她却一声不吭，坚持练习，让教官深为叹服。后来学习骑马，难度更大。李林不甘示弱，硬是不怕摔跤和伤痛，经过反复训练，即使最烈性的马，她也能一跃而上，扬鞭奔驰，并且能在奔马背上左右开弓进行射击。

全面抗战爆发后，晋西北特委组建了雁北抗日游击队第8支队，李林被任命为政委。她带领部队参加了多次重要战斗。之后，李林改任八路军第120师雁北第6支队骑兵营教导员，带领部队纵横驰骋，成为驰名长城内外的抗日女英雄。

1939年7月，李林作为山西新军的特遣代表，参加了在陕西省宜川附近秋林镇召开的“秋林高干会议”。她是10多名与会高级军政干部中唯一的女指挥员。

会上，李林以种种事实，驳斥了阎锡山之流攻击八路军“游而不击”的不实之词，揭露国民党军限制八路军的粮食供应的假抗日、真反共的行径。会议期间，阎锡山亲自派人恩威兼施，妄想使她屈服，遭到李林的断然拒绝。贺龙赞她为“华侨女杰，巾帼英豪”。

誓死不当战俘

1940年2月，李林与屈健在雁北右玉县结婚。当时正值日寇对晋绥边区的第九次大“扫荡”，形势一天比一天紧张。乱世之中，何谈儿女情长？虽身为女子，李林在感情处理上比七尺男儿更为果断。婚后，他们没有过多的卿卿我我、家长里短。不久，李林短短一句“先打败日本鬼子”后，就返回了抗日前线。

根据上级安排，李林要离开骑兵营，到晋绥边区负责地方党建工作。到地方后，李林以十二分的热情投入到工作中。她把朔县乱道沟一带的农村干部集合起来，展开培训。

1940年4月，日寇调集1万多人马，疯狂地向晋绥抗日根据地扑来。李林带领骑兵连负责后卫，掩护机关、部队和群众转移，与大于自己十几倍兵力的敌人展开激战，终因众寡悬殊，部队在山西省平鲁县太平村被敌重重包围。

李林带两个排战士从村东大沟猛攻，吸引敌人的注意力，让地委武装部长姜胜率其他战士顺利向南突围。为减少损失，她和两名战士吸引敌人火力，令其他人分散突围。两名战士先后中弹牺牲，李林的前胸、大腿也中了三弹，她又硬撑着站起来。

这时，敌人从四处逼了上来，李林看了看仅有的一颗子弹，把枪口对准自己的咽喉，扣动了扳机……

这位忠心报国的华侨女杰，为中华民族的解放事业毅然献出了自己短暂而又光辉的生命，牺牲时已身怀3个月胎儿，年纪还不满25岁。

叶成焕

血染抗日战场的虎将

1938年4月18日，八路军总司令朱德专程从八路军总部赶到山西省榆社县郝北村，与刘伯承、徐向前、邓小平等一起为一位烈士送行，这位烈士的名字叫叶成焕。在追悼大会上，刘伯承悲痛地说：“叶成焕没有辜负党的教育，终于成为一个很好的布尔什维克！”

打胜头一仗

叶成焕，1914年生于河南新县，1929年参加革命，同年加入中国共产党。土地革命战争时期，他屡建战功，是红四方面军的一员虎将。抗日战争爆发后，叶成焕任八路军第129师第386旅第772团团长，率部先后参加了长生口、神头岭、响堂铺等著名战斗，为第129师在抗战初期的“三战三捷”做出了重大贡献。

1937年10月19日，叶成焕率第772团到达平定县城以东的石门口。此时，国民党军一部正被日军围困在旧关以南山地，娘子关告急，第386旅旅长陈赓命令叶成焕率部隐蔽集结于井隆南15里之于家沟，伺机而动。

叶成焕考虑与日军初战，决定趁天黑，打敌人一个措手不及。他派副团长王近山带领第3营，进入地形复杂的长生口设伏。由井陉西犯的日军约一个中队，一进入长生口，就被猛烈的手榴弹炸得人仰马翻，失去了还手之力。这一仗，经1个多小时的激战，杀死日军四五十人，打胜了奔赴抗日前线的头一仗。

带病杀日寇

1938年春，抗日烽火燃遍太行，在遭受我第129师神头岭、响堂铺等战斗的打击后，穷凶极恶的日寇纠集3万兵力，向太行山区进行“九路围攻”。日军所到之处，烧杀掳掠，无恶不作，滔天罪行令人发指。

敌人的凶残摧不垮我抗日军民的意志，反而更加激起我八路军全体将士保卫太行、捍卫民族尊严的复仇火焰。4月13日，日军进攻榆社，后因榆社已成一座空城，又受八路军第386旅顽强截击，于15日返回武乡。当日黄昏，日军离开武乡城向东撤军，八路军决心以突袭手段，将这股日军主力歼灭于浊漳河河谷。

第772团接到命令，要求尽快向太行山武乡一带集结，于是全团指战员以一夜百里的速度到达前线。

战前叶成焕团长正患着肺病，多次吐血。陈赓旅长对他的病情非常关切，劝他说：“成焕啊，你病成这样子，这次战斗就不要参加了，现在就派人送你到后方治病去。”

叶成焕一听急了，执著地说：“没事，我已经习惯了，还是让我打了这一仗再说吧！”

陈赓旅长见他态度坚决，只好由他去了。战士们得知叶团长带病指挥作战，斗志更加高昂。

未捷身先死

4月15日，侵入武乡的日军对县城残酷烧杀后，弃城沿浊漳河东窜，刘伯承师长当即命令部队沿浊漳河两岸山地实施平行追击。

16日晨，武乡长乐滩附近的山路上车尘滚滚，人喊马嘶，全副武装的日军辎重部队正旁若无人地向东行进。看到敌人已基本进入包围圈，叶团长果断地摇响了师部的电话：“师长，下命令吧，不然到口的肥肉就跑了。”

“好，打吧！”对面传来刘师长的回话。

听到命令，全团所有的武器立即开火。顷刻间，机枪、炮弹、手榴弹急风暴雨般飞向敌群，战士们的喊杀声、刺刀碰撞声震天动地。战斗进行到下午5时，山崖被炮火烧红了，长乐滩上尸横遍野，血流成河，敌人丢下的武器辎重堆积如山。

“痛快！太痛快了！”叶成焕团长望着眼前的情景，脸上露出少有的微笑。这时通讯员报告：“团长，师长来电话，3000多敌兵赶来增援，命令我团立即撤离战斗。”

“什么？你再说一遍！”似乎没有听清通讯员的报告，叶成焕又大声地问。军令如山，撤离战斗是必须执行了。

敌人的援兵已一步一步地逼近了，叶团长看见战场上到处是敌人的枪支弹药，想到这批武器能装备我们多少兵力啊！他忘记了生死，站在山坡上，用望远镜观察着敌人的动态，考虑有没有可能消灭来援之敌，尽快打扫战场夺取武器。

“团长，危险，赶快撤吧！”通讯员提醒他。

“团长，跟我们一块走吧！”走在队伍最后的8连连长尤太忠也过来说。

“你们先走，我随后就下去。”他仍然站着没有动。

“不好了！团长负伤了！”就在8连刚走出没多远，突然听到通讯员大声地喊。当战士们折回身子的时候，叶团长已倒在了血泊中，敌人一颗罪恶的子弹击中了他的头部。

特务连的战士们抬着叶成焕急速向山下撤退，一路上血迹斑斑，他的神智时而清醒时而模糊。“哎，队伍，队伍呢？”这是大家听到他唯一的一句话，也是他临终前留下的最后一句话。由于出血过多，叶团长不幸牺牲了，年仅25岁。

“出师未捷身先死，常使英雄泪满襟。”刘伯承师长得知叶团长牺牲的消息后三步并作两步奔了过来。他一看到平躺在担架上的叶成焕，颤抖着俯下身子用力将他抱在怀里，连声呼唤：“成焕哪，成焕！”悲痛的泪水洒在叶团长苍白的面颊上。刘师长失去了他的爱将，战士们失去了他们敬爱的团长，中华民族失去了一个好儿子。

罗忠毅

苏南抗日名将

“宁都易帜向阳红，壮志御东风。三年火种明灭，射日挽强弓。塘马血，洒苍穹，化长虹。茅山飞泪，扬子含哀，永悼英忠。”新四军抗日名将罗忠毅牺牲后，他的战友为悼念他写下了这首词。字里行间，反映了英雄一生的革命功绩，也寄托着战友的深厚情谊。

抗日战场逞英豪

罗忠毅1907年出生于湖北省襄阳县一个贫苦农民家庭，1927年入冯玉祥部当兵，1931年参加宁都起义加入革命队伍。中央红军主力长征后，罗忠毅留在闽西南地区坚持极其艰苦的3年游击战争。

1937年全国抗日战争爆发后，罗忠毅任新四军第2支队参谋长，他以非凡的组织指挥才能，率部在苏南地区积极开展抗日游击战争，主动打击敌人，发展壮大自己，参与开辟以茅山为中心的苏南抗日根据地。

1939年11月，新四军江南指挥部成立，陈毅、粟裕分任正副指挥，罗忠毅任参谋长。1940年7月，陈、粟率江南主力北渡长江后，罗忠毅任重建的江南指挥部指挥，留在苏南坚持敌后抗日游击战争，指挥部队多次挫败日伪军“扫荡”“清乡”和国民党顽固派军队的进攻。

在水西村的日子里，罗忠毅对军事训练抓得很紧，他平易近人，不多讲话。在生活上，他和战士们打成一片，一起睡地铺；行军中，他背自己的背包，一次，他的警卫员生了病，他把马让给警卫员骑，自己则牵着马走，同志们都非常感动。

1941年皖南事变后，罗忠毅率部接应新四军突围北撤人员，为保存抗日革命力量作出了重大贡献。他率领部队天天战斗、夜夜移营。李山一战，罗忠毅率新四军大获全胜，歼灭日伪军200余人，缴获大批军用物资。

黄金山三战三捷

4月，苏南新四军部队改编为新四军第6师，罗忠毅任第6师参谋长兼第16旅旅长，率部转战于句容、丹阳、武进、溧水地区。此时，国民党顽军对苏南新四军实施“进剿”。

5月21日下午，顽军出动2个营的兵力，第一次向新四军黄金山阵地发起进攻。由于罗忠毅指挥得当，全体指战员奋勇杀敌，到黄昏时全歼顽军一个连，击溃一个营，残部仓皇逃窜。初战告捷，谭震林和罗忠毅料到顽军不会甘心失败，一定会卷土重来，遂布置第46团及其他部队，选择有利地形，埋伏起来。

第二天，顽军集中2个团的兵力，第二次向新四军黄金山阵地扑来。顽军进入火力圈后，罗忠毅命令伏兵出击。经过半日激战，歼灭顽军2个连200多人，缴获100多条枪，残部向溧阳、南渡方向逃窜。

顽军恼羞成怒，拼凑集结了3个团的兵力，于24日由国民党第40师师长亲自指挥，再次向新四军黄金山阵地发动猛攻。顽军的行动，早已在谭震林、罗忠毅等的预料之中，他们指挥所部已抓紧占据了有利地形，并在黄金山两侧构筑了工事，准备迎战。

战斗开始以后，罗忠毅采取了机动灵活的战术，指挥第46团集中主力向顽军背后攻打，击中了顽军要害，加上群众的大力支援，经过半天的激烈战斗，敌军已溃不成军，节节败退。罗忠毅指挥部队乘胜追击，又歼灭顽军2个营。这次战斗，前后持续了4天，共歼灭顽军4个营，击溃7个营，俘虏500余人，缴获战利品众多，仅子弹就有几万发。此战为新四军挺进苏南以来“空前第一次之运动战”。

黄金山大捷，是坚持苏南斗争的一个转折点，是关键性的战斗之一，这一仗一举收复了溧水，恢复了茅山地区，巩固了新四军在溧阳的阵地。

战火中永生

1941年11月28日凌晨，苏南日军出动步兵、骑兵、炮兵3000余人，偷袭新四军第16旅旅部驻地溧阳县塘马村，这就是震惊苏南的塘马战斗。

塘马是有百十户人家的村庄，坐落在溧阳县西北约20千米处的丘陵地带，它东面是长荡湖，北邻金坛、句容，西近京杭国道，沿线设有日伪据点，东南面是溧阳，属国民党统治区，驻有顽军。塘马在敌顽我三角斗争中，地理位置很重要，当时，新四军第16旅控制着塘马东西、南北各20千米的一块地方，其外围还有几千米至十几千米的游击区。中共驻苏南的党、政、军领导机关和后方医院、被服厂、修械所、第16旅教导队以及前来集训的部队都驻扎在这里。

已是新四军第6师参谋长兼第16旅旅长的罗忠毅，与政委廖海涛共同部署机关转移，并亲临前线指挥部队奋勇阻击10倍于己的来犯之敌。激战数日，打退日军10多次进攻，毙敌200多人，成功地掩护了1000多名新四军指战员和地方干部安全转移。

战士们的子弹渐渐打光了，罗忠毅对大家说：“我们要用刺刀、拳头、枪托子打击敌人！”他端起机枪带头冲向敌阵，向日伪军扫射。

激战中，敌人的一颗子弹击中了罗忠毅的头部。罗忠毅连人带枪倒在血泊中，壮烈殉国，牺牲时年仅33岁，廖海涛等270余名指战员也在血战中牺牲。

罗忠毅、廖海涛牺牲后，新四军军部通电全军沉痛悼念：“罗廖两同志，为我党我军之优秀老干部，为党为革命奋斗十余年，忠实、坚定、勇敢、负责，艰苦缔造苏南根据地功绩卓著。罗廖两同志壮烈牺牲，全军一致追悼，昭彰先烈。”

包森
冀东抗日的传奇英雄

电影《平原游击队》中智勇双全、顽强威武的主人公李向阳，《剑吼长城东》中令日寇丧胆、威震关内外的主人公包真，这两个生动鲜活的形象在中国几乎妇孺皆知；但又有几人知晓这两位英雄的原型都出自同一人——被誉为“中国的夏伯阳”的抗日名将、冀东军分区副司令员兼冀东八路军第13团团长包森。

建立根据地

包森1911年出生于陕西蒲城县，1932年2月加入中国共产党，抗战爆发后被派往晋察冀抗日根据地工作，任独立1师第33大队党总支书记。1938年6月率40多人到冀东，在河北兴隆一带开辟抗日游击区。

1940年元旦，冀东军区在遵化阁老湾召开了领导干部会议，提出重新开辟盘山地区为抗日根据地，并派包森以副司令员身份主持盘山地区的军事工作。

盘山，自古就是军事要地。它以“雄峰边关”的壮姿挺立于“冀东锁钥”之地，为华北通往东北的咽喉要道。虽然包森前往盘山时只带了一个侦察班，但敌人得知这一消息后，意识到这并非一般的军事活动，立即调动沿途所有兵力，层层设伏，多路围攻，还从北平调来一架飞机助战。

战斗经验丰富的包森在经过艰苦的游击战斗后，毅然到达盘山地区，并迅速培训干部、剿灭土匪，于秋季正式建成了冀东八路军第13团，在盘山地区建立了八路军政治处，作为冀东西部地区抗日战争的最高指挥部，同时建立了小规模的随营学校，训练军政干部，形成稳定的敌后抗日根据地。

白草洼战斗

1940年7月28日，包森率部在白草洼设伏，凭借过硬的军事素质和高昂的士气，在武器装备落后、弹药不足的情况下，围歼了号称“常胜军”的关东军武岛骑兵队70多人。除了1名日军开战前跑回县城报信逃脱，1名日军受伤装死逃过一劫外，其他全部被消灭。

此战在冀东地区的日军中造成了极大震动。战斗结束后，很快便赶来大队日军增援部队，收完尸赶紧撤出盘山未敢追击报复，而此后半年多的时间，日军都没敢再进犯盘山。

白草洼一战另一个重大影响，是令日军对包森的威名又害怕又敬重。1991年5月，那个侥幸得活的日军老兵塚越正男，专门来到盘山包森烈士墓前叩拜，并敬献其亲笔题写了挽联的花圈，挽联上的题字是：惊弓之鸟，漏网之鱼；不死之人，拜谒包森。

果河沿大捷

1941年7月，冈村宁次出任日军华北方面军司令官，在接连对冀东进行了三次“扫荡”后，因兵力不足，改调伪治安军来控制冀东。

面对伪治安军的猖狂行动，包森率领第13团一部发动了冀东第一个攻坚战——东双城子攻坚战，全歼敌一营。之后，他又以铺天火龙之势在刘备寨、梁子河等重创来敌，其中最为震惊的是果河沿大捷。

那是在1942年1月12日夜，包森得知驻玉田的伪治安军即将进燕山口“扫荡”，在认真分析了敌我双方的情况后作出果断决定——要在果河沿打一场漂亮仗！于是他率部连夜急行军，于13日凌晨布阵于遵化县西南果河北岸。

几乎与第13团北移同时，驻玉田县城的伪治安军倾巢而出，陷入包森所率部队的包围之中。

拂晓，战斗打响，八路军3个连突然从正面发起攻击。伪治安军一部被歼，一部在日本教官的率领下，逃入小山上的憋姑寺内，据险顽抗待援。

据守之敌十分顽固，部队久攻不下。包森来到担任主攻任务的3营1连阵地，问3营营长耿玉辉：“老耿，你多大年纪了？”“四十啦！”老耿不解地回答。不露声色的包森长叹了一口气，说道：“确实老了，不行了！”这激将法气得耿玉辉甩掉棉坎肩，“嗖”的拔出手枪，率先冲向憋姑寺。全营官兵一呼百应，发起了决死冲锋。

寺内伪军见援兵无望，又遭猛击，便打死日本教官，晃起白旗投降。下午3时左右，敌援兵赶到燕各庄施救，又被八路军警戒部队打得丢盔弃甲，狼狈逃窜，溃不成军。

此战八路军伤亡仅30余人，俘敌800余人，创造了以少胜多、以弱胜强的奇迹。

晋察冀军区接到战报，大喜之下惟恐失实，令重查再报。然而经核实再报，战果与原电无误，方确信无疑。日军师团长铃木启久少将对此战果都感到奇怪：“不知怎么，八路军忽然有这样大的力量，把治安军打得溃不成军？”果河沿大捷严重挫败了日寇“以华治华”的政策。

令人惋惜的是，智勇双全的包森没有看到最后的胜利。1942年2月17日，包森在遵化野瓠山与日军遭遇，日寇突放冷枪，包森胸部中弹牺牲，时年31岁。

在解放战争中
气壮山河

魏来国

百发百中的射击英雄

1949年10月1日，庆祝中华人民共和国中央人民政府成立典礼在首都北京隆重举行，史称“开国大典”。当时，在天安门城楼上不仅有毛泽东等党和国家领导人，还有一位年仅24岁的解放军战士——魏来国。毛泽东在听说了他的英勇事迹后，曾这样评论：“一个人就消灭了敌人一个连，了不起，了不起啊。全军官兵都像魏来国这样，解放战争的时间将大大地缩短。”

击溃敌人疯狂进攻

魏来国，1925年出生，在成为人民军队的一员后，他立志要狠狠地打击敌人，为受苦受难的父老乡亲报仇。可是，在一次战斗中，他距离敌人只有四五十米，连开两枪，都没有打中。这个事情对他影响很大，为此，他苦练枪法，要求自己不仅要瞄得准，还要瞄得快，不仅要掌握射击动作要领，而且还要学会用眼睛一看就能判断出距离。同时，他在实战中还总结出根据地形、气候条件、目标大小及活动规律，灵活应用提前量和风向，以保证射击精度。经过一番勤学苦练，魏来国的枪法在部队中已经是数一数二了。

解放战争爆发后，国民党军向山东解放区进犯。魏来国所在的部队奉命在南泉车站东边的蓝格庄阻击敌人。

敌人并没有把我军放在眼里，在一阵炮火轰击后，随即向我军阵地发起攻击。此时，魏来国使用的是三八式步枪，看到敌人蜂拥而来，魏来国选择好一处射击地点，有条不紊地准备起来。他用眼睛看了看敌人，立刻计算出距离，然后将标尺定在400米的射距上，端起枪，准星、缺口和目标三点一线。“叭”“叭”两枪，冲在前面的两个敌人应声倒下。

魏来国并没有因此而骄傲自满，随着枪声的不断响起，敌人一个个栽倒。很快他就用22 颗子弹消灭了16个敌人。进攻的敌人这时紧张了，慌忙往路边高粱地里钻。魏来国哈哈一笑：“这些傻瓜，几株高粱秆就能挡住子弹吗？”只见他不慌不忙地把子弹推上膛，连续射击。有的敌人在树后刚露出半个身子，有的敌人在石头后刚伸出半个脑袋，随着枪响，全部应声倒下。

敌人这才明白过来：战斗中步枪单发射击后就有人被击中，那一定是碰到了厉害的狙击手。于是，调来一挺机枪瞄着魏来国的位置打，密集的子弹打得魏来国抬不起头。魏来国躲在隐蔽物后面，静静地等待射击机会，就在敌人机枪停下来的那一刻，他突然从隐蔽物后探出身，举枪、瞄准、射击，一气呵成，击毙了敌人机枪手。

击败敌人“特等射手”

到中午时分，魏来国一个人就毙敌52名。敌人又调来了20多个所谓“特等射手”，偷偷地占领了离我前沿阵地100米左右的坟地。敌人的这些射手不仅枪法准，而且有着丰富的实战经验，基本上是打一枪换一个地方，很难确定他们的位置。

魏来国刚刚露头，一声枪响，他的帽子被子弹打穿了一个洞。战友们看到这一情形，都要过来掩护他，魏来国说：“不要管我，坚守阵地。”魏来国心想：如果不把这伙敌人毙掉，他们一定会掩护大批敌人冲上来；可是如果贸然射击，自己就可能成为敌人的靶子。

在这种情况下，当务之急就是确定敌人所在的位置，这就需要引诱敌人首先开枪。想到这里，魏来国让战友们把头上的帽子取下来，用枪的通条顶着，在战壕里来回上下摇动。

这一招果然奏效，敌人一看到这些假目标，毫不犹豫地开了枪，这也就暴露了他们的位置。瞅准这个好机会，魏来国连续打倒了十七八个敌人，剩下的6个家伙见势不妙，慌忙逃走了。

击毙敌人炮兵指挥官

下午时分，突然天降大雨，这给精确射击带来了较大的困难。就在魏来国和战友们填充弹药、修筑掩体，准备迎击敌人新的进攻时，敌人的炮声响了。“轰隆”一声，一发敌人的炮弹在魏来国身边爆炸，魏来国被震晕了过去。

等魏来国醒来时，什么都听不见了。但魏来国并没有惊慌，他发现这次敌人的炮击不但猛烈，而且像是完全掌握了我军战士的位置，战友们往哪躲，炮弹紧接着就过来了。这可不是什么好事，如果敌人的炮兵只是盲目射击，那么顶多对掩体工事造成损害，对我军士兵杀伤不会太大；可如果敌人知道我军的动向，实施精准炮击，那么这种威胁就大了。

魏来国仔细一想：在前沿一定有一个炮兵的指挥官在近距离观察我军战士的动向，并指挥炮兵射击。要想解除敌人炮兵对我军的威胁，必须把这名敌人消灭掉。

魏来国偷偷从隐蔽物后露出头，观察敌人阵地。这时雨越下越大，大雨遮挡了敌我双方的视线。长期的战斗实践，使得魏来国对战斗中敌步兵、炮兵、观察哨等的部署相当熟悉，他根据以往经验对重点区域进行了仔细观察。

这时，一棵大树进入了魏来国的视线。既要能够实施观察，又能够隐蔽自己，这棵大树无疑是最好的地方。魏来国定睛一看，果然一名敌军军官躲在树后，不时探出身子向我军阵地看，并向后面挥动着小旗。

魏来国调好标尺，端平步枪，聚精会神地瞄准那棵大树的边缘。就在敌军军官再次挥动小旗发出炮击命令时，他的右臂露了出来。说时迟、那时快，魏来国迅速扣动扳机，子弹飞了过去，击中了敌人的手臂，小旗也落在了地上。敌军军官怎么也不会想到，躲在大树后面居然也会被击中，他吓得连忙向后跑去。这进一步把他的身体暴露在魏来国的枪口下，魏来国迅速推上第122颗子弹，“叭！”敌指挥官一头栽倒在地。

在蓝格庄战斗中，魏来国带领全排战士打退敌人5次进攻，他本人也创造了用122发子弹消灭了110名敌人的纪录。

刘奎基

给毛主席敬酒的战斗英雄

在中华人民共和国成立一周年前夕，来自全国各地的战斗英雄和劳动模范代表在北京饭店参加国宴。肖华走到一名战斗英雄旁边说：“刘奎基，你代表部队战斗英雄去给毛主席、朱总司令敬酒。”刘奎基端着酒杯来到毛主席身边。毛主席站了起来，面带微笑，刘奎基激动的眼泪幸福地流了出来。刘奎基，1944年3月参加八路军。在抗日战争和解放战争中，刘奎基参加战斗50余次，屡建战功，9次负伤，从头到脚有16处伤痕。在他身上，鲜明地体现出我军战士不畏强敌、勇往直前、敢于胜利的大无畏精神。

始终跟着部队走

刘奎基参军入伍时，胶东解放区军民正与盘踞在那里的日本鬼子、伪军进行殊死的斗争。刘奎基参军仅18天，就参加了战斗。当时，部队去打一个碉堡，那里驻守着一小队鬼子和3个连的“治安军”。

在部队接近敌人碉堡时，被敌军发现，部队只好将偷袭改为强攻。由于夜色昏暗，在碉堡中的敌人很难看清我军战士，他们又怕我们利用夜色靠近碉堡，于是想出了一个在碉堡上挂起浸有煤油的棉花并且点燃的昏招，妄图阻止我们炸碉堡。结果，这反倒帮了我们的大忙，连长立刻命令火力组：“看清楚啦！全部火力集中封锁碉堡，10

分钟内不准敌人扔下一颗手榴弹！”与此同时，爆破班长带着2个战士抱起炸药包，对碉堡实施了爆破。

眼看敌人的防线被打开，连指导员对突击队员们说：“爆破口马上打开了，后面就看你们能不能突进去了！记住，要为钢八连的军旗增色啊！”刘奎基和班长对指导员说：“放心吧，指导员，只要还有一口气，我们就要冲进去！”随即，刘奎基和战友们灵活地运动到敌人碉堡下，架起梯子，向上爬去。

刘奎基一点都不像第一次参战的样子，他很快爬到了梯子顶端。这时他才发现，敌人碉堡的墙壁上仅仅只炸开了脸盆那样大的一个洞，刘奎基毫不犹豫地从洞口向里面投进2颗手榴弹。只听2声巨响，碉堡中的敌人哭爹喊娘，乱成一片。这时，在刘奎基身后的战友们喊道：“怎么还不进去？”但是刚才被炸药包爆破后的洞口太小，人根本无法进去。正在他异常焦急的时候，连长在下面大声命令说：“赶快用手把砖扒掉，扩大，扩大！”刘奎基立刻开始用手拆洞口的砖。

这时，碉堡中的敌人回过神来，连忙组织火力射击。子弹四处乱飞，刘奎基丝毫没有停下来，仍然继续拆砖。突然，他发现碉堡中有五六个敌人向他靠近，来不及多想，刘奎基赶紧取出2颗手榴弹，扔了进去。就在这时，他的右胳膊感到一阵剧痛，随即昏迷过去。

等到刘奎基苏醒后，他的右臂已经残废，不得已只好复员回家。回到家后的刘奎基并不甘心这么快就结束自己的军旅生涯，此时恰好赶上政府号召参军，准备大反攻。刘奎基知道后，带着5个青年民兵，经过7天长途跋涉，再次回到了部队。

突进！坚守！

1946年7月，国民党军占领了山东胶济铁路沿线的芝兰庄。胶东军区首长遵照指示，决定坚决打掉这股敌人。

28日，部队到达芝兰庄外围。已是副班长的刘奎基带着战士们刚刚进入掩体，敌人的炮弹就打了过来。一发炮弹落在刘奎基身旁，他被气浪掀起老高，又落了下来，右下颚负了伤，脖子上全是血，鼻子里、嘴里全是硝烟和泥土。刘奎基擦了擦眼睛，看见倒下去的战友，忍住悲痛，迅速把剩下的战士们组织起来，只等冲锋号响起。

很快，战斗打响，敌人的防御工事被炸开了缺口，刘奎基带着战士们迅猛出击，突入敌阵。就在他们突进一个大院的时候，发现枪声渐渐稀落下来。原来他们只顾向前冲，与后续部队拉开的距离太大了。刘奎基把战士们集中起来，守住大院，同时派人去和后续部队联络。

不一会，派出的战士回来报告说，突破口又被敌人重新占领了。于是，刘奎基决定带人回去重新占领突破口。他们一出院子，就发现了敌人。于是，一场短兵相接的战斗开始了。战士们在刘奎基的带领下，占领了一处房子与敌军对峙。虽然他们仅有5个人，敌人有几百个，但他们坚守了一个整夜，直到次日拂晓，才与后续赶来的部队会合。

俘虏敌军副团长

刘奎基见到连长后，提出带人去歼灭敌军团部的请求。连长看着他头上的绷带，没有同意。刘奎基坚定地说："我在这里一夜，地形、敌情熟悉，是完成突击任务的有利条件！"最终，连长同意了他的请求。

在战斗中，刘奎基发现一个院落，院子里面的敌人正在向我们部队进攻的方向打六〇炮。刘奎基趁敌人不备，冲进正房。就在他一只脚刚跨进门槛时，3个敌人、2挺机枪、1支冲锋枪对准了他。刘奎基没有多想，飞身向前，双手一下抓住敌人的冲锋枪。敌人完全被吓呆了，刘奎基大声喊道:"缴枪不杀！"又故意迷惑敌人喊道："包围住他们！别叫他们跑啦！不要打枪，捉活的！"拿冲锋枪的敌人立刻松了手，掉头就跑，刘奎基趁机把枪夺了过来，对敌人扣动了扳机，3名敌人倒在了血泊中，里屋的敌人只好举起了手。

刘奎基把这些俘虏交给赶来的战友后，他听到厢房那边敌人的枪声还没有停止。于是，刘奎基沿着墙根爬过去，看到敌人机枪正"哒哒哒"地叫个不停。他一把抓住机枪管，滚烫的枪筒差点把他的手烙住。接着，他又向屋里投了2枚手榴弹。

这一仗刘奎基打死打伤敌人20多个，活捉国民党军副团长等17人，缴获机枪3挺、迫击炮1门。

八

杨子荣

智取威虎山的“超级英雄”

近期上映的3D版电影《智取威虎山》人气爆棚！有枪林弹雨也有刀光剑影，有军民情深也有侠义豪情。炫酷刺激的镜头、热血贲张的剧情、独具风格的对白、真实感人的故事，打造出一部叫好又叫座的现代英雄史诗，让曾经走红的现代京剧再次征服观众。不少观众从影院中走出来时，热泪盈眶地说：“杨子荣就是我们那个年代的超级英雄！”

打响声势浩大的剿匪战

东北的林海雪原，由于特殊的地理条件，是历史上有名的土匪活动猖獗之地。在日本帝国主义投降后，蒋介石为抢占东北，大力收编各地土匪，使之日渐嚣张。

1946年6月，为配合国民党军在松花江以南的行动，北满境内的土匪发动骚乱，先后截断多处铁路线，占据多座县城并洗劫一空。8月15日，佳木斯各界群众举行庆祝抗战胜利一周年集会，突然，一群土匪冲入场内，肆意捣乱，四处张贴标语，上面赫然写着“欢迎国军”“打倒共匪”……

匪患，已经成为中国共产党在东北生存的心腹之患！东北局和民主联军总部痛下决心，投入主力部队进行剿匪。

提到东北的土匪，人们自然而然就会想到作恶多端的“座山雕”。

“座山雕”历史上确有其人，此人名叫张乐山，系三代惯匪身世，是一个老奸巨滑的土匪头子。经我军多次追剿，“座山雕”带领少数残匪，潜藏在海林县北夹皮沟的深山老林里，昼伏夜出，残害百姓，偷袭我军。为剿除此害，牡丹江军区2团直属侦察排排长杨子荣奉命带领小分队，智取“座山雕”。

不入虎穴，焉得虎子

杨子荣受领任务后，带领5名战士，化装成被民主联军击毙的匪首关山虎的残部，向海林北部的密林深处开拔。

他们顶风冒雪，在深山老林里一连转了好几天，才在一个叫蛤蟆塘的地方，找到一座工棚。工棚里住着十几个人，样子像是伐木工人，实际上正是“座山雕”手下的土匪。

杨子荣迎上前去，用土匪的手势和黑话试探，意思是自己落了难，走投无路，想请人帮忙牵线，投奔个山头。开始没人搭理，杨子荣处变不惊，故意以土匪习性争吃抢喝，赢得了其头目“孟把头”的信任。于是，“孟把头”答应回去将此情况向“座山雕”报告。

“孟把头”回来后，把杨子荣一个人领到了附近的一个屯子，并在屯长家里见了两个人。两人先是以一番土匪黑话试探，见杨子荣对答如流，才亮出了真实身份。两人是“座山雕”派来的属下，表示同意引荐杨子荣等人上山。

杨子荣一行冒着被匪徒杀害的危险，跟随其在积雪没膝的原始森林中，沿着崎岖难行的山道前行，直奔威虎山而去。

活捉匪首“座山雕”

“座山雕”确实够狡猾的，一路上设了三道哨卡。要是派大部队清剿，无论惊动了哪一道哨卡，土匪都能跑得无影无踪。过了第三道哨卡不远，就到了“座山雕”的老巢——一座被当地人称作“马架房子”的木棚。

杨子荣猛地一跃而起，带领随行的战士冲进棚子，各自占据有利位置，枪口对准了土匪。

棚子里一共7名土匪，其中一个白头发、黑脸膛、长着一副鹰钩鼻子、留着一把山羊胡子的瘦小老头，就是臭名远扬的“座山雕”。杨子荣命令战士把“座山雕”和其他几个土匪一起绑了。

这次剿匪可谓大获全胜，没费一枪一弹，端了土匪的老窝，活捉了阴险狡猾的“座山雕”。

杨子荣活捉“座山雕”的消息，很快传遍了整个海林镇，当地老百姓无不拍手叫好，奔走相告。《东北日报》以《战斗模范杨子荣等活捉匪首“座山雕”》为题，进行了报道，称这次剿匪战斗是“以少胜多创造范例”。

英雄牺牲，浩气长存

消灭了“座山雕”，剿匪工作并未就此结束，杨子荣又受领了新任务。这次是负责清剿在海林北部梨树沟一带活动的漏网残匪。为保险起见，团里决定，由副政委曲波带领30人的小分队，与杨子荣一起进山。

经过几天的侦察，侦察分队在一个叫闹枝沟的地方，发现了土匪窝藏的地点。为了不惊动土匪，在离匪窝三四百米的地方，杨子荣命令侦察员们匍匐前进，慢慢向窝棚靠近。突然，杨子荣一挥手，几名侦察员以迅雷不及掩耳之势，一齐向房内猛扑过去，大声吼道：“不许动，举起手来！”

慌乱之中，有土匪开始操枪，杨子荣立即扣动匣枪扳机，可能是天气太冷，枪针受冻，枪没有打响。其他战士也立即向屋内射击，也没有打响。这时，从屋里射出一颗子弹，正好打中杨子荣的胸膛，杨子荣晃了几晃，“扑通——”倒了下去。

听到枪声，随后赶到的小分队，在曲波的指挥下，立即向土匪的窝棚猛烈扫射。土匪在房内拼命顽抗，向外射击，曲波命令战士爬上房顶，向屋内扔手榴弹，终于把这股顽匪全部消灭。

土匪消灭了，但英雄杨子荣却倒下了，同志们为失去这位英勇的排长、昔日的战友而失声痛哭。在隆重的追悼大会上，杨子荣被追授“侦察英雄”的光荣称号，生前所在排被命名为“杨子荣排”。

英雄永逝了，但他并没有离开曾经浴血战斗过的白雪黑土和林海涛声，他的生命在军人的精神家园里长盛不衰，在老百姓心灵的沃土上日益葱茏。

李广正

攻克四平的爆破先锋

解放战争期间，爆破和连续爆破是人民解放军的主要突击手段和方式，一批英勇机智的爆破手脱颖而出，“全国特级爆破英雄”李广正就是其中的杰出代表。在四平攻坚战中，他带领全班战友，一夜之间在敌人密集的火网下往返24次，运送炸药1000余千克，连续爆破12次，创造了我军战争史上大爆破和连续爆破的纪录，为胜利开辟了通道。

英雄有用武之地

煤矿工人，爆破英雄，二者看似风马牛不相及，实则有着内在的联系。李广正将这两个身份有机地融为一体，使英雄有了用武之地。

李广正父母去世早，13岁就开始独立生活，当过童工，做过学徒，后来独自闯关东，下过煤窑。1945年8月，李广正从日本人办的煤矿逃出，参加了东北抗日联军。

1947年6月，东北民主联军发起了著名的四平攻坚战。

四平，位于松辽平原腹地，既是铁路枢纽，又是工业城市和军事重镇。国民党军深知这座城市的重要，以重兵镇守，总兵力达4.3万余人，分5个防区，修筑了数百个永久性碉堡和纵横交错的交通壕，还设置了层层铁丝网、鹿砦等障碍物。

当时，李广正在西满纵队独1师第1团，担任1连2排5班副班长。

进攻正面，矗立着许多高大坚固的楼房，都是钢筋混凝土建筑，墙壁采用黑土烧制的坚硬红砖，能有效抵御步兵炮的攻击，成为守敌顽抗的主要据点。

部队进入城区不久，迎面遇到了一座“L”形的大红楼，里面驻守着敌人1个团的兵力。这是整个西北城区最高的建筑物，居高临下，严重阻碍我军向纵深发展，上级要求尽快拿下这个“拦路虎”。

团里将突击任务交给了1连。李广正得知这一情况后，立即跑到连部请战。指导员了解这位英勇无畏的战士具有煤矿工人坑道作业的经验，便把任务交给了他。

前仆后继送炸药

李广正带领全班隐蔽在市法院建筑物里，透过硝烟盯着对面的大红楼。大红楼周围密布着铁丝网，还修建了暗沟和地堡；楼房的窗口都被砖块堵塞，只露出虎视眈眈的射击孔；楼顶上还架有火炮，杀气腾腾。

18日19时，夜幕笼罩着四平城。我军集中了40挺轻重机枪，对准大红楼的各射击孔猛烈射击。在强大火力的掩护下，李广正指挥全班开始爆破。

第一个爆破手炸开了敌人的铁丝网，随后2名爆破手穿过铁丝网，又炸毁了楼前的2座地堡。李广正带着另一名战士，趁着烟雾弥漫时冲向大红楼。

当他们接近大红楼时，暗沟里突然伸出一挺机枪，用火力封锁了他们面前的道路。李广正准确地甩出一颗手榴弹，“轰——”的一声，这个火力点哑了。

随后，他们冲到大红楼跟前，放好炸药包，拉燃导火索。但爆炸的硝烟散去后，大楼底部只炸出一个小窟窿。

李广正见状，不顾敌人密集的火力，返回去扛来炸药包，带领爆破组第二次冲上前去。这次爆炸尽管将缺口扩大了些，但大部队仍很难冲进去。李广正并不气馁，又组织了第三次爆破。

如此这般，他们经过连续10次的爆破，终于将楼底炸出一个宽敞的洞口。

1连突击队随即发起冲锋，很快将底层的守敌全部歼灭，但2楼的敌人紧守住楼梯口，拼命投掷手榴弹，形成一道难以逾越的火障。

这时，距离天亮越来越近了，指战员们心急如焚。连队就地召开“诸葛亮会”，大家认为，必须增加爆破的炸药量，将楼房炸出巨大豁口，使守敌无法防堵；或炸塌楼房，将敌人埋葬在废墟里。

但如何实施这样的大爆破呢？李广正看到眼前的一堆麻袋，灵机一动：每个麻袋足够装百十斤炸药，多派人送几麻袋炸药上去，那就够敌人受的了！这一方案很快得到了首长的同意。

浴血炸塌大红楼

李广正带领战士们，每人背负装满炸药的麻袋，借着夜幕向大红楼冲去。

当他们接近大红楼锅炉房时，一阵弹雨将李广正的钢盔打得火星四溅。凭着丰富的战斗经验，李广正判断锅炉房内有敌人观察哨，决定将爆破点先设在锅炉房。

为引开敌人的封锁火力，李广正往先前运动的方向接连投弹，吸引敌人火力。趁敌转移火力之机，李广正带领战士们一跃而起，冲到锅炉房的侧面，堆好炸药，将绳子接上爆破筒的导火索，迅速撤离了大红楼。

当敌人发现上当后，用机枪火力对他们穷追猛打。李广正意识到必须尽快将炸药包引爆。尽管在这一距离引爆非常危险，但他仍毅然拉响了手中的导火索。转瞬间，大地猛烈地跳荡起来，气浪如暴风从身后猛然刮起，将李广正高高掀起，又重重摔到土坑里，震天撼地的巨大爆炸将他震昏过去……

机枪声将李广正惊醒，他发现自己被碎石埋在土坑里，钢盔已被飞落的砖石砸扁，身上多处被砸伤出血，连动弹的力气都没有了。但疯狂嘶叫的机枪声，意味着守敌仍未被炸垮。

李广正顿时被激起巨大力量，强忍着剧痛往回爬。他心里只有一个念头——死也要把大楼炸塌！

当他爬到法院围墙前时，天色已近黎明，主力部队马上要发起对大红楼的总攻。李广正率领爆破班的战士们，扛着沉重的麻袋炸药包，迎着弹雨第12次向大红楼冲去。

冲天的火光中，北面的半幢楼轰然倾塌，楼内所有火力点顿时沉默了，守敌不是被炸死就是被震晕，完全丧失了抵抗能力。

嘹亮的冲锋号吹响了，部队如潮水般发起了冲击……

陈树棠

让敌人颤抖的“独胆英雄”

陈树棠，1945年9月参加东北民主联军。他在战斗中所表现出来的血性和胆气，让敌人望之生畏，让百姓为之动容，让战友更加奋进。陈树棠虽然壮烈牺牲了，但在他的感召下，他所在的部队涌现出“第一名陈树棠式独胆英雄——万守业”“第二名陈树棠式独胆英雄——单岐山”“第三名陈树棠式独胆英雄——曹永河”“第四名陈树棠式独胆英雄——王玉林”等，他们共同谱写出一曲英雄赞歌。

用大腿当炮架

1947年1月，临江战役开始。陈树棠所在的8连担负夺取3个地堡的任务。已任炮班班长的陈树棠和战友们在冲向敌人阵地时，敌人地堡中的机枪突然响起，我军战士被迫卧倒射击。

看到大家暴露在敌人火力网下，趴在零下40多度的雪地上，陈树棠十分着急，他想：即使不被敌人的子弹射中，这么冷的天，在地上趴的时间长了，人就被冻坏了。于是，他立刻把小炮往怀里一抱，滚进壕沟，选好位置，固定炮身，定好标尺，对着敌人地堡发射炮弹。但没料到，以往百发百中的陈树棠，这次打出去的炮弹没有击中目标。又打一发，还是没中。

陈树棠这下急了，究竟是怎么回事？经过检查，他才发现，原来是地面凹凸不平，炮座不稳，所以炮弹发射后偏离位置。这时他的战友立即把棉袄脱下来，递给陈树棠，想用棉袄垫稳炮座。可用棉袄垫后的小炮仍然不稳，连打2发，仍然没有消灭敌人的地堡。

时间一分一秒地过去，陈树棠想起可以用大腿架炮座。当他把小炮底座半圆形钢板放在大腿上时，战友立刻制止，并说："班长，这不行，小炮的后坐力会把你的大腿压折的！"

"管不了那么多，只要能消灭敌人，别说断条腿，就是牺牲了也值得！"陈树棠一边说，一边把小炮固定在大腿上，并拉动了撞针线。"轰隆"一声，炮弹像长了眼睛一样把敌人的地堡炸毁了。陈树棠顾不上大腿的疼痛，把10多发炮弹一口气全打了出去。

看到敌人的火力点被摧毁，我军战士立刻发起勇猛冲锋，取得了战斗的胜利。

荣获"独胆英雄"称号

1947年3月，我军收复辉南县城的战斗打响。当敌人的外围阵地被攻破后，陈树棠和战友们立刻冲进城去，展开了巷战。这时，他们突然听到街边的一个房子里传出说话的声音："快吃，晚了，咱们就跑不出去了。"从说话的内容可以猜出，这间屋子里不是普通老百姓，而是敌军。

陈树棠立刻停下脚步，叫一个战友留在屋外警戒，他左手提着枪，右手握着手榴弹，一脚踢开门板，冲进屋内。进入屋里后，陈树棠看见有八九个敌人正围着桌子吃饭，他大声喊道："不许动！老老实实地缴枪，我不打你们。要不，就叫你们拿这颗手榴弹会餐！"敌人被陈树棠的吼声吓得不知所措，立刻乖乖举起了双手。

陈树棠把俘虏交给战友后，自己又冲到一个小胡同，只见60多个敌人正在集合，准备逃跑，旁边还有2辆汽车，一个穿着大衣的军官站在车上。陈树棠并没有因为自己孤身一人而害怕，他借着夜色摸到军官身边，突然用枪口顶向这个军官，并大喊："不许动，你们被包围了，快叫他们放下武器，说个'不'字，我就打死你！"

敌人惊慌失措，只好乖乖地放下了武器。由于陈树棠在这次作战中的突出表现，辽东军区颁发了嘉奖令，给陈树棠记特等功一次，并授予"独胆英雄"的光荣称号。

鲜血浸染黑土地

1947年6月，四平攻坚战打响。为配合兄弟部队攻克四平，陈树棠所在的部队在开原县八棵树村地区展开防御，阻击从南面增援四平的敌人。陈树棠和战友们到达阵地后，抓紧时间挖工事、修战壕、运弹药，准备迎接来犯之敌。

增援的国民党军发现我军已经先行占领阵地，于是在中午时分，以1个班的兵力进行试探性进攻，接着投入1个营的兵力，妄图消灭我军，但都被我军击溃。

此时，四平的守敌万分焦急，不断通过电台呼唤周围的国民党军立刻增援。眼看头一天的战斗没有成果，26日夜，敌军把全团的兵力都用上，反复向我军阵地发起猛烈攻击。陈树棠所在的一排，接连打退敌人7次冲锋，给敌人以极大杀伤，自身伤亡也很大。

27日，敌人在大炮的掩护下，再次发动疯狂进攻。阵地上火光冲天，浓烟滚滚，我军修筑的工事很多被炸毁。炮击停止后，国民党兵一边叫喊着、一边奔向阵地。陈树棠和战友们虽然被浓烟呛得喘不过气来，但他们顾不上这些，端起枪，猛烈地向敌人射击。

敌人越来越近，突然一个国民党兵向陈树棠所在的位置扔过来一颗手榴弹，手榴弹落地后，尾部冒着白烟，眼看就要爆炸。在这千钧一发之际，陈树棠一脚把这个手榴弹踢得老远。这时，又一颗手榴弹飞来，落在了三班长身边，大家还没反应过来，手榴弹就爆炸了，三班长倒在了血泊中。

看到这里，陈树棠立刻奔了过去，从三班长手中接过机枪，毫不犹豫地向敌人扫射。这时，一颗罪恶的子弹打中了陈树棠的腹部，他身子一歪，倒在地上。战友们看到这里，立刻来到他的跟前，准备把他抬下去。陈树棠忍着剧痛说："不要管我，掌握部队要紧。"

当凶恶的敌人将陈树棠包围时，陈树棠已经全身无力。这时，他想起自己还有一颗手榴弹，他没有任何犹豫，咬紧牙关站了起来，大吼一声："你们拿命来吧！"随着一声巨响，陈树棠为人民流尽了最后一滴血。

为了永远铭记英雄的壮举，陈树棠生前所领导的排被命名为"树棠排"，他所坚守的高地被命名为"树棠山"。

八 王克勤

蒋介石一个旅也换不来的杀敌英雄

1947年，晋冀鲁豫野战军挥师南下，突破黄河天险。在鲁西南战役中，战斗英雄王克勤英勇牺牲。噩耗传出后，司令员刘伯承、政委邓小平联名发出唁电。野战军司令部同时发出由刘伯承、邓小平签署的命令，决定王克勤所在的排永远保持“王克勤排”的光荣称号，号召学习王克勤同志，继续开展王克勤运动，一直到歼灭全部敌军。

从国民党兵到人民战士的转变

王克勤出生于安徽省阜阳县一个贫苦农民家庭，曾被抓到国民党军中当兵，后在一次战斗中被我军俘虏，编入晋冀鲁豫野战军。起初，王克勤一身的国民党军兵痞习气，经常发牢骚、讲怪话，表现非常落后。

有一次，他装病赖在炕上，不肯出勤站岗。第二天一大早，副连长给他打来病号饭。他吃完一抹嘴，说：“这是共产党收买人心的啊！好让俺们这些俘虏兵上火线打头阵，充当炮灰。”连长、指导员通过各种方式了解到：王克勤在国民党军中是名机枪射手，枪法精准，千米之内弹无虚发，自恃才高；好江湖义气，为人要面子。加入到人民军队后，连队干部对他的特长不了解，让他扛步枪，引起他的不满，觉得屈才了。

不久，部队配合土地改革开展新式整军运动。连里召开诉苦会，王克勤起初不愿诉苦，因为他有旧观念，觉得让人知道他家里穷，穷得叮当响很丢人。教导员找他谈心，告诉他：“我们的队伍是穷人的武装，谁都是黄连泡着心啊！就连我们的副总司令彭德怀都是煤矿窑工出身，彭总他也上台诉苦哩。”

在诉苦大会上，当副连长诉说父亲被地主逼死、母亲领着他到处讨饭吃的遭遇时，王克勤几度哽咽、掉泪。散会后，他饭也没吃就躺下了，一夜辗转反侧不能入睡。第二天，王克勤走上讲台，把积压在心里多年的苦水全倒了出来，一下子讲了2个多小时。诉苦运动后，王克勤像变了一个人，开会积极发言，训练刻苦认真，还耐心教大家正确使用机枪。

自觉融入人民军队

王克勤思想的转变，更多还是看到人民军队的优良作风和为民宗旨。在战斗中，王克勤亲眼看见解放军的班、排长端着枪冲锋在前，这与从前他在国民党军队中看到的完全是两个样，也与国民党曾经告诉他的解放军的情况完全相反。这时，他终于明白：国民党一直在睁眼说瞎话，故意欺骗他们，故意抹黑人民军队的俘虏政策。

王克勤觉醒了，自觉与战友们站在一起，自觉融入人民军队当中。在行军途中，王克勤看到同志们争着扛弹药、粮食和给养，感动不已。他对教导员说：“教导员，这真是我们自己的队伍啊！部队才是俺的家。”

王克勤个头高、体力壮，在行军中，他不仅要背自己负责的机关枪、干粮、背包，同时还主动帮助体弱的战友扛背包、小米袋。于是行军路上，战友们经常看到这样的王克勤：从枪支到背包，各种东西横七竖八地或挎、或背在他身上，两个肩头还扛着东西，以至于从他的身后根本就看不见他的脑袋，战友们笑称他是头“骡子”。王克勤“嘿嘿”一笑，自豪地说：“俺还能驮山炮哩。”

部队是个大熔炉，王克勤不仅在思想上进步了，同时还在文化教员的帮助下，开始学习识字、写字。不久，王克勤就能提笔写信了，第一次正式动笔，他就写了一份入党申请书，亲手交给了教导员，含泪表达了加入共产党的决心。作为平汉战役那一批解放战士中的第一个要求入党的积极分子，营党总支破格批准了他的入党申请，并提拔他当了机枪班长。王克勤激动不已，此后，他常常以自己的亲身经历现身说法，帮助和说服教育刚来连队的解放战士。

热血洒疆场

由于思想的转变，王克勤在战斗中勇猛异常，一挺苏式机枪在他手中打得连枪管都发红了，为此他手上的皮也被烫掉了。在龙凤战斗中，王克勤和他的机枪班坚守在最险要的阵地上。国民党军发动了十几次进攻，都被王克勤和战友们击溃，倒在我军阵地前的敌人尸体满地皆是。由于他们班在战斗中注意互相协同，战斗作风十分顽强，且无一人伤亡，战后被评为“战斗模范班”，受到旅长李德生的亲口赞许，王克勤也被提拔为排长。王克勤的事迹被报到了晋冀鲁豫野战军总部，他又被评为“杀敌英雄”和“互助模范”。延安的《解放日报》专题报道了他的事迹，并以社论的方式发表了题为《普遍开展王克勤运动》。

1947年，刘邓大军发起鲁西南战役。战斗一打响，王克勤高声喊道：“同志们，一起来！”他冲在最前面，带领突击排，顺着云梯往定陶县城城头上爬去。在城墙垛口，敌人的子弹击中了王克勤的胸腹部，伤势十分危重。但他坚持不下火线，挣扎着继续往城墙上爬。经过激烈的战斗，敌人的防线终于被他和战友们打开了一个突破口。王克勤用尽最后的力气，发出信号弹。在送往野战医院的途中，王克勤从昏迷中醒来，说的第一句话是：“定陶打下来没有？”

最终，因伤势过重、失血过多，王克勤牺牲了。刘伯承司令员闻知王克勤战死在前线的消息，十分悲痛，叹息说：解放战士千千万，有他王克勤作榜样，便能掉转枪口打老蒋。哪怕死了谁，也不能死了我的王克勤！可惜啊！他蒋介石的一个旅，也换不来我的一个王克勤！

侯成安

战功卓著的“七月英雄”

对于中国共产党来说，7月1日是一个有着特殊意义的日子。1947年7月1日，人民解放军在东北战场以排山倒海之势发起夏季攻势。东北民主联军某部排长侯成安作战勇敢立奇功，被授予“七月英雄”的荣誉称号。他一生屡立战功，尤其珍惜这一荣誉，因为这是他为纪念中国共产党成立26周年的崇高献礼。

夏季攻势的主攻任务

1947年夏季来临之际，为配合全国即将到来的大反攻，扭转东北的战争形势，东北民主联军决定发动强大的夏季攻势。

在夏季攻势的最后战斗中，第3纵队奉命于西丰至威远堡之间组织防御，配合兄弟部队歼灭由沈阳向四平增援之敌，保证四平攻坚战的胜利。第7师于马道岭一带阻击敌进攻，9连的具体任务是进攻砬子沟北山。2排排长侯成安向连部请缨，要求担负主攻任务——在半夜前拿下北山的3个山头！

总攻击于7月1日晚间开始。一颗信号弹升起，我军的迫击炮、山炮发出震天的吼声，轻重机枪子弹雨点般砸在敌人阵地上。

趁着敌人抬不起头来的时候，侯成安带领全排战士迅速爬到了第一个山头的腰部。当他发现山头上只有敌人一挺机枪时，便命令6班从正面攻打，自己带领4班从左边抄上去。

当他爬到敌人工事旁边的时候，6班已被敌人的机枪压得抬不起头来。侯成安一看火了，把匣枪往腰里一插，猛地站起来，如猛虎扑食一般，跃进了敌阵地。他一手抓起那挺打得枪筒子发红的轻机枪，一手掐住敌人射手的脖子，大吼一声："缴枪不杀！"敌弹药手吓得扔下子弹箱，连滚带爬地逃走了，被掐住脖子的敌射手，瘫在地上，哀求饶命。

侯成安一面指挥2排战士继续往上冲，一面架起新缴获的轻机枪，向山顶上的敌人猛扫。

勇克敌阵拔头筹

第一个山头上的敌人，由于失去了机枪，很快被打垮了。在冲向第二个山头的时候，侯成安和机枪射手杨金贵两个人各抱着一挺机枪，向半山腰的敌人扫射。侯成安的机枪打得特别猛，立刻把敌人的机枪火力压了下去。杨金贵的机枪掩护着同志们冲上了第二个山头。

敌人见我们拿下了第二个山头，就疯狂地打炮，想阻止我们夺取第三个山头。一名战士在炮击中牺牲了，侯成安气得两眼发红，咬着牙向敌人猛扫。但是，当他再一次伸手向弹药手要子弹的时候，却没有马上接到梭子，只听见低微的说话声："报告排长，子弹没有了，我的胳膊也被打断了。"侯成安心里"咯噔"一下，只好停止射击。机枪梭子里只有几粒子弹了。

侯成安的机枪一停，敌人的机枪就得瑟起来，2名战士先后被打倒。面对敌人的凶猛火力，侯成安感到硬攻是不行的，于是他把战士小李叫到身边，说："你跑到侧面去埋伏好，等我一喊'3排长冲啊'，你马上就答应。"

过了一会儿，侯成安高声地喊道："3排长，冲啊！"接着，小李便使劲地喊："3排快上，冲啊！"

敌人听到小李的喊声，机枪立即转向那边扫射。侯成安一看敌人中了计，便立刻领着战士从正面冲上去，没等敌人的机枪转过来，侯成安的机枪就响了，最后这几粒子弹，全部"赏"给了敌人的两个机枪射手。

第三个山头上的敌人开始混乱了，侯成安趁势抓起敌人的那挺机枪，又“哒哒哒”地扫射起来，敌人顿时乱了阵脚，落荒而逃。

“七月英雄”再立新功

砬子沟北山的3个山头，都被我军占领了，守敌一个连被打垮。战斗结束后，2排荣立集体功，侯成安被记了一次特殊功。由于这天是中国共产党建立26周年纪念日，侯成安被纵队授予“七月英雄”的光荣称号，荣获特功奖章一枚。

为了不给敌人以喘息之机，东北民主联军经过短期休整后，发动了更加猛烈的冬季攻势，对敌展开围歼战。

1948年1月7日凌晨2时，第9连进入文家台，与敌新5军展开激战。这时，连长和指导员都负了重伤，营长命令侯成安代理副连长。

侯成安指挥突击排，占领了敌人的一个地堡和两座民宅。但是由于敌人的火力太猛，突击排进攻受阻。这时，侯成安通过敌人的火力网，爬到突击排李排长身边说：“李排长，由我组织火力掩护，你带领突击排，赶快向前突进。”

突然，敌人投来一颗手榴弹，将侯成安腿部炸伤。当他刚要转身时，不料一颗子弹打穿了他的脖子。他抱着机枪，扑倒在地。

弹药手爬过来抱起侯成安，悲痛地哭叫着：“侯排长!侯排长!你醒醒!”

侯成安慢慢地睁开眼睛，大声地命令：“别管我，快去，守住阵地要紧!”说完，又昏了过去。

弹药手轻轻地放下侯成安，瞪着两只血红的眼睛，抓起侯成安的机枪，向敌人猛烈地射击，同时以嘶哑的嗓子高喊：“同志们，狠狠地打呀，为侯排长报仇!”

战斗结束，战士们都来告慰受重伤的侯成安：“侯排长，我们胜利了，文家台的敌人被全部歼灭了!”

侯成安的脸上浮起了胜利的微笑。他想说什么，但没有说出来，慢慢地闭上了眼睛，为中国人民的解放事业献出了宝贵的生命。

八

刘四虎

威震敌胆的“拼刺英雄”

随着人类科学技术的不断进步，战争中所使用的武器装备也随之发生改变，从大刀、长矛、弓箭的冷兵器时代，进入步枪、手榴弹、大炮的热兵器时代。然而，不论武器装备如何不断发展改进，在敌我面对面的交战中，刺刀等武器仍然能够派上用场。在中国人民解放战争中，有这样一位英雄，他冲入敌阵，与10多名敌军拼刺刀，刺死7名敌人，威震敌胆，战后被授予“特等战斗英雄”“拼刺英雄”。他就是刘四虎。

初上战场猛如虎

刘四虎，人如其名，在战场上猛如虎，自1946年4月成为人民军队中的一员后，总是冲锋在前，屡立战功。在攻打大同时，刘四虎是第一次上战场，但丝毫没有表现出畏惧和迟疑。战斗中，敌人被打垮，刘四虎端着上有刺刀的枪猛追，结果被一颗子弹击中头部。在一个月后的咀子山战斗中，他和战友一起打退了敌人的4次冲锋。

在西华池战斗中，当刘四虎和战友们冲进一个院子里的时候，没想到中了敌人的埋伏，敌人火力封锁了他们的退路，特别是在房顶上的火力点，打得刘四虎和战友们抬不起头，严重威胁着他们的安全。在这紧急关头，刘四虎知道畏惧是没有用的，等待救援恐怕也来不及。他迅速观察了敌人火力点的配置，确认对他们威胁最大的就是来自房顶上的敌人。于是，刘四虎瞅准敌人换子弹之机，举枪瞄准房顶上的敌人，一阵猛烈射击，反过来压制住了敌人的火力，从而使战友们安全撤出。

就在刘四虎准备撤出的时候，突然一颗子弹击中了他的腿部。刘四虎咬紧牙关，几次想迈开步子，但都由于疼痛难忍，无法行动。在这种情况下，他和其他几个伤员坚持绝不投降，不断向敌人射击。他们还把手榴弹放在手边，预备着一旦子弹打完了，敌人攻上来，就和敌人同归于尽。

最终，后续部队冲了上来，刘四虎这才摆脱危境。

冲锋！冲锋！

1948 年2月，西北野战军采取“围城打援”的战术，使国民党军进入了包围圈。在宜川战役攻取瓦子街东南高地的战斗中，刘四虎所在的班担负起突击任务。

战斗打响后，刘四虎和战友们勇猛向前冲。这时，敌人在事先修好的工事中向我军开火，一时间，轻重火器射出的子弹密如雨下，封锁了我军前进的道路。

连长对刘四虎说：“你们是突击班，坚决把这个山包拿下来！”

“好！”刘四虎一边回答、一边带领全班战士向前运动。只见刘四虎冲锋在前，利用地形躲避着敌人的子弹，不断靠近敌人。等到距离敌人还有10米远的时候，刘四虎利用一棵大树隐蔽了下来。他回头一看，全班只剩下3名同志跟了过来。

这时，敌人也发现了刘四虎，一阵子弹打过来，都被大树挡住了，于是手榴弹不断地扔过来，在刘四虎身边爆炸。刘四虎沉着应对，结果只有一个弹片划破了他的衣袖。

此时，刘四虎听到后面喊起了冲杀声，他知道部队发起了冲锋，任务还没有完成，不能再耽搁了。于是，他把自己身上的4颗手榴弹，全部向敌人阵地投去。借着手榴弹爆炸后形成的硝烟，他一边喊着“二班，冲！”、一边端着刺刀冲向敌人的阵地。敌人哪里见过这种阵势，吓得扭头就跑。

刺杀！刺杀！

刘四虎冲入敌人阵地后，缴获了一挺轻机枪。他回头一看，后面的战友还没有跟上来；再朝前看，敌人已经开始玩命地后撤了。

刘四虎不顾自己的危险，继续追赶敌人。他奔到一个敌人面前，敌人慌忙举起刺刀。刘四虎一个突刺，刺了过去，敌人向左边一躲。刘四虎刺杀动作没有停顿，迅速调整刺刀方向，一下子就把刺刀刺入了敌人的身体。“缴枪不杀！”刘四虎向撤退的敌人大声喊着。然而，敌人根本没有停下来。刘四虎又气又恨，冲上前去，接连刺倒七八个敌人。

这时，敌人指挥官发现刘四虎只有一个人，于是立刻指挥十七八个敌兵回头包围过来。此时，刘四虎的子弹、手榴弹已经全部打光，他端着刺刀与敌人周旋。由于刘四虎身边都是敌人，所以敌人也不敢开枪。刘四虎瞪着发红的双眼，怒视着敌人。敌人稍微动一下，他立刻就把刺刀挺过去。敌人被刘四虎的气势吓倒了，只敢围着他，没有一个人敢上来和他拼刺刀。

就在双方僵持的关头，刘四虎听到不远处传来喊杀声，定睛一看，原来是一名增援上来的战友被敌人压倒在地。刘四虎刺刀虚晃一下，趁围着他的敌人不注意，跳出敌人包围圈，前去解救战友。不料，敌人回过神来后，从他后面赶上来，刘四虎被敌人的刺刀刺中。刘四虎毫不畏惧，以压倒一切的气概，持续拼刺，最终杀出重围。

在这次战斗中，刘四虎的头部、脸部、咽喉、腹部、左手等11处负伤，最后因失血过多昏倒在地。战斗结束后，那些被俘虏的国民党伤兵对刘四虎印象十分深刻，说：那个光着右膀子拼刺刀的战士真厉害。

由于刘四虎的英勇表现，野战军政治部以司令员兼政委彭德怀和政治部主任甘泗淇的名义，向刘四虎家乡的地方政府发去报功书，表彰他在战斗中勇敢杀敌的事迹。

张明

无坚不摧的“洛阳营”营长

1950年9月，在全国战斗英雄代表会议上，有几位战斗英雄代表向大会介绍了自己的成长过程和英雄事迹，其中有一位精神焕发的年轻指挥员的发言，受到大会的热烈欢迎，博得阵阵掌声。他就是曾任“洛阳营”营长的全国著名战斗英雄——张明。

集中智慧确定突击方案

1948年3月，我军发起了洛阳战役。

洛阳是一座古老的城市，居于中原战略要地，国民党第206师凭险据守，师长邱行湘向蒋介石当面保证：“除非天塌地陷，洛阳万无一失！”

华东野战军第3纵队8师23团负责突击东门，张明率领1营，担负突击任务。

东门是敌人守备的重点，构筑有三层工事。第一层从大石桥到瓮城外壕，构筑有地堡群，配置了鹿砦、拒马和铁丝网，还埋设了大量地雷。第二层是瓮城东门。第三层是瓮城及第二道城门，构筑有明暗交叉火力和巷战工事。

面对如此艰巨的任务，张明一面察看地形、一面研究战法。干部战士纷纷响应，积极向群众开展调查工作。茅屋内、大树下、场院里，到处可以看到三三两两的战士向群众询问情况，用本子记录洛阳城的工事，核实敌人的防御部署和城区地形。

张明仔细分析研究了全营调查得来的情况，又召集“诸葛亮会”，让大家出主意、提打法。最后，张明集中大家的智慧，提出了三段突击的方案。第一段，第3连以连续爆破的办法，扫除东门外的副防御工事；第二段，第2连爆破第一道城门，突击瓮城；第三段，第1连在伴随火力的掩护下，爆破第二道城门，抢占城门楼，扩大和巩固突破口，在迫击炮火力的支援下，打退敌人的反冲锋。

血战洛阳东门

3月11日下午，张明赶到突击连的位置，攻城作战打响了。炮弹呼啸着，铺天盖地飞向洛阳城。敌人被打得晕头转向，张明趁机命令3连提前行动，炸掉了敌人大石桥上的三道障碍。

7时，3颗信号弹升空，我军从几个方向朝洛阳城发起了攻击。

张明带领3连快速向前运动。突击队员一马当先，奔向桥头的大碉堡，抡起大铡刀，照准电网猛砍，一鼓作气，砍开3个大口子。爆破队员迅速穿过电网，埋好了炸药包。

“轰隆！”一声巨响，敌人的大碉堡飞上了天。

这时，下起了倾盆大雨，伸手不见五指。该是2连行动的时候了，但他们必须通过的那座小桥还在吗？张明派出的侦察组还没有回来，架桥队、突击队都在等待他的命令。

时间一秒一秒地流逝。战斗中的每一秒钟都是异常宝贵的，它决定着战斗的成败，维系着战士的生命。

带伤坚持战斗

正当张明焦躁地等待前方侦察的消息时，突然两块弹片飞来，打到他的背上，鲜血染红了衣服。他顾不上包扎伤口，忍着剧痛，继续指挥作战。

终于，被大雨浇得湿透的侦察员回来了，他喘着粗气，兴奋地大声报告：“有桥！”

张明马上命令2连连长：“出发！”

2连的勇士在炮火和机枪的掩护下，如离弦之箭，向瓮城猛扑过去。

瓮城里的敌人拼命反击，战斗异常激烈。张明猛地跃出壕沟，带队突击到瓮城里面，这时，已经得不到直射炮火的支援了。

在这关键时刻，战斗经验丰富的张明心里明白："必须以最快速度突破东门，抢占城门楼，准备迎击敌人大规模反扑！"

张明果断命令3连和及时配属到位的警卫连投入战斗。突击力量加强了，立即向负隅顽抗之敌发起冲锋。1连快速穿过瓮城，直扑第二道城门。

城内之敌见状，马上用炮火拦截，给我冲锋部队造成了很大伤亡。加之部队在通过瓮城时，一个战士的炸药包不小心被汽油桶的铁刺挂响了，使1连的进攻火力大受损失。

面对这种危急情况，张明头脑沉着冷静，指挥1连迅速抵近东门，组织连续爆破，炸开了最后一道城门。

红旗插上洛阳城

先头部队占领了东门，但战斗仍十分激烈。敌人疯狂地进行反击，企图夺回城楼。突击队员们毫不畏惧，向敌人射去一排排子弹，扔出一颗颗手榴弹，先后打退敌人3次反击，守住了城楼。

这时，后续部队被敌人炮火拦阻，一时上不来。团首长还不知道东门已被占领，张明率领的突击营只控制着两层城门和百多米的阵地，敌人集中炮火向突破口狂轰滥炸，情况仍十分危急。

营指挥所里，张明吊着受伤的胳膊，满头大汗。电话线被炸断多处，联络中断。团首长在等待这里的消息，战友们在流血牺牲，要争分夺秒向团首长报告情况！张明急忙派通讯员向团里报告情况。

"保证完成任务！"通讯员转眼消失在黑夜和枪林弹雨之中。

3颗红色信号弹腾空而起，大部队冒着敌人炮火，迅速冲了过来，从突破口打进城内，向纵深发展。

最终洛阳城解放了，国民党军第206师被全歼。

为了表彰张明攻打洛阳城东门作战的英雄事迹，上级领导授予他"甲等战斗英雄"光荣称号和"华东一级人民英雄"奖章，他所在的营被命名为"洛阳营"。

八 董存瑞

舍身炸碉堡的英雄

在河北省隆化县城北郊的苍松翠柏中，长眠着一位英灵，一位对中国人民来说，无人不知、无人不晓的英灵。一座雄伟的纪念碑耸立入云，仿佛他伟岸的身躯。纪念碑上铭刻着朱德的题词：“舍身为国，永垂不朽！”这位英雄就是——董存瑞。

挂帅点将

1948年，东北人民解放军冬季攻势结束，国民党军节节败退，只好退守在几个孤立的据点内。为了加速战争的进程，董存瑞所在的部队奉命攻打隆化。隆化，是当时热河省省会承德的屏障，背靠苔山。苔山上敌人的火力控制着整个隆化，隆化中学又是敌防守的核心。敌人不但派重兵把守这里，同时还精心修筑了由母堡、子堡组成的碉堡群。

在发起攻击前，我军详细研究了隆化敌军的防御部署，认为：在这个攻坚战中，要想打开通道，必须组织爆破手对障碍物实施爆破。在这一背景下，董存瑞所在的部队召开了“挂帅点将”战前动员大会。看着那面“帅旗”迎风飘扬，战士们跃跃欲试。大会开始后，董存瑞第一个站起来，要求领导批准他“挂帅”，并如愿以偿地成为了“爆破元帅”。

董存瑞在锣鼓声中，自信地走上“点将台”，接过“帅旗”，开始“选将”。这时，台下鸦雀无声，100多双眼睛都盯着董存瑞，他们都希望自己的名字能够被董存瑞喊到。一个战士还朝董存瑞眨了眨眼，并用手指着自己的鼻子。

董存瑞知道成为“元帅”不仅是荣誉，更意味着责任。他思考了一会，不慌不忙地抽出一面旗，摇晃了几下，说：“点7班长郅顺义为‘突击大将’！”郅顺义听到这里，顿时热血沸腾。接着，董存瑞又抽出一面旗说：“点2排长为‘火力大将’，由2排2挺机枪和1排的1挺机枪组成火力组。”当他拿出“支援大将”的旗时，1班长用恳切的眼神紧紧地盯着他，董存瑞喊道：“点1班长为‘支援大将’！”随后，董存瑞还点了8班长等人和他一起组成爆破组。

炸毁碉堡

5月25日凌晨，3颗信号弹划破天空，接着震耳欲聋的炮声响起，解放隆化的战斗打响了。我军的炮火十分准确，苔山主峰笼罩在一片硝烟当中，敌人不少的碉堡也被炸到了天上。

董存瑞和战友们准备就绪，等待着战斗命令。随着进攻命令一下，火力组“大将”2排长随即拿起机枪进行掩护。董存瑞抱起炸药包，带领全组人员向敌人阵地奔了过去。

爆破组的任务是炸掉隆化中学东北角敌人的4个炮楼和5个碉堡。敌人看见我军战士冲来，立刻用严密的火力封锁我军前进的道路。董存瑞和战友们一会儿伏下、一会儿又突然跃起，躲避着敌人的子弹。由于敌人的火力形成交叉，还没接近第一个炮楼，爆破组的孙永德便被敌人的子弹击中。董存瑞看到战友倒下，喊道：“老孙！”可孙永德再也没有答话。就在接近炮楼时，另外一名战士张万才又牺牲了。4个炮楼和5个碉堡，一个都没炸掉，就牺牲了几个同志，大家都十分焦急。

董存瑞知道，这时最怕的是头脑发热，必须更加谨慎。他利用敌人射击出现的空隙，一跃而起，顺利地来到第一个炮楼旁，拔掉炸药包上的导火索，顺势一滚，隐蔽起来。只听“轰隆”一声，敌人的炮楼被炸掉了。紧接着，1班长又运上来第二包炸药和20多个手榴弹。身后的火力组看到这个情形，也以更加猛烈的射击压制敌人的火力，给董存瑞带领的爆破组实施掩护。

在各组的紧密配合下，董存瑞和战友们一口气炸掉了剩下的3个炮楼和5个碉堡，任务终于完成了，隆化中学东北角被打开了！

英勇献身

看到敌人的工事被摧毁，部队发起了冲锋。正在这时，位于旱河上的一个暗堡突然喷出几条火舌，冲在前面的一个战士倒下了。董存瑞不顾一切奔到战友身边，这名战士的呼吸已非常吃力，他喃喃地说："班长——6班——冲上来啦！那是桥——形碉堡，你——你——"话没说完就停止了呼吸。

原来，狡猾的敌人在桥上修了一个伪装得十分巧妙的暗堡，并利用这个暗堡，猛烈地向我军实施射击。这个碉堡修筑得十分坚固，它利用桥的两边墙壁和顶上的盖顶，形成一个坚固的碉堡。我军接连几次对暗堡进行爆破，均未成功。看到这一情形，董存瑞主动向指导员提出炸碉堡的申请，但连领导并不同意。董存瑞诧异地问："怎么？"连领导说："你们已经一连爆破了几个碉堡，该歇会儿了！"

"不行，绝对不行！"董存瑞急得几乎是喊了起来，"指导员，我是同志们选的'爆破元帅'，隆化没有解放，我的爆破任务就没有完成！"

董存瑞的请求最终得到同意。"首长，我是一个共产党员，"董存瑞一边说，一边从兜里掏出一个小包，"如果我牺牲了，这就是我的最后一次党费！"

在火力组的掩护下，董存瑞等3名同志迎着敌人的子弹向碉堡扑了过去。前进中，董存瑞左腿负伤，仍顽强坚持冲到了桥下。然而，董存瑞发现，桥离地面有一人多高，两旁是光滑的墙壁，顶上是平平的桥板，炸药包放在地上很难摧毁碉堡，可高处又没地方放。董存瑞想在桥下找个东西做支架，可什么都没找到。

这时，总攻的时间到了。在这紧急关头，董存瑞抬头看了看桥顶，又扭头向后面望了一眼，突然左手托起炸药包，右手猛地拉开导火索。伴随着导火索冒出的白烟，董存瑞高喊："为了新中国，冲啊！"

一声巨响，地动山摇，董存瑞用生命为部队开辟了胜利前进的道路！

梁士英

锐不可当的“爆破英雄”

战争是残酷的，通往胜利的道路上，充盈着汗水，洒满了鲜血。有这样一位烈士，他已经躲过枪林弹雨来到敌人工事前，他已经把拉掉导火索的爆破筒塞入敌人碉堡中，在不甘心灭亡的敌人把爆破筒甩出来时，他再次把爆破筒塞进去，并用身体死死顶住，壮烈牺牲，他就是“爆破英雄”梁上英。

凭勇敢占领敌人阵地

1948年9月，辽沈战役拉开了帷幕。东北野战军第2纵队第15团机枪连战士梁士英，因在历次战斗中表现突出，抽调到8连2排5班当战斗组长。可别小看了8连，这是一个有着光荣历史的英雄连队，首长决定把突破锦州的尖刀任务交给他们。8连接受任务后，立刻组织召开作战部署会。经过一番讨论，连里将尖刀班的任务给了6班，梁士英所在的5班负责爆破开路，4班和机枪组配合，共同组成尖刀排。

10月13日晚，借着月色，战士们带着沉重的攻击装备，急速向指定集结地进军，不到5个小时，部队就到达了攻击出发地。梁士英和战友们迅速整理各种武器装备，等待攻击那一刻的到来。

东方渐渐发白，锦州的城垣已经可以看见，梁士英和战友们悄悄地进入堑壕。他今天显得格外精神、严肃，腰间别着十几颗手榴弹，冲锋枪斜挎在左腋下。梁士英检查完自己的装具后，还帮助战友整理，唯恐打起仗来碍手碍脚，影响行动。

随着一颗信号弹划破长空，紧接着万炮齐鸣，我军对锦州城垣开始进行炮火打击。在几十排炮的轰击下，锦州城垣的西北角，顷刻间就隐没在浓浓的硝烟中。随着炮火的延伸，梁士英和战士们像离弦的箭一样，冲向敌阵。

当梁士英等运动到交通沟尽头离城垣仅40多米的地方时，敌人发现了我军的行动，他们立刻集中全部轻重火器猛烈射击，妄图压制我军行动，封锁我军道路。看到这一情形，排长一声令下，梁士英和战士们跃上沟沿，拿起早已准备好的手榴弹，拽掉拉线，往城头上扔去。随着轰隆隆手榴弹爆炸的巨响，敌人立刻被炸懵了。与此同时，机枪组的两挺机枪也架在沟边，向城墙上猛烈地射击，敌人死伤大半，最终溃逃，我军将红旗插上了硝烟未尽的锦州城头。

因责任受领艰巨任务

打开突破口后，尖刀排乘胜追击，向城内冲去。这时，敌人组织了约1个连的兵力，向我军反冲击，妄图夺回阵地。尖刀排的战士们立刻与敌人展开了面对面作战，一个个手榴弹扔向敌群，一排排子弹打向敌人。不一会，敌我双方人员突然打了个照面，我军战士干脆与敌人进行肉搏。

经过激烈的战斗，敌人的数次攻击被击退了，但尖刀排的伤亡也很大，特别是2挺机枪发生了故障，弹药也消耗得差不多了。这时，敌人的1个排又冲了过来，我军的火力已无法有效压制敌人的进攻。眼看敌人越来越近了，只见梁士英从地上拿起两根爆破筒，拽下导火索，使劲朝敌群扔去。一声巨响，敌人被炸得血肉横飞，被迫撤退。

我军战士瞅准时机，立刻往前冲。突然，从一个碉堡中射出密集的子弹。原来，敌人在城内修筑了几道防御工事，这个工事是利用铁道凸出地面的路基加工修筑的，在路基的西侧桥墩旁设置了一处坚固的暗堡。

排长带领几个战士向碉堡扑去，但这个碉堡修筑得十分巧妙，里面射出来的子弹形成扇面，严密地封锁了炸碉堡战士的道路。时间一分一秒地过去，必须尽快清除掉这个障碍，否则敌人的援兵一到，不但会造成更大的伤亡，还会对完成任务产生不利影响。

最终，连长决定组织人员再次去爆破。梁士英第一个来到连长跟前，坚定地说："连长，把任务交给我，我一定能完成！"连长对机警而又顽强的梁士英十分了解，说："好，我们用机枪掩护你，祝你成功！"

用生命铺就胜利之路

梁士英脱下棉衣，把袖口朝上挽了几挽，提起2根爆破筒，带了2颗手榴弹，猛地跳出掩体，敏捷地一滚一跃，忽左忽右地向敌堡接近。

这时，敌人已发现了梁士英的行动，立刻组织更加猛烈的射击。子弹在梁士英身边呼啸而过，打得地上的泥土四处乱溅。为了掩护梁士英的行动，我军阵地上的机枪一刻也不停歇地喷出火舌，压制敌人的火力。梁士英以灵活的战术动作，最终运动到敌人碉堡前的一个小土坎后面，这里可以有效躲避敌人的火力。梁士英在小土坎背后稍停片刻，然后小心地冒出头，看清敌人碉堡的位置，随后拿出2颗手榴弹朝前扔了过去。

趁着手榴弹爆炸后的浓烟，梁士英一跃而起，跳过土坎，来到敌人碉堡前，这时敌人的机枪再也打不到他了。在后面掩护的战友看到这里，稍微松了口气，看来梁士英一定能够顺利完成这个任务。

梁士英迅速地揭开爆破筒的底端，拉开底火，然后侧着身子靠近枪眼，对准碉堡上的枪眼，用双手狠劲地往里一推，猛地把爆破筒塞进了敌人的碉堡。正当梁士英转身离开碉堡准备隐蔽时，碉堡中的敌人把爆破筒从射击孔里扔了出来。看着即将爆炸的爆破筒，梁士英毫不犹豫地捡了起来，再次塞进碉堡里。可是当他刚把手一松开，爆破筒又被敌人推出一尺多长。

在这关键时刻，只见梁士英左腿弯曲抵住碉堡，右脚支撑着向前倾的身子，两个胳膊死劲地顶住了敌人拼命往外推的爆破筒。看到这里，战友们都急了，大声呼喊着："梁士英，快回来！"然而，梁士英没有动，他回过头深情地看了一眼战友。"轰隆"一声惊天动地的巨响，敌人的碉堡被炸毁了，梁士英用热血为锦州解放开辟了道路。

刘吉尧
智取华山的侦察尖兵

1953年电影《智取华山》上映后，那位带领侦察班攀悬崖、过绝壁，奇袭华山北峰的刘参谋，成了全国人民耳熟能详的战斗英雄。刘吉尧，就是《智取华山》中刘参谋的原型。因为智取华山的战绩，1950年10月全国英模大会上，刘吉尧被授予“全国特级战斗英雄”光荣称号，获颁“人民功臣”荣誉证章。

自古华山一条路?

1949年的西北战场，人民解放军发动强大攻势，一路所向披靡，国民党军望风而逃。不久，我军胜利解放西安，向华阴地区挺进。

华阴县城驻有国民党军保安第6旅，其头子韩子佩顽固不化，带领残部占据地势险要的华山，企图凭险顽抗，在我军后方打上一个钉子，牵制我军进军的脚步，并伺机卷土重来。

“华山天下险”，作为我国五岳之一，雄伟壮观，惊险崎岖。华山还有一个特点，就是只有一条道路通往山上，因此有“华山自古一条路”的说法。在这种“一夫当关、万夫莫开”的奇山险峰面前，如果大兵压境，进行强攻，必然要付出惨重代价。

奉命担负歼灭华山守敌任务的西北军区大荔军分区东路总队，决定派侦察参谋刘吉尧带领侦察分队，设法把华山北峰的路和敌人的兵力部署侦察清楚。

华山北峰又名云台峰，是登临其他四峰的要冲，三面皆为绝壁，只有一条山岭通向南面，是易守难攻之地。敌人将防御地点置于北峰下面的千尺幢，此地兵力配置薄弱。由于北峰地势不高，找到一条上山通道的可能性还是存在的，当地采药人曾从后山上过华山。

跨越天险的登临

侦察班经过调查，得知住在黄甫峪猩猩沟里的王银生，自小曾和父亲上华山采过药。于是，他们便去王家寻求帮助。当他们赶到王银生家时，华山上下来的国民党军正在抢粮，刘吉尧见状，一声怒吼，战士们火力齐射，敌人纷纷倒下，王银生家得救了。

随后，又下起了大雨，王家简陋的房屋被冲垮了。侦察班冒雨抢修好了王家草房，使王母深受感动，决心让儿子和刘吉尧结为兄弟。侦察班请王银生为向导，重新探寻他昔日跨越天险的道路。

6月13日，王银生准备好上山必备的绳子及带铁钩的竹竿，带着装备整齐的侦察员们出发了。

一行8人，从华山脚下开始向华山北峰攀登。他们打制了一个特殊的钢爪，钢爪上拴着粗麻绳，用钢爪牢牢抓住山崖的岩石或树木，人拉着麻绳往上攀。

前进的道路异常艰难！

第一道险关是“天井”。这是一个十分陡峭的石崖，从下往上看如站在井下。小分队用竹竿挑着绳子的一头，挂上“井口”伸出的树枝，又用竹竿头上的钩子将绳子的一端绑在树枝上，这才小心翼翼地拽着绳子爬了上去。

“老虎嘴”是最大难关，在半山崖上只有40厘米宽，是一条连腰都直不起来的小路。战士们弓腰侧身，手抠石缝，一寸一寸往前挪。途中有战士滑倒，所幸被树枝挂住，在战友们的帮助下，又重新爬了上来。

经过一整天的艰难跋涉，侦察分队终于到达了目的地——北峰。

出其不意的夜袭

侦察班本来的任务是探索一条通往华山的道路，以便大部队奇袭。但此时已是深夜，要从根本就称不上“路”的原路线退回，显然已不可能。而要等到天明，就会完全暴露在敌人眼皮底下，更加危险。

怎么办？他们通过侦察发现，敌人在北峰设了两个哨位，北峰顶一个，北峰庙门口一个。但天一黑，敌人就撤下了北峰顶的观察哨。北峰是上下华山的必经之路，如果夺取北峰就切断了敌人上下山的通道。刘吉尧果断决定在晚上打敌人个措手不及，夺取北峰！

凌晨1点前后，北峰庙里的敌人熄了灯。刘吉尧命令侦察员崔朝山把守西峰下山的路口，以防西峰的敌人增援北峰；命令侦察员孟俊甫把守老君犁沟，不使瘟神洞的敌人上北峰来；剩下6人在他的带领下，偷袭北峰庙。

趁敌人换哨的间隙，刘吉尧和侦察员们尾随进去。

“哒——哒——哒——”，刘吉尧手中的冲锋枪首先开了火。

“第1排向里冲，第2排向苍龙岭冲！”刘吉尧率领侦察员一面向庙内冲，一面大声喊着以迷惑敌人。

睡梦中惊醒的敌人，一时间摸不清解放军到底有多少兵力，当侦察员们冲进房间时，除1人被击毙外，其余50多名敌军还没来得及穿衣服就成了俘虏。

到6月14日中午，小分队8个人占领了敌军4个据点，俘虏敌人110人。他们一边押着俘虏，一边同总队首长联系，请求火速增援，攻打西峰。

在后续部队大兵压境的猛烈攻势下，龟缩在华山之巅的韩子佩残部如丧家之犬，只好乖乖投降。

八 陈理文

毫无畏惧的“突击英雄”

他，13岁就参加部队，历经100多次战斗，4次较大的运动战、8次激烈的攻坚战，在战火硝烟中逐渐成长起来，并被授予“全国战斗英雄”称号。他，深知战斗中突击队任务的艰险，但总是报名参加突击队。他曾受到毛泽东、朱德的亲切接见，毛主席还亲手赠送他一架崭新的军用望远镜。他，就是陈理文。

“我一定打下这些堡垒”

1941年，年仅13岁的保亭县黎族少年陈理文参加了琼崖抗日独立纵队，1946年光荣加入中国共产党。1949年3月，琼崖纵队发起春季攻势，首战在澄迈展开，陈理文所在部队负责攻打敌人的一个据点。敌人的这个据点，由几个堡垒和一个两层的主碉堡构成，相互之间形成交叉火力网，在堡垒周围还设置有铁丝网、木篱、堑壕等障碍物。

为开辟前进的道路，我军攻击部队决定组织突击队，陈理文报名参加。当时很多战士打惯了游击战，这次一看是攻坚战、打碉堡，就有些畏惧。但看到陈理文报名，受到很大的鼓励，响应报名参加突击队的就有40多个战士。战斗打响后，端着冲锋枪、背着大刀、腰间别着手榴弹的陈理文，对战友们发誓：“我一定打下这些堡垒，如果打不下，我从今天起不吃肉菜，光吃白粥。”随即，他就带领突击组向敌人堡垒冲去。

在突击队穿越敌我阵地前的稻田时，堡垒中的敌人发现了他们，立即组织密集火力实施拦阻射击，子弹在战士们的头顶呼啸而过，划破空气时的声音令人胆寒。陈理文冷静地观察了战场态势，发现他们距离敌人堡垒只有四五十米了，在不远处，有一个半米高的土坡，过了土坡就是敌人的铁丝网等障碍物。于是，他带领战士匍匐前进，迅速运动到土坡后。“投弹！”陈理文一声令下，突击队员们的手榴弹在敌人堡垒前爆炸。趁着手榴弹爆炸后的烟尘，陈理文第一个跃出稻田，扒开此前破坏组剪开口子的铁丝网，抽出松动的木篱桩，越过堑壕，直扑堡垒。堡垒中的敌人还没醒悟过来，“轰隆”一声巨响，便被陈理文和战友们的手榴弹送上了西天。

“突击队里不能没有我陈理文”

陈理文获得琼崖纵队授予的“突击英雄”光荣称号，是因他在南辰战斗中的英勇表现。

南辰虽然是个小镇，但敌人在这里经营多年，设置了完备的工事掩体，仅木篱就有4道，在第3、4道木篱之间还有1道铁丝网，此外敌人还挖了1道深沟。在这个据点周围，敌人修建了数十个地堡，每隔两三步就筑有一座。驻守在这里的国民党军有280多人，装备有机关枪3挺、迫击炮1门，掷弹筒、枪榴弹筒4具，各种长短枪近200支。因此，要拿下这个坚固设防的敌人据点，首先必须组织人员，进行突击。

刚提升为排长的陈理文，报名参加破坏队，并带领由20多人组成的7个破坏组分头行动。夜幕下，陈理文带着破坏队悄悄地来到阵地前，屏住呼吸，艰难地为部队开出了7条通道。

他们刚刚完成任务，进攻的军号就吹响了。陈理文扔下铁钳和剪子，提起冲锋枪，就要随突击队向前冲。领导喊住他，说你的任务完成了，先去休息。他头也不回地答道：“打仗需要千军万马，突击队里不能没有我陈理文。”说完，就和战友们向前冲去，并一举拿下敌人的3个前哨堡，陈理文也负了伤。

由于敌人火力很猛，突击队进攻受阻。年仅16岁的黎族战士林勇腹部中弹，肠子流了出来。他咬着牙忍着剧痛，把流出来的肠子硬塞回去。陈理文要给他包扎，他说啥也不肯。由于失血过多，林勇壮烈牺牲。陈理文见此情景，怒不可遏，猛烈地向敌人开火。最终由于敌人火力太猛，第一次进攻失败。第二天晚上，我军重新发起攻击，最终消灭了敌人。

“我一定要当突击队员”

1949年7月，陈理文所在的部队准备进攻文南县敌人的据点。陈理文知道这个消息后，立刻向营长请战。营长知道他的伤还没有好，因此让他等下一次。陈理文急了，举起受伤的胳膊甩了几下，说：“我没事。我一定要参加，一定要当突击队员。不给我到突击队去，比让子弹打着还难受。”最终，陈理文成了突击队中的一名成员。

敌人的这个据点设在山坡上，是日本侵略者留下的圆形坚固工事。作战发起前，部队领导决定派出爆破组，用地雷把敌人工事的围墙炸开，再突入进去。陈理文任爆破组长，任务是炸开东面的围墙。

战斗发起后，在机枪的掩护下，爆破组出发了。为了炸开围墙，战前专门准备了特制的地雷，其体积很大，有半立方米，百八十斤重，有些像炸药包。陈理文这个爆破组，指派2名队员用大箩筐把地雷装着，冲向敌人据点。

在敌人密集的射击中，陈理文和战友们灵活机动地抵达了预定爆破位置。陈理文和班长负责掩护，王家光等3名战士负责放置地雷。正当他们准备点燃导火索时，敌人的一发流弹击中了地雷，跟着一声轰鸣，地雷爆炸了，处在爆心的王家光壮烈牺牲。陈理文和另外3名战友被爆炸的气浪掀到好几米远的地方，昏了过去。

等陈理文苏醒过来，部队已经从炸开的墙洞里钻进了据点。陈理文精神一振，拿起一杆枪，跌跌撞撞地扑进国民党军据点，和战友们彻底、干净地消灭了据点里的国民党军。

八 齐进虎

一身是胆的侦察英雄

在中国人民革命军事博物馆里，有一件十分吸引眼球的文物——一只长1.7米、宽1.15米、高0.38米的大木盆。这样一个木盆，为什么会陈列在军事博物馆中？原来，这是电影《渡江侦察记》中“李连长”的原型——第9兵团27军79师侦察英雄齐进虎曾经坐过的木盆，就是靠着这个木盆，齐进虎等人成功渡江，带回重要情报，确保了渡江战役的顺利进行。

侦察英雄露锋芒

齐进虎，1925年出生于山东省荣城县，1945年参加八路军。参军后，历任班长、排长、师侦察队长、侦察参谋等职，数十次深入敌穴，侦察敌情，捕获敌人通讯员、情报员、谍报员、文书、司务长、排长、营长等俘虏10余名，为指挥机关及时掌握敌情提供了重要参考和帮助，被誉为“捕俘大王”。

在孟良崮战役中，齐进虎和战友们越过敌人3道封锁线，深入敌人的心脏芍药山。当齐进虎等来到张家桥时，他们的行踪被敌人发觉了，于是他们决定立刻转移。就在这时，他们发现公路上跑过来一个敌人，齐进虎一个箭步冲上去，抓住了这个敌人。敌人吓得连说：“自己人，别乱来，我有公事!”说着就把文件拿了出来。齐进虎打开文件一看，原来是敌军的一份机密文件。齐进虎虽然不识几个字，但他从地图上标出的许多小箭头上看出，这是一张作战地图。于是，他们立刻返回，把这些文件交给了部队领导。原来，这些文件是国民党整编第74师的兵力部署和作战计划。齐进虎和战友们的这份情报，对全歼蒋军这个王牌师意义重大。

在1948年的济南战役中，齐进虎带领全班插入敌人防区，察看敌人的工事及设防情况。敌人也知道大战即将来临，因此加强了守备，游动哨不停地来回巡查。第一天夜里，齐进虎和战友们一直没有找到下手的机会。第二天，齐进虎又带了几个人到敌人阵地上去，动身前他对大家说："不抓则罢，要抓一定要抓回有用的来。"于是，他们来到敌人可能出现的区域，悄悄地埋伏起来。这时，路上来了几个敌军，看样子像是伙夫，以及普通士兵。齐进虎知道抓他们没有什么情报价值，于是没有理会。过了一会，在敌人队伍后面，齐进虎发现了一个当官模样的人。就在这个敌军军官靠近齐进虎的潜伏位置时，齐进虎猛扑上去，一下子将其捉住，原来这是敌军书记官。在随后的几天，齐进虎和战友们捉到了好几名敌军，及时准确地为我军进攻部队提供了重要情报，上级为他们班记集体一等功，并授予"齐进虎班"的光荣称号，齐进虎本人也荣立二等功。

一只木盆渡长江

1949年，解放战争的炮声逼近了长江天险。要想打好渡江战役这一仗，首先就要摸清楚对岸敌人的兵力部署情况。对于齐进虎所在部队来说，首当其冲的，就是要摸清敌人的前哨阵地——黑沙洲的兵力部署。

黑沙洲像个大乌龟一样卧在长江中心，敌人在上面部署了很多兵力，构筑了坚固防御工事，这对我军渡江部队是一个很大的威胁。于是，齐进虎受命带领几个侦察员前往黑沙洲侦察。

在一个大雨瓢泼的黑夜，齐进虎和战友们乘船出发了。结果由于天黑雨大，船只没能到达预定地点。于是，齐进虎留1个同志看船，2个同志在附近侦察，他自己带着2个同志去摸敌人的情况。当他们刚刚离开不多时，船靠岸的地方响起了枪声。原来，敌人发现了他们的渡船。在这紧急关头，齐进虎判断敌人并没有发现他们3个人，于是决定留下来，继续潜伏。

在敌人严密设防的区域进行侦察，是有很大风险的。齐进虎和战友们没有任何退缩和畏难的情绪，他们白天躲在蚕豆地和稻草堆里，晚上借着夜幕了解地形地貌和敌人的火力配备，掌握了大量有价值的军事情报。这期间惊险不断，有一天他们刚刚藏在一个稻草垛里，敌人过来搜查，一个敌兵忽然用刺刀戳向了草垛，擦着我们侦察员的头皮，我们的战士一动也不敢动，直到敌人离开。

情报搞到手了，下一步就是要送回去。这时，敌人为了防止逃兵，下令把所有的船只等能渡江的东西都扣了起来。齐进虎知道了这个情况后，十分焦急，“我们是侦察员，我们几乎了解了洲上敌人的全部情况。这些情报不能在大部队过江之前送回去，就是没有完成任务呀！”

一天晚上，齐进虎等3人摸进村子，希望能找到帮助他们渡江的东西。结果，连一块大一点的木板或粗一点的棍子也没有找到。这时，齐进虎发现一个牛栏棚里有一堆烂草，上面盖满了牛粪。齐进虎用脚踩了踩，又用手摸了摸，发现底下有个硬邦邦的东西，扒开牛粪和草一看，是个大木盆。“有了这玩意儿，咱们就能过江，把情报送回去！”齐进虎兴奋地对战友说。

返回的时刻来临了！这天晚上，正好起了风。于是，他们将盆推下水，3人坐进去使劲划了起来，木盆直向对岸驶去。风越刮越大，浪头也越来越高，险情不断。忽然，一个浪头打来，木盆猛地一颠，差点翻到江里。江水也灌进盆里，3人急忙往外舀水，齐进虎急中生智取下帽子往外舀水……英雄们终于带着情报凯旋归来。

1949年4月20日晚，渡江战役开始了！因为黑沙洲敌人的部署我们全部掌握，我军炮弹像长了眼睛似的飞向敌人的炮群、地堡，黑沙洲顿时成了一片废墟。齐进虎也因其突出表现，被华东军区授予“华东一级人民英雄”称号。

郭俊卿

“新时代花木兰”

1950年9月，在北京召开了全国战斗英雄代表大会，以表彰在伟大的革命战争中涌现出来的战斗英雄，毛泽东等党和国家领导人接见了参加大会的代表。在这些英雄代表中，有一个人显得与众不同，她就是郭俊卿，她女扮男装5年多，和战友们并肩作战，被称为“新时代花木兰”。

光荣参军

1945年8月，对中国人民来说，这是一个难忘的月份，日本侵略者终于投降了；而这个月也让郭俊卿久久不能忘怀，苏联红军的一支队伍从她家门口走过，看到队伍中几个女战士，郭俊卿既惊讶又羡慕，由此产生了当兵的念头。

可当郭俊卿报名入伍时，因为只有14岁，所以被拒绝了。可她没有就此放弃，她换了一个地方，虚报16岁，并以“郭富”的名字入了伍。当时穷人家的小孩大都留着“孩儿发”，招兵人员认为她是男孩，郭俊卿自己也不讲，害怕不要她。为此，她还回去跟她娘讲：“以后我就是你的大儿子了，你就别再当我是个闺女，捎封信物的就写是大儿子，你就别总写女儿了！”从此她就以男兵的身份，战斗生活在部队中。

郭俊卿到部队后，并不因为女儿身而放松对自己的要求。在射击训练时，看着比自己还高的枪，郭俊卿没有为难的情绪，像其他男战士一样苦练射击本领。在学习骑马时，最初她连马镫都够不到，好几次在马奔跑时从马背上摔下来，头破血流，但她仍坚持下去，终于成为了一名骑术精湛的通讯员。

1946年，郭俊卿所在的部队到赤峰一带剿匪。在一个风雪交加的日子里，上级交给郭俊卿一个重要任务——穿过敌人封锁线，把一份机密文件送到营部。这一任务相当艰巨，一方面必须在指定时间把文件送到；另一方面，前往营部的路上危机四伏，敌人在一个山口修筑了碉堡工事。

出发前，郭俊卿的班长看着这名个子不高、但却灵活机智的战友，再三嘱咐：要保护好自己，更要保护好文件。郭俊卿坚毅地说："情况要是危险，我就把文件吃到肚里，跟敌人拼！"

郭俊卿拿着枪，顶着风雪，骑着马踏上前往营部的道路。眼看就要到敌人的封锁区域了，郭俊卿把子弹推上膛，使劲抽了马儿鞭子，向前冲去。碉堡中的敌人还是发现了她，很快子弹就飞了过来。郭俊卿知道，送信任务最重要，自己孤身一人不能恋战，必须迅速通过封锁线。于是，她紧紧伏在马背上，像离弦的箭一样奔驰过去。敌人的子弹呼啸着从郭俊卿身边飞过，有的打在马蹄子旁边，泥土雪花纷飞。最终，郭俊卿通过封锁线，圆满完成了任务。

战斗在平泉

1948年初，郭俊卿调到东北野战军某部3 连4班任班长。她知道部队是个大家庭，她对战士关爱有加，谁生了病，她主动帮助做病号饭；在行军途中，她看到哪个同志累了，主动帮助扛枪、背背包。因此，郭俊卿深受战士们爱戴。

不久，部队接到攻打平泉的战斗命令。郭俊卿所在4班的战斗任务是夺取城东第二道山梁。当时，全班只有10来支老式步枪和几十颗手榴弹，他们要面对的是60多个装备精良的敌人。郭俊卿并没有因此失去信心，她在阵地上对战友们说："咱们练了这些日子的军事科目，今天是用的时候了！咱们要好好用，要有信心完成任务！"

战斗打响后，郭俊卿和副班长、战斗组长各带了一个组，从山脚向敌人发起进攻。郭俊卿身先士卒，扛着红旗冲在最前面。敌人发现了我军的行动后，猛烈开火，副班长中弹。郭俊卿跑到副班长身旁，副班长已经牺牲了。她强忍住泪水，把副班长的枪和100多发子弹都背到自己身上。看着因敌人火力压制而进展缓慢的队伍，郭俊卿大声喊道："同志们，副班长是为了穷人翻身牺牲的，咱们要给他报仇呀！"说完，她就举着红旗冲了上去，战友们被她一往无前的精神所鼓舞，跟着冲上去，打退了敌人，占领了头道梁。

正在这时，郭俊卿突然一阵眩晕，她这才发现原来是来了"例假"。此时，阵地上的敌人还没有被完全消灭，她对自己说："任务一定要完成！"于是，她强忍着站了起来，带领战士们做好再次攻击的准备。敌人发起了反击，蜂拥着向我军冲了过来。过度的劳累加上身体的不适，郭俊卿的两条腿又酸又软，连迈步子都十分困难。眼看敌人到了跟前，郭俊卿用劲爬了起来，使出全身气力喊道："同志们，扔手榴弹打敌人啊！"

随着我军一颗颗手榴弹扔向敌群，敌人被炸得晕头转向，顿时乱了阵脚。郭俊卿又喊道："冲呀！"随后，她第一个端着刺刀向敌人冲了过去，很快4班就占领了山上的一条小沟。

敌人不甘心失败，再次组织反击，郭俊卿带领全班战士猛烈地向敌人射击。当敌人冲上阵地后，郭俊卿和战友们与敌人展开了拼刺刀肉搏战。有两个大个子敌兵一前一后向她扑来，郭俊卿毫不畏惧，敏捷地挑开前面敌人的刺刀，立刻一个转身拨开身后敌人的刺刀，接着一个猛刺，刺死了一个敌兵。另外一个敌兵，被郭俊卿的气势吓倒了，举手投降。最终，郭俊卿带领战友们胜利完成了任务。

1950年4月，由于劳累过度，郭俊卿生病住进医院。在治疗的过程中，她再也无法隐瞒自己的女儿身，向组织道出了实情。消息传开后，在部队中引起轰动，大家称赞她是"巾帼英雄""当代花木兰"。

在抗美援朝战争中
为国扬威

杨根思

中国人民志愿军的特级英雄

有这样一个以英雄名字命名的连队，连队的“连魂”正是这个英雄的战斗誓言：“不相信有完成不了的任务，不相信有克服不了的困难，不相信有攻破不了的堡垒。”一个美军高级将官代表团来该连参观时，留下这样的评价：“你们的军官是最优秀的军官！你们的士兵是最优秀的士兵！”这位战斗英雄就是杨根思。

苦苦寻觅，只为参军入伍

1922年的严冬，杨根思出生在江苏泰州一个贫穷的佃户家中。新生儿的到来并未给这个家庭带来一丝幸运，父亲被地主逼债含恨而死，母亲不久也离开了人世。看到亲人一个个相继离去，杨根思恨透了这个吃人的旧社会，下决心找到新四军。可是新四军主力到处转战，寻求无果后，杨根思先当起了乡基干队队员。

1943年秋，敌人开始了新的“扫荡”。为保卫秋收，区领导召开会议，商讨对策，并安排杨根思放哨警戒。杨根思怀揣着手榴弹，埋伏在一处高粱地里，丝毫不敢松懈。突然，二三十个挎篮背筐的“老百姓”出现在大路南面，行迹十分可疑，杨根思发现其中一人腰间别着一把手枪。他顿时想到伪军近日经常伪装成老百姓，杨根思当机立断，扔出了手榴弹。区干部听到巨响后，迅速疏散群众，保卫了群众的安全。

杨根思一次次出色地完成了基干队下达的各项任务，迅速成为队里的骨干，然而他一心想去前线杀鬼子，一心想要找到新四军。1944年3月，新四军一举攻克车桥重镇。杨根思终于找到了新四军，入伍时他立下誓言："不讲空话，多杀鬼子伪军，不做孬种。"

杨根思被分到新四军第1师第1团，这可是响当当的主力团。虽然最初他手中武器是一支长矛，但杨根思仍然很兴奋，他从最基本的刺杀开始练起，用战时的标准要求平时的训练，终于在一次战斗中，缴获了第一杆枪。

屡建战功，成就出色指挥员

1946年5月，国民党反动派公然撕毁停战协定，进攻我解放区，山东人民武装迅速展开反击。杨根思所在1团主要任务是攻打泰安，部队攻至伍家庙时，3连接到一项艰巨的任务：攻破全城制高点——天主教堂。杨根思积极请战，并在战斗中用手榴弹成功打掉了敌方的机枪火力点。在鲁南战役郭里集战斗中，杨根思为完成爆破任务，冒着国民党军严密的火力封锁，连续3次运送拉雷，炸毁敌前沿阵地地堡，被誉为"爆破大王"。

1947年1月，山东野战军和华东野战军整编为华东野战军，由于战功赫赫，杨根思晋升为3排排长，完成了由一名战士到指挥员的转变。

新中国成立后，上级发出了"学习文化，扫除文盲"的号召。杨根思知道，要成为一名优秀的指挥员，不仅要靠战斗的勇敢，要靠对士兵的关爱，还必须掌握科学文化，因此他暗自下决心："非学好文化不可！"为了攻克文化关，杨根思制定了详细的学习计划，牺牲休息时间，争分夺秒地学习，取得了很大进步。

1950年，屡立战功的杨根思被选为代表，出席中华人民共和国全国战斗英雄代表会议，受到毛主席等党和国家领导人的接见。

入朝作战，血染小高岭

1950年11月，杨根思随部队入朝参战。杨根思向营长表态："营长，为了打好出国第一仗，为了替朝鲜人民报仇，我要求营党委把最艰巨的任务交给我们3连！”入朝后面临的第一个困难，不是飞机坦克，而是严寒隆冬。由于情况紧急，部队出发时只配发单衣，不少战士冻伤了。杨根思看到这些情况，和战士们一起讨论、制定防冻措施，经历20天急行军，全连169人无一人非战斗减员。

抗美援朝第二次战役打响后，杨根思奉命带领一个排坚守长津湖地区1071高地东南小高岭，阻击溃逃的美国侵略军。出发前，杨根思将一个装满了立功纪念章的小布袋亲手交给指导员，向党组织表达了誓死完成任务的赤诚之心。

黎明时分，天降大雪，恶仗打响。号称“王牌军”的美军陆战第1师开始向小高岭进攻，敌人的重炮猛烈轰击我军阵地，十几架飞机轮番地进行轰炸、扫射，接着敌人在坦克的掩护下，发起了一次又一次疯狂进攻，杨根思和战友们以“人在阵地在”的英雄气概，击退了美军。

战至上午10时，弹药已经耗尽，阵地上只剩下杨根思等4人。杨根思对战友说：武器不能落入敌人手中，赶快带着重机枪撤下去，告诉营首长，有杨根思在，阵地就一定能守住。随后，杨根思收拢了阵地上仅有的1包炸药、3枚手榴弹和1支手枪，准备与敌决一死战。

很快，敌人发起了对小高岭的第9次冲击。此时，我军阵地上显得十分平静，敌人判断：看来志愿军已经被打“光”了，终于可以放心大胆地占领山头了，其中一个士兵还得意地拿出一面旗帜，准备插上小高岭。

杨根思静静地伏在阵地上，观察着敌人的一举一动。待敌人冲到跟前时，他突然跃起，一枪就击毙了敌军的旗手。趁着敌人乱作一团之际，杨根思毅然抱起炸药包，拉响导火索，冲向敌群，与敌人同归于尽，以自己的宝贵生命，为配合主力部队歼敌，立下了卓越的功勋。

战后，杨根思被追记特等功，志愿军领导机关授予他“特级英雄”的光荣称号。彭德怀亲笔题词：“中国人民志愿军的优秀儿子，国际主义的伟大战士，志愿军的模范指挥员——杨根思烈士永垂不朽！”

八

高成山

敢打敢拼的硬骨头

每天，太阳从东方升起，昭示着新的一天开始。起床、刷牙、吃饭、上班或上学……这构成了和平时期一个人的一天。时间静静地流淌，人们或在忙碌中、或在悠闲中，度过一个个普通得不能再普通的一天。然而，战争中的每一天，无不充满着不可预知的变数，无不充满着流血和牺牲。高成山，他生命中的最后5天4夜，铸造出了闪耀至今的辉煌。

“即使战斗到最后一人一枪，也不后退半步！”

高成山，18岁时参加八路军，历任战士、班长、排长、政治指导员、连长等职。1951年，已担任连长的高成山随部队入朝参战。10月，高成山所在的连担负起坚守朝鲜平安南道金化郡文登里地区938.2高地的任务。

938.2高地是我军防线上突入敌方的楔子尖，地理位置十分重要，一旦此高地失守，就将使鱼隐山面临极大威胁；如果敌人夺取了鱼隐山，敌人就能长驱直达元山。为了从志愿军手中夺下这个高地，敌人在仅1千多米宽的高地下面，集结了2个团的兵力，并配置了数十门大炮。

10月15日深夜，团长向高成山下达了坚守阵地的战斗命令，高成山毫不犹豫地表示：“即使战斗到最后一人一枪，也不后退半步！”高成山深知任务艰巨，他连夜和战友们一起开会研究防御部署。长期的军旅生涯，使得高成山对步兵战术十分熟悉，他周密部署了火力和兵力，而且还预测了战斗中可能出现的情况以及应对战法。

黎明时分，高成山亲自前往阵地查看情况，并对单兵掩体的设置、工事的整固程度，以及如何进行伪装等进一步部署。当他来到4班阵地时，敌人的进攻开始了。

看到敌人向阵地涌来，有战士沉不住气了，对高成山说："连长，开火吧，敌人离我们不远啦！"高成山没有同意立刻就打，对通信员说："通知各排，不到规定的距离不准打！"

敌人越来越近了，50米、40米，还有不到30米。高成山瞅准战机，一声命令："打！"战士们的手榴弹如雨点般投向敌人，炸得敌人抱头鼠窜。然而，敌人并没有因此停止进攻，他们哇哇叫着开始冲锋，机枪也开始响起，力图压制我军的火力。

作为战场指挥员，不但要带头杀敌，更要准确判断战场形势，选择打击重点。高成山看到敌人的机枪对我军威胁很大，于是命令一个战士说："不能让敌人的机枪发疯!"随即，我军的子弹像长了眼睛一样，一下子就把敌人的机枪手撩倒了。

正所谓"射人先射马，擒贼先擒王"，高成山知道，要打掉敌人的疯狂进攻，一定要先把他们的指挥员消灭。于是，他又命令说："瞄准敌人的指挥官打!"很快，敌指挥官的脑袋被打开了花。敌人这下彻底慌了神，像无头苍蝇一样四处逃散。

这一天，高成山率领全连英勇打退敌人7次冲击，消灭敌人140多名。

打退敌人更猛烈的进攻

在战争间歇，高成山不顾疲劳，到阵地的各个角落了解情况，提醒大家抓紧抢修工事、补充弹药、及时休息，准备迎接更猛烈的进攻。第二天清晨，敌军在飞机、大炮的掩护下，再次发起新的进攻。由于敌人的炮火十分猛烈，志愿军防御阵地被掀了个底朝天，此前修筑的工事也被破坏不少。战士们就利用被敌人"改造"过的地形地物，勇猛地抗击敌人。

这天的战斗打得异常激烈，到下午时分，1连5班的表面阵地被敌人占领了。高成山知道这一情况后，立刻挑选5名战士组成反击小组，给他们配备了1挺机枪，所有人员全部换上自动步枪。最终，志愿军战士夺回了被敌人占领的阵地。

敌人虽然遭到我军英勇抗击，但其攻势不减，战斗越打越艰苦。此时1连要同时应对3个方向上的敌人，而另外一个方向上由于敌人不断用炮火轰击，弹药、粮食、饮水都无法送上阵地。没有弹药，高成山就派战士到敌人的尸体上去搜集；没有水，战士们就用尿液或防蚊油润一润嗓子。虽然条件越来越艰苦，但战士们的斗志毫无衰退。8班战士在子弹打光的情况下，与敌人展开肉搏，拼刺刀，全班战士壮烈牺牲。

“人在阵地在！剩下一个人，战斗也不能停止！”

到第4天傍晚，1连仅剩下20多人。“人在阵地在！剩下一个人，战斗也不能停止！”高成山铿锵有力地说道。战士们捏紧了手中的钢枪，决心与敌人血拼到底。

10月20日，3连副指导员安庆臣带着增援部队上来了。高成山明白：只要能够多坚持一分钟，就能为后续部队争取更有利的条件。由于防守的面积比较大，如果再把兵力平铺开来，反而会起到负面的效果；如果集中兵力，将极大杀伤敌人兵力，迟滞敌人行动。于是，高成山把阵地上的30多人都集中到主峰上，准备迎接敌人更猛烈的进攻。

敌人在飞机、大炮的掩护下分3路向主峰涌来，高成山指挥战士们与敌人展开了殊死搏斗。由于弹药不足，战士们的子弹打光了。然而，他们并没有因此而束手就擒，战士们用刺刀、铁锹，甚至是用拳头、石头和冲上来的敌人厮打起来。

就在高成山准备前往重机枪阵地时，一颗子弹击中了他。高成山的身躯倒下了，倒在他和战友们用热血浇灌的阵地上。战士们看到这里，高喊着“为连长报仇”，更勇猛地与敌人搏斗，一直坚持到增援部队到来。

在这激烈的5天4夜的战斗中，高成山带领全连官兵，打垮了敌人100多次冲锋，毙伤敌军1800多人，胜利地完成了坚守任务。为表彰高成山的事迹，中国人民志愿军给高成山烈士追记特等功，追授“一级英雄”称号。

王海

战功赫赫的空战英雄

在中国人民革命军事博物馆中，陈列着一架编号为079的米格15飞机。在这架飞机的机身上，有9颗红色的五角星熠熠生辉。这架飞机是空军战斗英雄王海曾驾驶过的飞机，机身上的9颗五角星，代表着王海本人驾驶战机击落击伤敌机9架。而由他率领的“王海大队”同样星光灿烂，全大队共闪烁着29颗胜利之星。

初次交手

朝鲜战争爆发后，王海随部队赴朝参战。此时，人民空军还处于初创阶段，到1950年10月底，仅有新组建的2个歼击航空兵师、1个轰炸机团、1个强击机团，作战飞机不足200架。而美国则在朝鲜战场上投入了大量空军兵力：2个战斗截击机联队、3个战斗轰炸机联队、2个轻型轰炸机联队、3个中型轰炸机联队、1个海军陆战队航空兵联队、3个舰载机大队，作战飞机达到1100余架，其不少飞行员有着丰富的实战经验，飞行时间多在1000小时以上。虽然对比如此悬殊，但都没有动摇人民空军与敌一争高下的决心和勇气。

1951年11月8日，王海所在的团接到通报：美机一批，在清川江一带活动。在带队长机的率领下，王海等人驾着数架战机以“品”字队形向敌机飞去。

当他们的飞机飞到宣川上空时，终于发现了敌机。王海仔细一看，原来是12架F86战斗机，随即将这一情况向长机报告：“右前方发现敌机12架！”在得到“攻击”的命令后，王海率一大队向美机扑去。

不同于地面作战，空中格斗中，由于双方的战机速度都十分快，常常一眨眼的工夫，就可能和成功失之交臂。当王海率领的机群冲向敌机群时，由于速度过快，还没来得及开炮，就失去了战机。

当王海率一大队将飞机掉过头来准备追赶时，长机发出了“一大队跟我来”的命令。于是，王海等放弃对美机的追击，朝长机飞过去。美国人飞机反而从后面追上我们的机群，情况十分紧急，因为一旦被敌机从后部“咬”住，就很可能被敌机击中。

这时，飞在我军机群最后的7号机也发现了这一危险，迅速调转机头，朝美机冲了过去，打乱了美机的队形。经过几番缠斗，美机发现吃不到什么甜头，迅速撤离战场。

第一次战斗就这样以“0”战绩结束了，虽然没有打下敌人的飞机，但通过实战，对敌机有了更直观的认识和感受，为此后王海打下敌人战机奠定了基础。

零的突破

11月9日，王海等人在副团长林虎的带领下，驾机升空，打击敌机。他们发现1架FMK8型飞机正在活动。于是，王海率领大队的焦景文、周凤性、刘德林等人驾机迎敌而去。

原来这是一架英国空军的飞机，机身粗、个头大，正在作战斗巡逻飞行。当敌机发现王海等人的飞机后，立刻加大速度，准备逃窜。王海心里想：我方是4架飞机，敌人只有1架，绝不能放过这么好的机会。

很快，王海驾驶的战机追上了敌机，王海毫不迟疑地按动炮钮。“咚咚咚……”一连串的炮弹向敌机打过去。可是，虽然打中了敌机，但却没打中要害。当王海再次按动炮钮时，发现炮弹已经打光了。

“你们攻击！”王海一面向其他飞机发出命令，一面退出战斗。焦景文和周凤性早已作好准备，他们迅速跟上敌机，发射炮弹。然而，令人没有想到的是，虽然敌机再次中弹，可就是没有被打下来。

眼看这架飞机就要逃走，刘德林急得两眼冒火：“打不掉你，老子今天就不回去了！”刘德林驾驶飞机一会儿攻击敌机的左边，一会儿攻击敌机的右边，一会儿又攻击敌机的尾部。最终，敌机拖着火焰，掉了下去。

这次战斗，王海等4人全部打中了敌机，并首开一大队击落敌机纪录。

5：0的漂亮仗

1951年11月8日，美军出动100多架飞机对铁路线等目标进行轰炸。根据指挥所的命令，王海等人驾驶战机，截击敌机。

不久，我飞行编队发现了美空军F84战斗轰炸机20余架。林虎驾驶的带队长机率领机群，从8000米高度迅速俯冲下来，冲乱了美机队形，为各个击破提供了有利态势。

就在大家寻找目标准备射击时，王海发现左前方低空处有60多架敌机正在向清川江桥投弹。趁敌人还没有发现志愿军空军，王海发出了“跟我攻击”的命令后，率领6架飞机向敌人冲去。美机立刻慌了神，胡乱投下炸弹后，准备迎战。

美国飞行员具有丰富的实战经验，面对突发情况，他们知道自己驾驶的战斗轰炸机在性能上要比米格飞机弱，因此他们采取新的战术：数架飞机首尾相接，形成一个大圆圈。如果其中一架飞机被我军飞机从后面咬住，那么我军飞机也必然成为另外一架敌机的攻击目标。

突发的情况，正是考验智慧的时候。王海决定利用我机优越的垂直机动性能，打乱敌人的阵脚。于是，王海下达了“爬高占位”的命令，我军6架飞机跃入高空。“俯冲攻击！”王海再次下达命令，我军飞机如下山猛虎，直入敌机群。美机哪见过这种情形，很快他们的“阵法”被打乱。于是，王海抓住战机，发起攻击。

正在王海瞄准一架敌机准备射击时，突然被另一架美机对准，幸亏王海的僚机焦景文眼疾手快，当即按下炮钮，打下了美机。与此同时，王海也猛烈开了炮，打掉了前面的美机。在驾驶飞机跃升翻转后，王海又把一架准备攻击焦景文的美机打了下去。

这次战斗，王海亲手击落2架敌机，整个大队击落5架美机，而自己却无一伤亡，获得5：0的辉煌战果。

八

罗盛教

双肩托起中朝情谊的英勇战士

在朝鲜平安南道成川郡，有一条“罗盛教河”蜿蜒流淌，有一座“罗盛教山”巍然耸立，有一个“罗盛教村”看岁月变迁，有一座纪念碑镌刻着“罗盛教烈士的国际主义精神与朝鲜人民永远共存”。这，都是为了纪念一个伟大的国际主义战士——罗盛教烈士。

保家卫国到朝鲜

1949年，湘西解放，罗盛教和贫苦大众纷纷走上街头，敲锣打鼓欢迎共产党、欢迎解放军。11月，罗盛教步行200多里来到沅陵县城报名，进入第四野战军兼华中军区湘西军政干部学校学习，成为解放军队伍里的一名新战士。入校后，罗盛教努力学习，刻苦训练，翌年3月以优异的成绩毕业，被分配到第47军侦察连当文书，不久随部队参加剿匪。

1950年，朝鲜战争爆发，战火很快烧到了鸭绿江边。响应党和国家的号召，罗盛教所在的侦察连全体官兵报名参加中国人民志愿军，全连战士在走路、吃饭时都谈论着去朝鲜的事情。

1951年3月，罗盛教和他的战友们，乘坐着挂有鲜红标语的列车，怀着兴奋的心情奔赴朝鲜前线。就要离开可爱的祖国了，罗盛教用依依不舍的眼光，最后一次饱含深情地望了望祖国的大好山河，心中暗下决心：“祖国啊，请你放心，我们一定打败美国鬼子，赶跑侵略者，为你争光！”

踏上朝鲜的土地后，罗盛教看到新义州的高楼、房舍全都被敌人的炮火毁成了堆堆瓦砾，到处弹痕累累、断壁残垣。一群群无家可归的老人、妇女和孩子在寒风中裹着破布，瑟瑟发抖。罗盛教亲眼目睹了这场战争给朝鲜人民带来的深重灾难，心中更激起了对侵略者的仇恨。他在日记里还写下了这样一首诗：“当我被侵略者的子弹打中以后，希望你不要在我的尸体面前停留；应该继续勇敢前进，为千万朝鲜人民和牺牲的同志报仇！”

牛尾洞伏击战是罗盛教入朝后参加的第一次作战，当敌人进入埋伏圈后，志愿军战士立刻予以猛烈射击，敌人不甘心被“包饺子”，也发起了反击。战斗打得异常激烈，罗盛教把对敌人的满腔仇恨化为毫不停歇的射击，并不时扔出手榴弹，把敌人炸得魂飞魄散。就在战斗最紧要的关头，罗盛教发现一个敌军冲上了阵地，并和我军战士厮打了起来。罗盛教迅速冲了过去，用枪托猛砸敌人，从而使战友脱险。

后来，罗盛教所在的侦察连奉命到后方整训，驻扎在风景秀丽的成川郡石田里村。一到这里，罗盛教就帮助房东担水、劈柴、打扫院子，热情为群众做好事，乡亲们都夸他是好样的，村里孩子们也常来找他玩。罗盛教有空就教孩子们唱中国歌曲，大家都非常喜欢这位志愿军大哥哥。

献身冰河成永恒

1952年1月2日清早，石田里风雪弥漫，气温骤降到零下20多摄氏度。山野间镀上了一层银光，清清的栎沼河已被厚厚的冰雪盖住。出操的时候，连长号召大家努力学习军事技术，进一步提高战斗力。早操后，罗盛教和战友宋惠云冒着严寒，一起到河边寻找2枚没有爆炸的手榴弹。

一眼望去，清清的栎沼河已被厚厚的冰雪盖住了，河面上有四五个朝鲜少年正在滑冰，不时传来阵阵欢声笑语。突然，孩子们惊慌地喊叫起来。罗盛教回头一看，只见那几个少年滑冰的地方坍塌出了一个冰窟窿。原来是朝鲜少年崔莹在滑冰时，失足掉进了冰窟窿里。

罗盛教飞速地向出事地点跑去。他一边跑，一边连撕带扯地脱掉外衣。当赶到冰窟窿前，只见一个少年在冰水中拼命挣扎，双手胡乱地扑打着。罗盛教“扑通”一声跳进了冰水中，奋力向少年游去。就在这时，少年的身影不见了。时值严冬，气温在零下20度。罗盛教以极大的毅力，潜入冰水中一连摸了几次，都没有找到崔莹。

北风呼呼地吼叫着，在冰水中的罗盛教体力渐渐不支，脸色发青，动作有些僵硬。可是，一想到那个朝鲜少年，他又钻到水底下。这次他又摸了个空，罗盛教并不灰心，把头露出冰面，换了一口气又钻进水里。

罗盛教终于找到了崔莹，并用力把他托出水面。眼看就要把崔莹推上冰面，但是冰窟窿四周的冰太薄了，当崔莹要爬上来时，冰块塌了，崔莹又掉入水中。罗盛教脸色发白，全身麻木。但他完全忘记了自己，把头一甩，紧咬嘴唇，再次潜入水中，用尽全身力气，把崔莹顶出水面。

宋惠云不会游泳，几次想伸手帮忙往上拉，没想到冰面不断地破裂塌陷。他急忙跑到村口找来半截电线杆，伸到崔莹身边，崔莹抱着杆子被拉了上来。罗盛教在冰冷刺骨的水中，用尽了力气，四肢被冻得不听使唤，沉入到水中。战友们和朝鲜老乡赶来急忙砸开冰层，将罗盛教捞起时，这位年仅21岁的志愿军战士，已停止了呼吸。村里面的老妈妈放下了针线，孩子们的歌声停止了。人们默默地走出了家门，来到罗盛教的遗体前，像失去亲人一样痛哭。

为了表彰罗盛教的英勇事迹，中国人民志愿军领导机关给他追记特等功，授予“一级爱民模范”称号。

杨连第

大桥记下的光荣名字

战争，不仅比拼的是人的智慧和胆略、武器的精良与充足，同时还比拼的是双方的后勤补给能力。在抗美援朝战争中，为了取得战争的胜利，志愿军战胜了常人难以想象的困难，建立起“打不断、炸不烂的钢铁运输线”。在这一过程中，涌现出了百领川大桥英雄、英雄火车头、万里号驾驶员等英雄群体和英模人物，被誉为“登高英雄”的杨连第就是他们中的代表。

战斗在南沸流江大桥

杨连第，1919年出生，天津市北仓区人。在人民解放军解放天津后，杨连第被这支部队的昂扬斗志所感染，于是到了铁道纵队桥梁大队当职工。在修复陇海铁路的任务中，杨连第勇敢地登上40多米高的桥墩，连续奋战数昼夜，圆满完成任务，被誉为“登高英雄”。1950年，杨连第终于如愿以偿地成为了一名光荣的解放军战士。

朝鲜战争爆发后，杨连第随铁道兵团第1师第1团入朝参战。此时，志愿军已经打了几个漂亮的战役，部队不断向前推进，这对后勤运输提出了更高的要求。敌军为了阻挡我军胜利的脚步，加大了对我军运输线的破坏力度，特别是桥梁成为了美机轰炸的重点。

1951年1月初，南沸流江大桥三孔钢梁被炸落，上级要求必须在7天之内修复完毕。杨连第到了现场之后，被眼前的景象震惊了：桥下江水滚滚而流，桥上凝固的斑斑血迹述说着牺牲和悲壮；特别是大桥钢梁的脱落，如果不及时修复，整个大桥将丧失功能。看着大桥旁边焦急等待着的部队，杨连第知道，前线的战士们正等待着武器弹药、等待着物资补给，因此必须尽快修复。

战时修复桥梁最大的困难来自敌军的反复轰炸和射击，因此抢修部队只能在晚上利用夜幕进行修复，这势必影响进度，这可怎么办？杨连第是个爱动脑筋的人，白天他蹲在隐蔽的地方观察敌人飞机的活动，他发现虽然敌机每天会派出多批次飞机进行轰炸和扫射，但在两批次飞机之间有一个时间间隔。杨连第眼前一亮，何不利用这个时间间隔修复桥梁呢！

在得到上级同意后，杨连第带领8名同志组成抢修小组，每人腰间系上一根绳子，然后登上15米高的桥墩，将掉落在江水中的钢梁起上来。当敌机即将飞来的警报拉响后，他指挥大家立刻分散隐蔽，而他自己则留在桥上坚持工作；敌机一走，他们接着作业。最终，杨连第和战友们不顾生命安危，日夜苦干，提前2天完成了抢修任务。

与洪水、敌机搏斗

清川江大桥是志愿军交通干线上的一座十分重要的大桥，因此也成为了美机轰炸的重点，三天两头派出飞机进行侦察和轰炸。1951年7月，该大桥的3号桥墩因敌人的轰炸而塌毁。杨连第所在的连担负起8天内修复大桥的艰巨任务。

就在战士们冒险抢修的同时，朝鲜出现了40年未遇的特大洪水。杨连第和战士们用7000根枕木组成的枕木垛刚刚矗立起来，由于山洪暴发、河水猛涨，这些枕木垛全被巨浪卷走，庞大的钢梁也被咆哮的江水卷走。此时，已是抢修的第4天，很快就要到任务截止的时间。后方等待过江的火车、人员正不断累积，怎么办？

杨连第已经数天数夜没有合眼，极度的疲劳和高度的紧张使得他脸色苍白。领导看到这儿，让他先休息一下。可杨连第坚持不离现场，他发现3号桥墩距离江岸有40多米，要修复该桥墩，重点是要把各种修桥的材料运到桥墩的位置。因此，他提出首先搭设便桥的方案。然而，由于江水流速过快，通过搭设吊桥、浮桥的方法都不能奏效，都被洪峰打散。杨连第又想出了个用汽油桶搭浮桥的办法，在他的带领下，全连官兵冒着生命危险，把汽油桶和钢轨捆在一起搭设浮桥，虽然10余次被冲垮，但还是架设成功。在抢修中，杨连第曾掉进江里，被江水冲出100多米，上岸后继续坚持抢修。最终，清川江大桥被修复。

由于杨连第的突出表现，他当选为志愿军归国观礼代表团代表，回到北京参加国庆观礼，并受到毛泽东主席的接见。

清川江大桥不会忘记

敌人为了摧毁志愿军的交通运输线，不仅采用直接轰炸和扫射的手段，同时他们也知道我们会派人进行抢修，因此敌军经常投下定时炸弹，妄图打击我工程人员。

1952年3月，杨连第再次返回前线。在担负百岭川大桥的修复任务中，当走到第6孔梁上时，突然一颗定时炸弹爆炸，弹片四射、火光冲天，杨连第没有防备，前额被划开一个大口子。杨连第顾不上包扎伤口，继续向前检查桥梁被炸情况，并组织人员投入抢修。

眼看抢修工程即将完成，防空警报声响起，敌人的飞机再次飞临大桥。此时，杨连第和战友们正在作业，如果这时撤出，将前功尽弃。杨连第高喊着："同志们！不要松手，坚持住啊！"敌人的子弹从排架上扫过，然而杨连第和战友们始终坚守，绝不退却，最终大桥按时修好了。

1952年，杨连第和部队再次回到清川江边。5月15日清晨，高射炮弹爆炸后的余烟还没有散去，杨连第带领战士检查被敌机轰炸后的清川江大桥。这时，他发现第3孔钢梁比正常位置偏移了5厘米，于是立即组织战士们抢修。然而，一颗未被发现的定时炸弹突然爆炸，弹片直接击中了杨连第的头部。杨连第倒在血泊中，倒在了他战斗的岗位上。

为表彰烈士的伟大功绩，中国人民志愿军领导机关给杨连第追记特等功，追授"一级英雄"称号，并命名他生前所在连为"杨连第连"。

八 杨春增
爱家更爱国的战斗英雄

“儿多想探望你们，给你们说说心里话，但现在不能。美帝国主义正在侵略朝鲜，还把战火烧到我国门口上，那里的人民跟咱们从前一样在受苦受难。保国为重，有国才有家，等打败了美帝，儿一定回家伺候你们。”这是一位志愿军战士给父母亲家书中的一段感人肺腑的话。这名志愿军战士在激烈的战斗中献出了自己的宝贵生命，他就是——杨春增。

坚守541高地

杨春增，1929年出生，河北省沙河市人。1945年，年仅16岁的杨春增加入到人民军队行列，任机要科通信员，参加了淮海战役、渡江战役和进军大西南。1951年3月，已任副排长的杨春增随部队入朝参战。

1952年8月5日，杨春增所在的4连奉命向驻守在江原道金化郡官岱里以西541高地的南朝鲜军守敌发起攻击。在朝鲜战场上，与美军相比，南朝鲜军的战斗力明显偏弱，但驻守该高地的是李承晚的“首都师”所属第26团3营一个排。从名字上就可以看出，“首都师”在李承晚军中地位突出，武器装备先进，战斗力比较强。此外，541高地是一条狭长的山梁，宽不过10米、长约400米，地势十分险要。

进攻战斗就要开始了，战场异常的宁静。17时，我军的大炮响起，伴随炮火的延伸，4连1排的战士们像老虎一样扑向敌阵，很快就占领了541高地。当夜，杨春增带领突击队上了阵地，抢修工事，准备迎接敌人的反扑。由于战斗任务需要，1排奉命撤出，杨春增带领8名战士继续坚守541高地。虽然人数不多，但战士们的斗志十分昂扬，杨春增鼓励大家说："这个阵地是咱们用鲜血夺下来的，绝不能让一个敌人爬上来！"

天蒙蒙亮了，一夜的辛苦和疲劳并没有使杨春增和他的战友们放松警惕。他们知道，这一天，一定是个艰难的一天，一定是个让敌人有来无回的一天。不久，敌人发起了攻击，炮弹飞向 541高地，碎石、弹片四处乱飞。炮火停歇后，敌人如潮水般涌向高地。

杨春增在战壕中注视着敌人的一举一动，他告诉大家："注意，敌人开始反扑了，等靠近了再开火。敌人少时用手榴弹打，敌人多时用爆破筒和手雷。"当敌人越来越近时，杨春增一声令下，战士们猛烈射击，很快就全部消灭了敌人。

"长江、长江，请求炮火向2号阵地拦阻射击"

敌人的进攻被粉碎后，杨春增立即指挥人员抢修工事、搬运弹药，准备迎接新的战斗。可是，敌人并没有很快进攻，炮击也停止了，战场再次归于宁静。

正当战士们疑惑不解时，杨春增意识到：敌人一定是吃了大亏，不敢派步兵贸然进攻，他们一定正在准备更大的炮击。想到这里，杨春增立即指挥人员进入工事隐蔽。果然，敌人的炮击开始了，比上一次更加的猛烈，持续的时间更长。10多分钟后，敌人的步兵像蚂蚁一样向高地涌来。

杨春增和战士们迅速进入战壕，等待着敌人一步步靠近。敌人越来越近了，只有20米了，已经可以看到他们扭曲变形的脸。杨春增一声令下，机枪、步枪、手榴弹一齐怒吼，敌人的进攻再次被粉碎。恼羞成怒的敌军再次使用炮弹覆盖阵地，这给9班战士们造成极大威胁。特别是由于敌人炮火拦截，增援部队无法接近541高地。

杨春增和战友们并没有因此而胆怯，反而越战越勇，他们用密集的射击表明了坚守的意志，连续打退数倍于己的敌军14次反扑，毙伤敌200余人。

在激战中，志愿军战士也付出了很大代价，阵地上只剩下杨春增和牟元礼2个人。当敌人再一次发起进攻时，杨春增用步话机向后方请求炮火支援：“长江、长江，请求炮火向2号阵地拦阻射击。”我军的炮弹呼啸着飞向敌群，少数冲上来的敌军，也全被我军战士的冲锋枪点了“名”。

拿着反坦克手雷跳入敌群

在敌人退却后，杨春增和牟元礼立刻开始搜集弹药。这时，他们发现阵地上只剩下几颗手榴弹和1颗反坦克手雷。

杨春增知道最后的关头就要来临，他命令牟元礼：“现在敌人还没有行动，趁炮击还没有开始，你赶快从左边那条小路下去，把部队迅速带上来。”

“不行，副排长，要死，咱俩一块死。”牟元礼说道，“现在叫我下去，你不是叫我当逃兵吗？”

杨春增紧锁眉头说：“带部队上阵地要紧，执行命令！情况紧急，我掩护你，快！”

牟元礼下阵地后，此时只剩下杨春增1个人。很快，40多个敌人冲了过来。他们越过第一道堑壕、第二道堑壕，越来越近。杨春增瞅准机会，甩出4颗手榴弹，立刻将20多个敌人全部报销。

这时，杨春增手中仅剩下1颗反坦克手雷。敌人发现我们的枪声没有响起，知道志愿军已经没有子弹了，于是再次发动进攻，甚至希望俘虏我军战士。看着敌人逐渐地靠近，10米、9米、8米……杨春增毅然拔掉手雷的保险针，毫不犹豫地冲向敌群。一声震天的巨响，卷起浓浓的硝烟，杨春增与敌人同归于尽。

1952年，中国人民志愿军为杨春增烈士追记特等功，追授他“一级英雄”称号。

伍先华
勇往直前的爆破英雄

25岁，正是青春尽情挥洒的年龄。在和平的环境中，25岁的青年，享受着人生最美好的光阴：可以花前月下，也可以荡舟湖畔，还可以大快朵颐。然而，伍先华的25岁，面对的是炮火硝烟，忍受的是剧烈伤痛。他用自己的生命，为战友开辟出前进的道路，为胜利开辟出前进的道路。

战前主动请缨

伍先华，四川省遂宁人。1949年12月入伍，1951年参加中国人民志愿军。入朝不久，伍先华就表现出与众不同的素质，不但作战勇敢，而且团结同志，多次出色完成任务，荣立三等功，并加入了中国共产党。

1952年，为粉碎敌人可能的局部进攻，志愿军先于敌军开始了秋季战术反击作战。伍先华所在的部队进攻目标是官岱里以西的敌人阵地。

经过仔细侦察，我军摸清了敌人的部署情况：敌加强连的主阵地位于74号山头，敌指挥所设在山头上的一个天井坑道里；山头西南山梁720高地上有一个前沿排阵地，驻守的是敌人的观察所；南边是一条半截坑道，是敌人的排指挥所，配置了很强的火力。在74号阵地与720高地之间，有一段几十米的凹部。伍先华所在连要占领74号阵地，必须通过这个凹部和74号阵地的山腰，而那条半截坑道里的敌人火力却严密封锁着这个必经之路。

“这次战斗，由于我们的阵地与敌人的阵地离得太近，不可能完全依赖炮火摧毁敌人的工事，要靠爆破炸掉坑道这只拦路虎，为攻击部队扫除障碍！”团首长在部署战斗任务时斩钉截铁地说。

不能使用火炮，而需要人力去实施爆破，这是一个极其危险的任务。不但要突破敌人的火力封锁，同时还必须在规定的时间里完成任务。一旦任务失败，将给整个进攻行动带来极大的负面影响。

面对这一艰巨的任务，伍先华没有犹豫，他站起来激动地说：“报告团长，敌人的坑道工事由我们去爆破，困难再大也能把它炸掉，请团长放心！”

团长对伍先华并不陌生，知道他不仅作战勇敢，同时又胆大细心，这个任务交给他最合适。这样，为冲锋部队开辟前进道路的任务就交给了伍先华所在的2连1排3班。“任务越困难，越要动脑筋，勇敢加智慧，才是胜利的关键。”团长在他们临行前叮嘱说。

端掉敌人地堡

伍先华深感责任重大，他把全班战士集中起来，共同研究敌人部署，并制定了行动方案：爆破行动兵分2路，第一路由副班长苟大根带领，目标是冲上720高地制高点，炸掉敌观察所，然后再去爆破半截坑道工事；第二路由伍先华带领，从另一侧的凹部冲上去。

1952年9月29日17时，朝鲜江原道金城郡官岱里战斗打响了。在志愿军进攻出发阵地前沿坑道里，伍先华带领全班向党庄严宣誓：“党需要我的时候，我愿献出自己的生命，向英雄董存瑞、杨根思学习！”

随着我军炮火的向前延伸，伍先华带领全班战士分成两路，发起进攻。很快，苟大根带领的战士占领了敌军720高地。而伍先华率领的这一路，遇到了敌人地堡的阻击。

看到敌人地堡中喷出的火舌，伍先华命令战上罗亚全把敌人的地堡炸掉。罗亚全抱起炸药包，向敌军地堡群的右侧爬去。伍先华猛烈地向敌军地堡群开火，吸引敌人的火力，掩护罗亚全的行动。随着两声巨响，敌人的地堡被端掉了。

剩下的两个地堡中的敌人看到这种情形，更加负隅顽抗。战士周绍丰抱起两个炸药包迎着敌人的火力，向敌人地堡爬去，最终炸毁了这两个地堡。

舍身消灭顽敌

就在伍先华等艰难地向前推进时，友邻部队占领了74 号阵地。根据战前的部署，正面主攻部队发起冲锋的时刻到了。但是，半截坑道的敌军还没有完全清除，敌人依托工事疯狂地向志愿军战士进行射击，压制我主攻部队。

伍先华回头望向后面的战友，他知道，如果不能立刻清除敌军的威胁，将会使我进攻部队遭受重大伤亡。想到这里，伍先华立即从地上抱起炸药包，几个敏捷的跃进动作，冲破敌人的火力网，冲向半截坑道。

与此同时，敌人也发现了伍先华，他们更疯狂地向伍先华射击。虽然伍先华战术动作很灵敏，但敌人的火力实在过于密集，一串曳光弹打来，伍先华负了重伤。后面等待突击的部队看到伍先华负伤了，于是派出排长张海林带领2名爆破手，准备接替伍先华实施爆破。

躺在地上的伍先华，想起战前的誓词，想到身后的战友，他没有任何的迟疑和犹豫，拖着负伤的身体，吃力地向前爬去。在距离半截坑道只有几米距离时，伍先华拿出全部的力量，突然一跃而起，扛着炸药包，奋不顾身地冲进坑道。

敌人看到这个满身鲜血的战士，立刻被惊呆了。他们还没有反应过来，伍先华拉响了炸药包。“轰隆”一声巨响，半截坑道连同其中的敌人都被炸到了天上。而我们英勇的战士伍先华，也用他25岁的生命为此次进攻战斗的胜利作出了不可磨灭的贡献。

邱少云

在烈火中永生的“一级英雄”

在我们日常生活、学习和工作中，纪律无处不在，它是维持一定秩序的重要手段。对军队来说，纪律更为重要，只有严明纪律，才能保证战斗力的有效生成。特别是在战斗中，一旦出现违反纪律的情况，不但会导致战斗的失败，而且还将带来人员的极大伤亡。在人民军队的历史上，为了严格遵守纪律而牺牲自己的例子有很多，邱少云正是其中杰出的代表。

抓“舌头”，遇险情

邱少云，1926年出生于四川省铜梁县一个贫苦农民家庭，1949年参军，朝鲜战争爆发后，随部队赴朝参战。1952年10月，为粉碎敌人可能发动的局部进攻，志愿军先敌实施战术反击，邱少云所在部队奉命担负攻占391高地的任务。391高地，山势狭长孤立，南北两座山峰相互对峙，敌人一个加强连在这里驻守。要拿下这个高地并不容易，除了其地势险要外，还在于391高地和我军阵地之间有3000多米宽的开阔地带，如果直接从我军阵地发起冲击，对参战人员的体力提出很高要求，特别是在这么长的距离上进行攻击，必然会带来较大伤亡。

为了进一步摸清敌人火力、兵力配备情况，在进攻发起前，邱少云和战友们到敌人阵地前去抓“舌头”。趁着夜色，志愿军战士们静悄悄地出发了，他们十分谨慎地向敌人阵地慢慢摸去，并进入伏击区潜伏下来。

时间在一分一秒地过去，然而并没有敌军来到邱少云等潜伏的区域。朝鲜秋天的夜晚温度比较低，风吹在身上已经有很强的寒意，露水渐渐地打湿了志愿军的军装。随着时间的推移，邱少云开始感到喉头一阵阵发痒，原来他从小患有气管炎，一受凉就容易咳嗽。可在敌人眼皮底下，别说咳嗽，哪怕一个轻微的响声，都会带来严重的后果。邱少云不断地咽唾液，可是没有效果，反而差点咳出来。他赶紧用手巾捂住嘴，憋住气，憋得泪水都流出来了。邱少云急中生智，抓起身边的草叶，放进嘴里嚼，顿时又苦又麻的感觉从舌头流向嗓子，这才没有咳出声来。

由于一直没有合适的机会，邱少云和战友们决定后撤。结果在通过敌人的铁丝网时，一个战士不小心触发了照明弹。随着照明弹打上天空，敌人的轻重机枪立刻开了火。为了掩护小分队安全撤出，邱少云主动担任掩护，他和另外一个战友迅速运动，远离小分队，并且故意朝敌人开枪。这下敌人找到了射击目标，子弹像暴风雨一样包围了邱少云和他的战友。看着其他战友远离了敌人射程，邱少云等这才撤出战斗。

险境中的潜伏

为了达成攻击的突然性，志愿军决定首先悄悄接近敌人阵地，并秘密潜伏下来。10月11日夜，担负潜伏任务的500余名志愿军战士，神不知鬼不觉地进入了潜伏区。在敌人眼皮子底下潜伏，比直接进攻更为危险，因为一旦暴露，后果不堪设想，因此大家都格外谨慎小心。

第二天中午时分，突然有几个敌人从工事中窜出，并朝山下走来。顿时，所有的战士都紧张起来。

这几个敌人最初没有发现志愿军的潜伏行动，大摇大摆地向前走。这时，走在最前边的一个敌人，突然停下了脚步，他万万没想到志愿军居然就在眼前。等他从惊恐中清醒过来后，立刻后退几步，连滚带爬地往回跑。另外几个敌人一看情形不对，也立刻跟着跑。志愿军的潜伏暴露了，如果敌人跑回阵地一报告，潜伏部队必然遭受致命打击，攻占391高地的作战计划就要落空。可是潜伏部队又不能开枪，因为一旦开枪，无疑会使阵地上的敌人更加确定我们的潜伏计划。

敌人的一举一动都被我方的观察员用望远镜看得一清二楚，在这千钧一发之际，“轰隆隆”几声炮响，往回跑的敌人被炮弹全都炸到了天上。原来是我方的火炮及时发射了炮弹，这样既能消灭了解实情、回去报告的敌人，同时也能够隐蔽我军企图，不使潜伏部队提前暴露。

用生命捍卫纪律

战场再次归于宁静，就在志愿军战士松了一口气的时候，“嗡嗡嗡”，空中传来飞机的发动机声。很快，敌人的飞机飞了过来，一阵盲目扫射过后，投下了燃烧弹。

敌人的燃烧弹有的刚好落在了我军的潜伏区域，顿时浓烟滚滚，大火冲天，越烧越猛。此时，邱少云正趴在距离前沿60多米的蒿草中，大火借着风势，很快就把邱少云身上用来伪装的野草和棉衣烧着了。

距离邱少云不远的战友看到这一情形十分焦急，但不可能过来，于是用眼神向邱少云示意，让他把火弄熄灭。邱少云向敌人阵地瞅了瞅，又向潜伏区看了看，坚决地摇了摇头。

在邱少云身后2米处有一条水沟，只要他稍微向后挪挪身体，就能滚到这个水沟中，就可以把身上的火扑灭。但邱少云没有这么做，他知道敌人一定也在时刻观察着这一区域，一旦他这么做，虽然能够扑灭身上的烈火，但就会暴露目标。为了攻击任务的完成，为了战友们的安全，邱少云任凭烈火在身上肆虐，一动不动。大火在邱少云身上燃烧，剧烈的痛苦并没有让邱少云有丝毫动摇，相反他还想到不能让大火把身上的弹药引爆。于是他忍受着常人无法忍受的痛苦，在身体下挖出一个坑，并将随身携带的爆破筒等埋了进去。

火，仍然在邱少云身上燃烧，他咬紧牙关，把双手深深地插入泥土。就这样，一直到牺牲时，邱少云没有动一下，他用生命诠释出严守纪律、顾全大局、牺牲个人的崇高精神。

下午5 时半，战友们在邱少云英勇献身精神的鼓舞下，向敌阵地发起猛烈攻击，仅用了18分钟就解决了战斗。战后，中国人民志愿军总部给邱少云追记特等功，并追授他“一级英雄”称号。

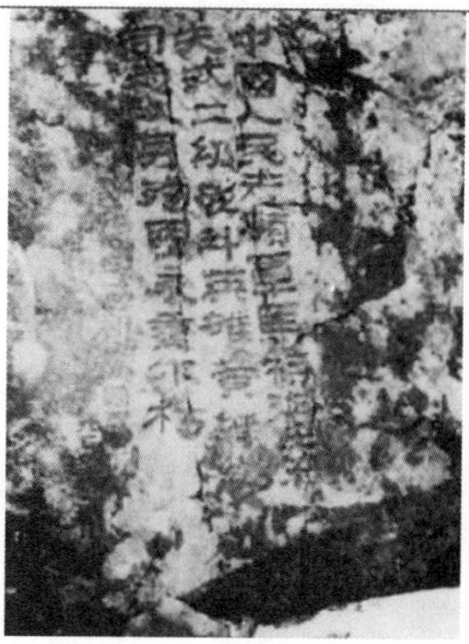

八

黄继光

奋不顾身堵枪眼的特级英雄

清明时节，美丽的金达莱花盛开在上甘岭上，半个多世纪前的硝烟早已散尽，可是如果你驻足观望，一定会看见那美丽的金达莱花丛中静静地矗立着一块石碑，这就是黄继光烈士纪念碑。青山无语，石碑巍然，共同铭记着那气壮山河的一刻；春风呢喃，鲜花怒放，千载传颂着英雄那大无畏的战斗精神！

从军上战场

黄继光，出生于四川省中江县一个贫苦家庭。幼时生活的苦难，使他很小就立志要为穷苦人翻身解放而奋斗。1949年，黄继光家乡解放了，他积极参加清匪反霸斗争，曾带领民兵活捉地主，搜出伪保长私藏的枪支弹药，被评为民兵模范。

正当新生活像一幅美丽的画卷在黄继光眼前展开时，朝鲜战争爆发了。像那个时候无数中华儿女一样，黄继光报名参加了中国人民志愿军。穿上军装，背起行囊，黄继光随着部队雄赳赳、气昂昂，跨过鸭绿江。

和满眼青山绿水、百废待兴的家乡不同，朝鲜的千里沃野如今已成焦土一片，满眼是累累的弹坑和断壁残垣，空气中弥漫着浓浓的硝烟味。这悲惨的景象，点燃了黄继光心中对侵略者的仇恨和怒火，他恨不得立刻端起枪，到第一线去奋勇杀敌。

由于黄继光脑子灵，最初组织上安排他当通信员。这下黄继光就不高兴了，他满脑子都是去前线杀敌立功，经常想着自己成为一名冲锋枪手，或是机枪手，或是狙击手，但怎么也不会想到要当一个通信员。发现他的这种情绪后，领导耐心地做他的思想工作，并说当通信员一样要学习射击投弹，一样要摸爬滚打。黄继光听到这里，安下心来。于是苦练杀敌本领，投弹、刺杀、射击、爆破……每一个科目，黄继光都认真学习，时刻准备着到前线去浴血奋战。

一天，连队在休整期间，给战士们播放了苏联电影《普通一兵》。这部电影反映了红军战士马特洛索夫为了战斗胜利，用身体堵住敌人从碉堡里射出的子弹的感人事迹。英雄的这一壮举，在黄继光心中烙下了深深印记，“一个人死能救那么多人，能打胜仗，要是搁着我，我也这么干！”

上甘岭上的壮举

1952年10月，上甘岭反击战打响了。黄继光所在的营奉命攻占上甘岭597.9高地。最初，战斗十分顺利，全营很快拿下了6号、5号、4号阵地，可在0号阵地前，部队的进攻受到压制。0号阵地是597.9高地的制高点，它紧靠主峰，既能居高临下控制4、5、6号阵地，又可以向左封锁1号阵地我军的坑道口。敌人的密集火力，死死地控制着制高点。

不拿下这个阵地，就无法向纵深推进。志愿军6连死战数个小时，连续发起数次攻击，都没有成功，连队打得只剩下16人，其中仅有9人还能战斗。怎么办？如果天亮前攻不下敌阵地，一夜的战果将付诸东流。

营参谋长带着通信员黄继光从营部赶到6连，组织指挥战斗。连长把还能战斗的9名战士分成3组，对0号阵地再次发起攻击。然而，由于敌人的火力十分猛烈，这3个组都没能够完成任务。

这时眼看就要天亮了，要是还不能拿下0号阵地，天亮后敌人就会依托这个阵地进行反击。连长急眼了，对营参谋长说：“我上！”这时，黄继光挺身而出：“首长，让我去把敌人的火力点炸掉！”

参谋长望着黄继光年轻而坚毅的面庞，沉思片刻，同意了他的请求。于是，黄继光被任命为班长，和另外2名同志组成战斗小组，前去执行这一艰巨任务。在即将跨出坑道前，黄继光看着指导员说出了自己崇高的心愿:“我希望能成为一名光荣的共产党员，就是只剩一口气也要坚决完成任务，请党组织考验我吧。”

随即，黄继光和战友冒着敌人密集的炮火，交替掩护跃进，巧妙地利用敌人照明弹熄灭后的短暂黑暗，迅速向敌人火力点逼近。在距离敌人中心火力点四五十米时，黄继光借着照明弹的亮光，发现在距中心碉堡20多米的山坡上，有3个敌人的小地堡。黄继光立刻进行战斗部署，他们3人各自利用地形，瞅准敌人射击间隔，一跃而起，冲到小地堡前，用手雷摧毁了它们。

扫清了前进的障碍，就剩最后一个中心碉堡了，这也是最难的一个。敌人的这个火力点设在一个陡坡上，坡前是一块十几米的开阔地，通过这个开阔地必然会有极大的危险。可是，黄继光没有动摇，他和战友们或匍匐前进，或突然跃进，一步步靠近敌人火力点。在敌人密集的射击下，一名战友不幸牺牲，另外一个战友也身负重伤，黄继光的左臂也被子弹打穿。

黄继光没有停下来，他忍着剧痛，艰难地向前爬行着，1米、2米……终于靠近地堡了。黄继光奋力支撑起身体，扔出手雷，敌人的机枪顿时停止了射击，黄继光也昏了过去。

看到这里，我突击部队立即冲出坑道，攻击敌人山头。就在大家以为胜利在即的时候，地堡中敌人的机关枪射击声音再次响起，攻击部队再次受阻。

此时，黄继光从昏迷中苏醒过来，他发现敌人的地堡还在喷着火舌，一个蒙眬的想法此刻在他心中无比清晰起来。他以惊人的毅力顽强地向地堡爬去，靠近地堡射孔时，黄继光突然一跃而起，张开双臂，像一只雄鹰，扑向了地堡中那还在喷射子弹的枪眼。黄继光用他那宽阔的胸膛，严严实实地堵住了射击孔，以自己的生命为部队夺取高地开辟了道路。

为表彰黄继光的英雄事迹，中国人民志愿军领导机关给他追记特等功，并追授“特级英雄”称号。志愿军第15军党委根据黄继光生前遗愿，追认他为中国共产党党员，并将他的名字和光荣事迹刻在了五圣山的石壁上，留给后人永远缅怀和瞻仰。

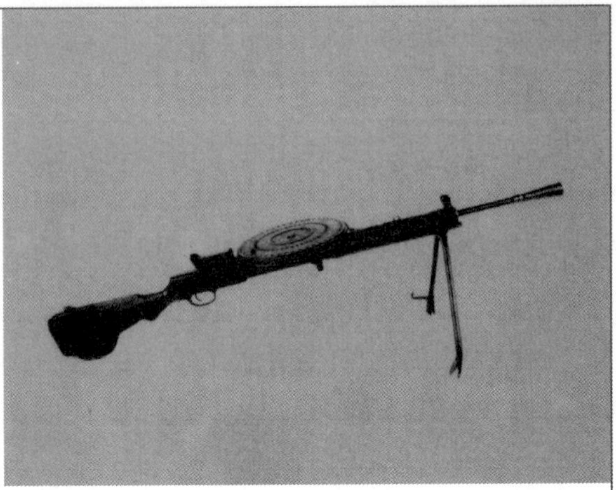

八

孙占元

冷静和血性的化身

战争中，短兵相接，考验的是胆量、是血性、是智慧。在人民军队的行列中，有这样一名战士，无论环境多么复杂、无论情势多么凶险，他总是能够在枪林弹雨中发现敌人的弱点，并果断下达处置方案。在战斗的最后关头，他用鲜血和生命诠释了人民军队的血性和胆气，他就是孙占元。

在狗尾巴草上的发现

孙占元年幼时家庭十分困苦，父母亲很早就去世了，7岁时，为了生存下去，不得不给地主放羊。这些苦难的经历，铸造了孙占云的坚强意志，同时也使他立下了解救穷苦人的心愿。

21岁时，孙占元光荣地成为人民军队的一员，历任班长、副排长，参加了淮海战役、渡江战役、两广作战、西南剿匪等。在部队的大熔炉里，孙占元很快地成长起来，不但军事素养突出，而且十分关爱士兵，深受战士们的爱戴。1951年，孙占元随部队奉命入朝参战，任志愿军第15军45师135团7连2排排长。

战争，不仅是武器和武器的对决，更是人和人之间的对决。特别是在战场上短兵相接的过程中，一名作战人员的战斗素养，对战斗的胜负将起到很大的作用。虽然志愿军的武器装备相对美军较为落后，但过硬的政治素质、敢打硬拼的战斗精神、丰富的战斗经验，使得志愿军战士在对敌作战中并不处于完全劣势，这在孙占元身上表现得尤为明显。

进入朝鲜战场后，孙占元所在的部队负责一处阵地的守卫工作。为了能够利用工事有效打击敌人，孙占元和战友们到了阵地后，就利用晚上抢修了工事。可是，敌人的炮弹仿佛长了眼睛，一阵急射，就把战士们一晚上的辛苦成果摧毁了。第二次再修，又被摧毁。

工事被摧毁，就给志愿军打击敌人带来了巨大困难，因为如果没有掩体的庇护，将使我军暴露在敌军面前。战士们以为来到阵地，可以好好地大干一场，这种情形，让他们感到十分地憋气，可又没有办法。

孙占元知道，着急也没有用，必须想个办法。于是，孙占元仔细地观察了阵地的地形地貌。他发现，此前修筑工事的地方正好处于敌军炮火的覆盖之下，如果在阵地上能够找到一个敌军炮火的死角，这不就解决问题了吗？在观察阵地的时候，孙占元发现了一个问题：由于敌人炮火猛烈，所以阵地上是寸草不生。但在阵地一个陡坡下面居然有一棵狗尾巴草。由此，孙占元判断，长狗尾巴草的地方，一定是敌人的炮火死角。

于是，孙占元就和战友们在长狗尾巴草的地方修筑了3个射击台，并在射击台后面构筑了可以屯兵的暗火力点。果然，这里再没有遭到敌人炮火的打击，孙占元就和战友们利用这个工事，展开了冷枪杀敌活动，给敌人以极大杀伤。

血洒上甘岭

1952年10月，上甘岭战役拉开序幕。由于敌人炮火十分猛烈，志愿军阵地上的表面工事被全部炸毁，志愿军被迫转入坑道作战。为把握作战主动权，上级命令，趁敌人立足未稳，7连配合兄弟连队反击597.9高地，由2排担任突击队，向2号表面阵地攻击。

傍晚时分，7连进入主峰0号阵地坑道内，孙占元和战友们摩拳擦掌，准备命令一下，就把阵地夺回来。19时，孙占元带领全排跃出坑道，向2号阵地发起冲击。

此时，敌人已经在占领的阵地上修筑了简易工事，孙占元和战友们只好一边清除敌人的火力点，一边前进。眼看2号阵地即将被志愿军占领，敌人急了，加大了射击火力，利用地堡拼命扫射。在孙占元带领战士们迅猛冲击时，孙占元身负重伤，右腿被炸断，只有一层皮连着，左腿也被炸伤，露出了骨头。

在这紧急关头，孙占元仍然十分冷静，他一如既往地观察敌我态势。这时，他发现敌人的枪眼都是朝北的，于是他让战士易才学带人从旁边绕到敌人后面去炸掉，孙占元用机枪掩护他们的行动。

易才学发现孙占元负了伤，便说："排长，你负伤了，得马上下去，这里有我们，你放心好了。"孙占元全然不顾自己的伤情，说："不要管我，快上去消灭敌人的火力点，能前进一丈，不能后退一寸！"易才学知道排长的脾气，更知道在战场上哪怕耽误一分钟，就可能带来更大的伤亡。他没有再多说，就带着2名战士前去炸毁敌人火力点。

就在此时，一股敌人从志愿军后侧爬了上来，想偷袭我军。孙占元发现后，立刻调转枪口，对敌人进行猛烈射击，打退了敌人2次进攻，毙伤敌人80多名。然而，敌人越来越多，孙占元的子弹很快就打光了。在这危急时刻，孙占元毅然拉响最后一颗手雷滚入敌群。

孙占元的这一光辉壮举迟滞了敌人的行动，指导员带着火力排趁势冲了上来，并与兄弟部队配合，最终收复了2号阵地。战后，志愿军领导机关给孙占元追记特等功，并追授"一级英雄"称号。

胡修道
有我无敌的虎胆英雄

从某种程度上来说，美国人真正认识中国人，是从上甘岭开始的。因为在上甘岭战役中，敌军190余万发炮弹和5000多枚炸弹倾泻在这个不足4平方千米的阵地上，平均每秒钟有5枚炮弹落下来。然而，拥有着优势装备的敌人却没有在上甘岭占到任何便宜，相反我志愿军毙伤敌2.5万人，击落击伤敌机270余架，击毁击伤大口径火炮61门、坦克14辆。在这场惨烈的战役中，涌现出一大批敢打硬拼的英雄，正是他们，用自己对祖国和人民的无限深情、对敌人的无比蔑视，打出了国威、打出了军威。胡修道，就是其中的一位。

坚守3号阵地

胡修道，四川省金堂县人，1951年参加中国人民志愿军。1952年10月，以美国为首的“联合国军”向五圣山的597.9和537.7高地发动攻势，上甘岭战役由此拉开序幕。

在597.9高地主峰上有三块相隔很近的阵地，编号分别为3号、9号和10号，胡修道和战友们负责坚守3 号阵地。11月5日，天刚蒙蒙亮，敌人就迫不及待地发起了进攻。敌人因为拥有强大的炮火打击能力和雄厚的后勤补给能力，因此每每发动进攻时，都先以长时间的炮火覆盖开始。伴随着飞机的投弹、火炮的轰击，3号阵地完全笼罩在硝烟中。美军指挥官从望远镜中看到这一情景，嘴角露出了得意的笑容。

随着轰炸接近尾声，大批的敌人开始发动攻击。

胡修道和战友们对这一切已经习以为常，他们听到炮声开始变得稀拉，知道敌人的进攻马上就要开始了，于是立刻从掩体中跑出，跑向战位。

敌人越来越近了，已经能够看到他们的金发碧眼。为了给敌人以出其不意的打击，胡修道和战友们静静地等候着，等着敌人近一点、再近一点。开始敌人还有所顾忌，每前进一段距离，都要仔细观察一番。可他们发现，马上就要占领阵地了，我军还没有开枪，认为志愿军战士已经被前期的炮火消灭了，于是加快了前进速度。

就在敌人距离阵地不到30米的时候，只听班长李锋一声令下："打！"胡修道首先扔出去1根爆破筒，接着又是1枚手雷和1颗手榴弹，顿时炸得敌人抱头鼠窜。与此同时，我军机关枪、步枪猛烈开火，很快就将敌人的第一次进攻打退了。

不久，敌人再次发起攻击，这一次上来的敌人约有2个排。因为有了第一次的教训，这次敌人兵分3路，而且身体压得更低了，这就给志愿军战士消灭敌人带来了困难。胡修道等人决定再把敌人放得更近些，就在敌人距离20米的时候，志愿军战士的枪声响了，经过一阵猛烈射击和投弹，敌人的第二次进攻再次被挫败。

为了拿下这个阵地，敌人也是拼了，在随后不到3个小时的时间里，敌人发动了十几次进攻，妄图打垮志愿军，但全部被挫败。

驰援10号阵地

也就在敌人对3号阵地发起进攻的同时，敌人也向9号阵地发起了猛烈的攻击，班长李锋奉命前去支援。

当敌人的重炮对3号阵地进行猛烈轰击后，胡修道和战友们以为敌人的步兵马上就会发起冲锋。可等了半天，敌人并没有攻过来。这是怎么回事？胡修道仔细观察，发现原来在10号阵地前，敌人密密麻麻一大片，正不断向上移动。可10号阵地静悄悄的，没有人影，更没有射击和投弹。胡修道心头一紧：难道10号阵地上的战友们都牺牲了？如果10号阵地丢失，那么敌人就可以俯射3号、9号阵地。

敌人离山头更近了，胡修道和战友决定驰援10号阵地。胡修道左手提着1根爆破筒，右手握着1枚手雷，并且拔掉保险，心想：如果敌人先于他赶到10号阵地，那么就用爆破筒和手雷把他们炸到天上去。

就在胡修道向10号阵地运动过去的时候，突然一连串机枪子弹打在他的身旁，敌人发现了胡修道的企图。胡修道顺势滚到一个弹坑里，然后又爬到另外一个弹坑。就这样，胡修道爬到了10号阵地。而此时，敌人距离他只有七八米远。胡修道来不及多想，一个手雷扔了过去，敌人被炸死好几个，由于手雷的爆炸点离胡修道也很近，他也被震昏了过去。

在战友的叫喊声中，胡修道清醒过来。眼看敌人还在往阵地上涌，他利用手中的爆破筒和枪支，与战友一起把敌人打退了回去。10号阵地，仍然牢牢地掌握在志愿军手中。

再回3号阵地

就在胡修道援助10号阵地时，其他的战友也来到了这个阵地。根据命令，胡修道再次返回3号阵地。当他回来时，发现阵地上只有两名战友，其中一个还负了伤。

敌人不甘心失败，再次集结兵力，准备更猛烈的进攻。一时间，二三百门大炮、坦克炮，同时向我阵地轰击。与此同时，敌人的飞机也发动了更猛烈的轰炸、射击，汽油弹在阵地上爆炸后，形成一片火海。随即，敌人2个多营的兵力，3人一群，每人相隔三四米，像潮水一样朝着3个阵地一齐涌上来。

经过前面几次战斗，阵地上的弹药已经不多了。看着越来越靠近的敌人，胡修道和战友们拿起冲锋枪，跪在地上朝敌人猛烈射击。

阵地上战士们英勇战斗的情形，被志愿军指挥员们看在眼里，他们迅速组织援兵前往高地，同时组织炮兵对敌进行打击。就这样，到傍晚时分，战斗终于结束了。在这一天中，胡修道和战友们先后打退敌人40余次进攻，歼敌280余人。1953年，志愿军领导机关给他记特等功，授予“一级英雄”称号。

李家发

用生命为胜利开路的战斗英雄

自从人类社会有了战争以来，人们总是在努力去寻找更加坚硬的材质来打造作战兵器，从石头到钢铁，力图以此来对抗血肉之躯，取得战争的胜利。在人民军队的发展史上，为了开辟前进的道路、为了获得最后的胜利，人民战士用自己的血肉与呼啸的子弹相抗衡，甚至用自己的胸膛去堵住敌人的枪口，李家发就是这些钢铁战士中的一位。

从吃“烧饼”到“特等射手”

这里的吃“烧饼”，并不是指作为餐点的烧饼，而是指士兵射击打靶的成绩很差。李家发刚入伍时，就遇到了这样的问题。

李家发，1934年出生，安徽南陵县泉塘乡岩虎村人。1951年，年仅17岁的他报名参加了中国人民志愿军。

别看李家发年龄小，可他有着那么一股不服输的劲头。入伍后，李家发积极参加军事训练，当他第一次拿起钢枪时，别提有多激动了。但毕竟李家发还很年轻，钢枪的分量并不轻，再加上紧张，第一次实弹射击就吃了个“烧饼”。然而李家发并没有因此灰心，他利用一切时间苦练射击基本功，练臂力以增强持枪的稳定性，练眼力以增强瞄准的准确性。很快，他的射击成绩就提高上来。在战前大练兵中，李家发以5枪5中的成绩，成为团里的“特等射手”。

1951年8月，李家发所在的部队奉命开赴金城执行作战任务。到了阵地后，部队成立了狙击小组，作为特等射手的李家发立刻就有了用武之地。

一天清晨，薄雾还没有完全散尽，敌人想着这会儿志愿军可能还在睡梦中，于是就借助雾气向前沿摸了过来。然而，敌人没有想到的是，李家发等战士料到敌人可能会有这个动作，因此早就来到阵地，隐蔽起来。

敌人心里还是有些担心的，他们鬼头鬼脑、小心翼翼地行动着，一会儿停下来四处张望，一会儿又快速地朝前跑两步。始终没有什么情况，敌人的警觉开始消退。

而此时的李家发正静静地伏在地上，不放过敌人的一举一动。1个、2个、3个……敌人慢慢靠近了，李家发终于看清楚原来敌人有6个。他心里想：既然来了，就不能让他们回去。可是怎样才能把这6个敌人全部报销呢？李家发紧张地思考着，最终决定：先把最后一个敌人撂倒，然后再收拾前面的5个人。

李家发屏住了呼吸，准星瞄准住了最后一个敌人。在敌人完全进入射程后，李家发稳稳地扣动了扳机。“叭”，最后一个敌人被一枪毙命。前面的敌人听到枪声，感觉不妙，立刻掉头就跑。李家发不给他们任何的机会，“叭叭叭……”一阵急射，剩下的5个敌人也全部被消灭了。

用胸膛堵住敌人的枪眼

1953年7月，为了争取有利态势，中国人民志愿军发动了金城战役。李家发所在连担任主攻轿岩山西峰116高地的战斗任务。

14日2时，随着冲锋号的响起，李家发和战友们像猛虎一样冲向116高地。就在战士们接近敌人阵地的时候，“哒哒哒”，敌人的机枪声响起。原来，敌人利用地形修筑了一个大地堡，火舌从地堡中不断喷出。由于敌人火力十分猛烈，志愿军战士被迫停了下来。

不打掉这个“拦路虎”，就不可能完成作战任务，李家发决定前去实施爆破。在战友机枪的掩护下，李家发一会儿跃进、一会儿卧倒，灵活地向前运动，从右侧逐渐接近了敌人的地堡。

在这紧要关头，大地堡旁的小地堡射出了敌人罪恶的子弹，击中了李家发的左腿，与此同时一发炮弹在附近爆炸，李家发的右腿也负了伤。然而，李家发并没有停止前进，他咬着牙，逐步接近敌人的小地堡，并利用炸药、手榴弹，炸毁了敌人的地堡。

然而，中间大地堡中的敌人仍然向我军战士猛烈射击。李家发没有停歇，他一点点靠近大地堡，在还有10米的距离时，突然挺身而起，举起手中的手榴弹，向敌人的地堡扔去。“轰隆”一声巨响，地堡中敌人的机枪成了哑巴。李家发由于伤势过重，也昏迷了过去。

“冲啊！”身后的战友看到这里，立刻从地上一跃而起，喊着杀声冲向敌人的阵地。然而，让人没有想到的是，敌人地堡中的枪声再次响起，子弹像扇面一样向外喷射，冲击的部队再次被压在火网之下。

在战斗中，为了完成战斗任务，每一路部队都必须在预定时间占领阵地，一路的迟滞则可能对整个战斗的胜败产生影响。可是，敌人的火力实在过于猛烈，连指挥员组织人员前去爆破，都倒在了敌人的枪口下，没有成功。

这时，李家发从昏迷中苏醒过来，他本以为战友们已经攻占了阵地。但他发现，原来刚才并没有完全摧毁地堡中敌人的力量。李家发随身携带的爆破弹药已经全部用完了，怎么办?

时间一分一秒地过去，就在全连战士万分焦急的时候，突然阵地上响起了震天动地的喊声：“为了胜利，同志们，冲啊！”与此同时，敌人大地堡的枪声戛然而止。原来，李家发用自己的胸膛堵住了敌人的射击口，挡住了敌人疯狂的子弹。战友们立刻一跃而起，冲向前去。

当战友们冲到大地堡的时候，只见李家发的双手仍然紧紧地抓住地堡上的泥土，半睁着眼睛盯着轿岩山主峰。战友们高呼着“为李家发报仇”，冲向敌阵，占领了主峰。

李家发牺牲后，中国人民志愿军给他追记特等功，并追授“一级英雄”称号，追认他为中国共产党党员。

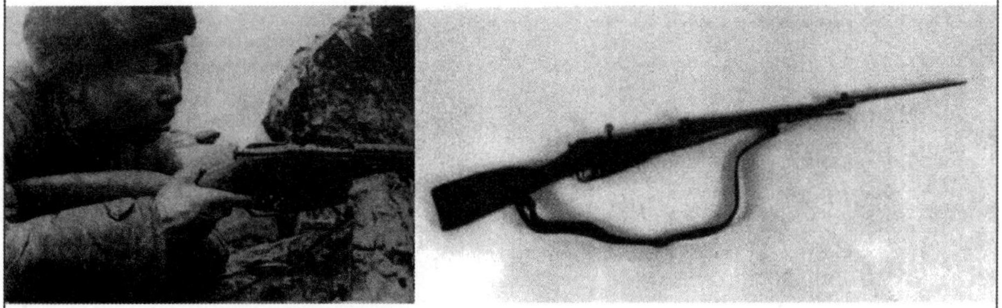

张桃芳
抗美援朝中的狙击之王

像幽灵一样悄无声息地进入战场，像磐石一样动也不动地静静潜伏。目标进入射击范围，瞄准、击发，目标丧失战斗能力，又像幽灵一样撤出战斗。这个幽灵一样的角色，正是战场上的狙击手。在中国人民志愿军行列中，狙击手们用金黄的子弹、清晰的弹道、敌人的鲜血为人民军队添光加彩。这其中，一名20多岁的战士，在上甘岭狙击战中，用442发子弹，歼敌214名，创造了我军冷枪击杀敌人的最高纪录，他就是张桃芳。

初露锋芒

张桃芳，江苏兴化人，与郑板桥是同乡。与郑板桥拿起的是笔杆子不同，张桃芳娴熟运用的是枪杆子。张桃芳年幼时，目睹了日军的暴行，经历过国民党军的劫掠，更看到人民军队的英勇和爱民。因此，当朝鲜战争爆发后，张桃芳响应号召，加入了中国人民志愿军。

1953年1月，张桃芳来到了上甘岭——这个让美军刻骨铭心的“伤心岭”。对于初战者来说，第一次总是那么让人兴奋、让人紧张，张桃芳第一次趴在狙击台时的心情也正是这样。很快，2个敌人出现在视界中，就在敌人距离不足100米的距离时，张桃芳的枪响了，然而并没有击中敌人。张桃芳心有不甘，击发、再次击发，连开10多枪，可子弹连敌人的衣服都没碰到。

初战的失利，并没有让张桃芳灰心。他回到营地，反复思考这次作战的得失，如何稳定瞄准、如何选择射击时机、如何扣动扳机，每一个细节张桃芳都不放过。在第二次参加狙击作战中，张桃芳把这些经验教训化为实战技能，击毙了1名敌军。而在另外一次作战中，张桃芳射击9次，射杀敌军7名，这个成绩超过了所有老狙击手。

为此，组织上选派他到射击训练班进行集训。张桃芳如鱼得水，不但从其他狙击手那里学到了很多实战经验，同时更多的射击训练使得他的枪法突飞猛进。

回到部队后，张桃芳继续苦练狙击技能，很快成为团里的神枪手。他曾在18天的时间里，用250发子弹消灭了71名敌人，而自己毫发无损。不久，他就成为团里第一个突破狙杀敌军100名的神枪手，被授予“百名狙击手”称号。他在实战中总结出的狙击方法，例如正在上山的敌人怎么打、正在下山的敌人怎么打、横着跑的敌人怎么打等也都在部队中被广泛学习。

生死较量

中国人民志愿军狙击手们的辉煌战绩，让美军坐立不安，在阵地前沿的美国佬时时刻刻处在惶恐之中，他们不敢随便走动，不敢随意抽烟，甚至连上厕所都心存畏惧。为此，美军向前线派出了“王牌”力量，力图压制志愿军的狙击作战。

1953年6月的一天，张桃芳拿起枪前往狙击阵地。“哒哒哒”，机枪声响起，一串子弹贴着张桃芳头皮飞过。张桃芳立刻卧倒，趴在交通沟内。张桃芳明显感觉今天的情况不对，敌人像是早有准备。

正好交通沟内有一个破钢盔，为了摸清敌人的情况，张桃芳用枪把这个破钢盔顶起来，慢慢地露出交通沟。可是，敌人的枪声并没有像预料的那样响起。即使张桃芳晃动钢盔，对手也一枪未发。张桃芳心想：看来今天遇到对手了。

“老趴在交通沟里，不行啊！既不隐蔽，又不便于射击，况且那家伙已经发觉我在这儿了。”张桃芳心想。于是，他匍匐着来到交通沟尽头，突然跃起，冲向狙击台。这时，敌人的机枪声再次响起，子弹在张桃芳脚跟击起阵阵尘土。张桃芳已不是刚上战场毫无经验的战士，他故意双手一伸、身子一斜，就像被击中一样摔进了狙击台左边的掩体里。敌人显然被张桃芳这个假动作蒙骗了，转移了射击方向。

张桃芳第一个计划完成了——以假动作使敌人误认为他被打中，下一步就是要找到敌人。张桃芳谨慎地移动着自己身体，仔细地搜索敌方阵地，很快他就发现敌人隐藏在对面山头上两块紧挨着的岩石缝隙中。发现敌人后，张桃芳立即举枪瞄准射击。然而敌人似乎发现了张桃芳的这一动作，脑袋一偏，躲过了子弹。很快，敌人的机枪再次开火。

怎么办？坐在掩体后的张桃芳紧张地思考着。这时张桃芳发现了一个问题，那就是敌人的注意力主要集中在狙击台左侧，几秒钟打几发，过几秒钟又打几发，而对狙击台右侧打的次数不多，看来敌人一定认为左侧是张桃芳所在的位置。于是张桃芳慢慢地爬到了狙击台右侧，准备从这里出击。

在狙击手的对决中，绝不能有半点的失误。如果张桃芳判断错误，特别是如果敌人是故意显示出没有留意右侧的假象，等待张桃芳上钩，那么只要张桃芳从狙击台右侧出枪，后果不堪设想。

张桃芳轻轻地把步枪紧贴着沙袋从狙击台的右侧伸了出去，他必须首先判断敌人是否设了圈套。经过等待和观察，敌人的射击规律和从前一样，左边打得多，右边打得少。当敌人再次向狙击台右边打了几发子弹后，张桃芳估计敌人的视线和枪口正向左转移。机不可失，时不再来，张桃芳猛地探出头，右肩膀抵住枪托，眼睛一眯，三点一线，枪准星尖正好瞄中敌人露出来的半个脑袋，扣动了扳机。

与此同时，敌人也发现了张桃芳，机枪声响起。不过，敌人仓促的射击并没有打中张桃芳，反而张桃芳的子弹射中了敌人的脑袋。张桃芳用袖口拭去头上滚出的汗珠，望着敌人尸体和歪倒在石头缝里的机枪，吁了口气：“鬼东西，看谁厉害！”后来，从美国媒体的报道中才知道，这次张桃芳射杀的竟是大名鼎鼎的艾克上校。

杨育才

奇袭白虎团的战斗英雄

当下，走进电影院看大片，日益成为人们日常娱乐生活的重要组成部分，其中，战争影片是人们最为喜欢的类型之一。在上个世纪60年代，一部名为《奇袭白虎团》的大型现代京剧深受人们喜欢。毛泽东主席看过之后，对剧中的主人公印象十分深刻，动情地问："此人现在哪里？"不久，《奇袭白虎团》的主人公原型、身为某部侦察连连长的杨育才来到了毛主席身边。杨育才为什么能够受到如此重视？在抗美援朝战争中，杨育才带领一个侦察排，捣毁了李承晚王牌部队"白虎团"，因而获得"特级战斗英雄"的称号，缴获的白虎团团旗至今仍存放在军事博物馆里。

定下奇袭计

白虎团是李承晚军的一支精锐部队，由于白虎团作战十分剽悍，因此受到格外关照，其武器装备大都是美国制造的。当时，白虎团已经在金城防线上驻防近1年，修筑起一道坚固的防线，挖掘出环形战壕，战壕上加了盖子，前沿阵地还埋设了大量地雷。这种防御部署，可以有效抵御我军火炮的打击，必须采取近距离攻击才能摧毁。

面对敌人坚固的防御工事和强大的火力配备，中国人民志愿军并没有被吓倒。他们反复研究敌人的防御部署，既要避免人员出现重大伤亡，又必须迅速啃下这个硬骨头，这的确是考验智慧的时候。

怎么办？这时，团政委苏克提出化装奇袭的作战思路，即采取“直捣黄龙”的方式，“组织一精悍的小分队，化装成敌军，专门去执行一项袭击敌人首脑机关的行动。在乱战中，鱼目混珠，肯定会收到奇效。这次敌人尽管有防备进攻的准备，但没有防奇袭的准备”。

“兵者，诡道也。”苏政委的这一建议虽然有一定风险，但却有着合理性。因为白虎团自认为装备精良、工事坚固，更多关注的是如何防御大规模进攻的问题。但对精兵秘密、突然的袭击，是没有准备的，这就为奇袭的成功提供了条件。

在经过反复权衡后，师长最终下定决心，并将化装奇袭的任务交给了607团侦察排。

抓获俘虏兵

奇袭作战的任务下达后，战士们踊跃报名，最终选定了由侦察排副排长杨育才带领的，包括赵顺和、金大柱、王连训、王桂生、韩淡年、李志、侯士斌、舒德春、李培禄、包月禄、黄周玉、周发世等组成的奇袭分队。

7月13日夜9时，志愿军万炮齐鸣，金城反击战开始了。杨育才带领12名侦察员，身着李伪军军装，肩背美式枪械，沿着事先选好的穿插路线，义无反顾地走向战场。很快部队到了勇进桥附近，过桥不远就是白虎团团部了。杨育才命令部队提高警惕，作好战斗准备。

突然，队列后面出现一阵骚动，杨育才心头一紧：出了什么情况？很快，联络员韩淡年押来一个头戴白虎团钢盔的俘虏，报告说：“这家伙把我们当成自己人，跟着队伍跑了半天，刚才敌人打照明弹才发觉了他。”

杨育才刚刚还发愁，如果遇到敌军，问口令怎么办？这简直是天赐良机。从这个俘虏口中，他们知道了敌军今晚的口令是“古轮姆欧巴”。在接下来的审问中，他们还详细地了解了白虎团团部的作战室、电台和警卫排所在位置。这些口供跟事先侦察到的情况相符，由此也证实了这个俘虏没有说假话。

于是，杨育才马上命令全班无论碰到什么情况都不准停止，要迅速插到敌人团部。

白虎被挖心

不久，杨育才带领的小分队就到了白虎团团部的沟口。

杨育才仔细地侦察了敌人部署情况，正准备布置战斗，忽然，一阵马达声，接着闪出一串汽车灯光，六七辆载着敌军的大卡车，向着志愿军所在的位置开过来。在这千钧一发的关头，杨育才立刻命令2个人打一辆卡车，全部干掉它们。队伍立刻散开，一阵自动步枪和手榴弹的爆炸声，战士们发起了进攻。而此时的敌军士兵，万万没有想到志愿军会摸到这来，有的居然叫道："不要误会呀！是自己人。"不到两三分钟，连人带车统统都报销了。

趁着混乱，奇袭分队分成3个小组，直奔敌人团部的作战室、电台和警卫排，并规定以袭击警卫排的第一小组先开枪为号，各处一齐开火，不准跑掉一个敌人。

杨育才带着第3小组扑向作战室，借着树木阴影隐住身子向敌人所在的屋里望去，只见一个瘦军官正在地图旁边打电话，另一个胖家伙手提一根指挥棒不住地走来走去，还有几个军官模样的人坐在桌旁，紧盯着打电话的那个人，像是查问刚才沟口发生了什么情况。

正在这时，我军袭击警卫排的枪声响了。杨育才毫不犹豫地喊了声"打"，志愿军的子弹像长了眼睛一样撂倒了门口岗哨。

战士包月禄一个箭步冲上去，对准窗口接连投进2颗手榴弹，"轰隆""轰隆"，屋内的电灯熄灭了，屋里立刻烟雾弥漫，嚎叫声混成一片。2个被炸晕的敌人从窗口往外跳，被包月禄一梭子子弹扫倒。战士李志紧跟着堵住门口，手榴弹、自动枪一顿猛打，里面很快就沉寂了下来。

志愿军战士走进作战室，发现敌人横七竖八地躺在地上，有的已经当场毙命，有的还在喘气。包月禄从墙上长方形铁架上取下白虎团的虎头团旗，并说："这是个证据，免得李承晚那老小子再赖账！"

战斗结束后，3个小组会合在一起，都抓到了一些俘虏。他们迅速地清查了一下，除几个士兵漏网外，其余都没逃走。这次奇袭行动，对我军全歼白虎团起到了重要作用。

韩德彩
空战神话的创造者

1953年4月8日，中国政府发表抗议声明：美帝国主义侵略我国东北领空，飞行员哈罗德·爱德华·费席尔跳伞。这一声明立刻在西方世界引起很大震动。然而美国人没有想到的是，这个被称为“双料王牌飞行员”的飞机是被一个放牛娃出身、飞行时间不过几十小时的年轻飞行员击落的，这个年轻的飞行员就是韩德彩。

当上飞行员

1949年春，距离全国解放已经不远了。韩德彩报名参军，后分配到皖北军区直属侦通连，当上了一名通信员。此时的人民解放军，一方面与国民党反动派进行最后的斗争，另一方面还着眼未来加强军队现代化建设。在这一背景下，韩德彩被选调到空军学习飞行。

对于农民出身的韩德彩，他万万没有想到能够有一天飞上祖国的蓝天。因此，韩德彩十分珍惜这个机会。“要尽快飞出来，驾着飞机参加抗美援朝的行列。”时任领导激励这批飞行学员。

韩德彩这批飞行学员都是从陆军调来的，文化程度不高，特别是在学习航空理论时，更加感到吃力。然而，这些困难并没有吓倒韩德彩，他知道，如果不能尽快学好知识，就有被淘汰的可能。韩德彩发奋学习，一天要看十七八个小时的书，就连走路吃饭，都在想着书本上的定理和公式。

就这样，在短短1个月的时间里，韩德彩就学完了飞行原理、飞机构造、发动机构造、领航学、地形学等课程，并进入到飞行训练阶段。此后，他又用了半年多一点的时间，飞了雅克18和雅克11两个机型。从航校毕业后，韩德彩被分配到空15 师43 团1大队1中队，进行改装米格15型飞机的飞行训练，共飞了3 种机型。

第一次击落敌机

1952年3月24日，韩德彩和战友驾驶战机飞上蓝天。这一天，美国空军注定要遇到噩梦。

“敌机在你们右前方50千米，下降高度啦，是F80飞机。”指挥员及时向韩德彩通报敌情。韩德彩立刻将飞机下降到6000米，并扔掉副油箱，准备迎敌。

很快，敌我战机相遇了。韩德彩操纵飞机右转60度，将机头对准敌机，果断按下发射按钮，三炮齐发，但没有击中敌机。

这时，韩德彩又发现了4架敌机，于是紧追不舍。敌机为摆脱韩德彩的攻击，准备做双机交叉转弯，结果由于胆怯，有3架飞机飞向一边，1架飞机却飞向了另一边。

韩德彩看准战机，先敌占据有利位置。在距敌400米左右时，韩德彩按下炮钮，一下子把敌机左机翼打断，飞机机体立刻和机冀分成两半，冒着黑烟掉了下去。

在追击另外3架逃跑的敌机时，韩德彩发现其中的一架准备攻击战友的飞机。于是，韩德彩毫不犹豫地放弃已经选定的目标，拉起机头向右前方的敌机开了炮。虽然没有击中，但敌机改平飞行，正好给韩德彩提供了再一次攻击的机会。

就在韩德彩准备发起攻击时，一架敌机飞到了韩德彩后方。幸亏韩德彩发现及时，立即采取规避动作，但还是被敌机击中了。好在韩德彩的飞机受损不是很严重。这时，敌机飞到了韩德彩飞机的前面。韩德彩立刻操纵飞机赶了上去，在距离敌人300米时，韩德彩瞅准机会，按下发射按钮，直接将敌机打爆炸。

打下王牌飞行员

1953 年的春夏之交，美国空军对清川江南北铁路干线进行了猛烈的轰炸。同时慑于志愿军空军战力的提升，美空军加强了空中掩护力量，专门挑选一批飞行了一两千小时的所谓“王牌驾驶员”，组成“猎航组”，隐蔽在万米高空或我机场附近的山区上空，偷袭正在起飞或着陆的飞机。

4月7日下午，韩德彩驾驶飞机奉命在机场上空掩护我军飞机起降，防止敌人偷袭。

韩德彩驾驶飞机在空中盘旋飞行，注意着可能突然出现的敌情。这时，油量警示灯亮起。韩德彩向地面指挥员报告，准备降落。地面指挥员随即下达了“你们回来吧，现在没有什么情况”的命令。

随即，韩德彩的飞机和长机放慢速度，从3000米的高空下降到400米。当他们改平准备降落时，地面指挥员突然喊道：“快拉起来！快拉起来！敌人向你开炮了！”与此同时，敌机开了火，我军长机被击中，被迫向左拉了一个上升的转弯。然而，美军飞机仍然紧追不舍。

看到这里，韩德彩十分愤怒，跟上了敌机。当时，韩德彩与敌机的距离只有600 米，韩德彩不敢轻易开炮，以免误伤我长机。这时敌机也发现韩德彩处于进攻位置，于是放弃了对我长机的攻击，做了个向右下转弯的动作。

此时，飞机的高度也就七八百米，下面还有400多米高的山。因此，韩德彩判断敌人这是一个假动作，如果韩德彩跟着下去，由于F86的机动性能比米格15好，因此很可能出现意外。于是，韩德彩没有跟着美军飞机下去。当敌人飞机拉升进入韩德彩飞机射界时，韩德彩毫不犹豫地瞄准、射击，三炮齐射，敌机被击中了，敌人被迫跳了伞。韩德彩向地面报告：“敌飞行员跳伞了！”

跳伞的美军飞行员后被我民兵抓住，经过审问，才知道他是费席尔。他在朝鲜战场上出动过175 次，击落飞机10 多架。按美国空军的规定，击落5架可称“王牌”，因此他可算是“双料王牌”。然而，费席尔还是被年轻的中国飞行员打掉了，这就是侵略者的下场！

在社会主义建设中
披荆斩棘

李狄三

先遣进藏的“盖世英雄”

西藏阿里，狮泉河烈士陵园，有一座高高隆起的坟茔。60多年前，在这里安息的英雄带领所属部队从新疆出发，翻越万古荒原，历经千难万险，踏上了“挺进西藏、解放阿里”的伟大征程，在这片人间绝境用生命谱写了一曲壮美的英雄赞歌。他就是被毛主席连连称赞三声“盖世英雄”的人民功臣、进藏先遣连总指挥兼党代表李狄三。

战天斗地当先锋

1950年8月1日，正值中国人民解放军23岁生日之际，李狄三率领由汉、藏、维吾尔等7个民族、136名干部战士组成的进藏先遣连，高举起“向西藏大进军”的旗帜，在首长和战友们的欢送声中出发了。

作为第一支进藏部队，他们面前的道路是无比艰险的。

横亘在新藏边界上的昆仑山，被称为“万山之祖，百冰之源”，山上终年积雪，冰峰林立，崎岖陡峭。一路上冰雹打、风雪逼、严寒迫、缺氧袭，但困难阻挡不住斗志高昂的英雄们。

行至海拔5500米的库克阿达坂（维吾尔语，冰峰的意思），严重的高原反应突袭而来，恶心呕吐、呼吸困难、头疼欲裂、青筋暴起，有的人甚至昏迷过去。李狄三在连队中年龄最大，又曾多次负伤，高原反应更加剧烈，连胆汁都吐出来了。为了使连队保持高昂斗志，面对呼啸的风雪，他强忍住不适，带领大家哼唱起誓师出征前填写的

《挺进歌》：“挺进！挺进！挺进！向西藏，向阿里，向祖国的边疆进军……”

雪山行军，使许多人患上了高山雪盲症。在一个叫乱海子的地方，茫茫无垠的雪野上，强烈的阳光几经反射、折射，致使雪地里到处闪烁着刺眼的银白。许多官兵的眼睛被雪光扎得红肿起来，宿营休息后仍然感到疼痛奇痒，泪流难止。第二天，一半以上的官兵走出帐篷后，便什么也看不到了。面对困难，李狄三努力克服自己的病痛，坚持深入战士中间，了解发病情况，研究战胜雪盲的办法。在他的带动下，战士们献计献策，创造了“雪球擦眼止痛法”和“马尾编眼罩遮光法”，终于克服了雪盲，队伍重新踏上了征程。

就这样，先遣连一路战天斗地，爬冰卧雪，克服种种困难，终于进入了藏北高原。

立稳脚跟开新局

先遣连进藏后不久，漫长的冬天就来了，山封了，路断了，吃、穿、住成为生死存亡的大问题。

没粮食吃，打猎去！李狄三组织了打猎小分队，他们怀揣几个干馕进深山寻猎物，晚上裹一件大衣睡石崖、卧雪窝，从无怨言。几个月没盐吃，靠白水煮肉，他们度过了最艰苦的日子。

衣服早已穿烂，鞋底磨穿，他们用破麻袋缝补衣服，用羊毛捻线，用羊角加工后做针，谁的衣服破了就用麻袋片补，越补越厚、越补越重，常常一件衣服有十几斤重。

为解决住的问题，李狄三带领大家，自己动手挖地窝子。零下30多摄氏度的高原地区，冻土层有1米多厚，一镐下去，只能砸出一个白点点。大家群策群力，在冻土上生起了火，烤化一点挖一点。经过10多天的奋斗，硬是在冻土层下挖出了10多个地窝子。

更严峻的挑战，是高原病。由于受恶劣环境，特别是营养不良的严重影响，高原病相继夺去了一个又一个战士的生命。

1951年大年三十的下午，战士刘守时病逝，大家送葬回来，都坐在地窝子里，整个连队笼罩在悲痛之中。李狄三让战士们挂上早已备好的灯笼，点燃篝火，集体祭奠牺牲的战友。然后，李狄三拿起一把刷子，蘸着锅底黑灰，在雪砌的墙上写下一行大字——“越艰苦，越光荣，困难面前出英雄！”

靠着这股子劲头、这股子精神，先遣连度过了漫漫寒冬。他们用生命挑战极限，在藏北高原站稳了脚跟，将红旗插上了这片神圣的土地。

壮烈捐躯铸英魂

在藏北高原，李狄三同许多战友一样，也深受高原病的侵袭和折磨。为了不让人发现自己的病情，他在浮肿的腿上裹了一条长长的裹腿，仍不露声色地和同志们一起学习工作。

他对连队的干部说：“我们现在的责任就是鼓励战士树立同疾病作斗争的勇气，消除恐惧情绪。希望我们把眼光放远点，精神要愉快点，就是断了这口气，也要笑一笑！”在他的影响带动下，革命乐观主义精神成为连队官兵战胜困难的重要支柱。

1951年3月，李狄三的病情已经到了后期，但他还在为连队操劳着。他的高原浮肿已经到了腰部，裹腿深深勒进了肉里，和泛出的黄水渗泡在一起，解都解不开。

此时的他躺在炕上已无法靠自己的力量支撑起来了。党支部决定把最后一支盘尼西林（青霉素）给他使用。他有气无力地恳求道：“同志们不要这样逼我，大家的心意我领了。我的病自己清楚，别浪费药了，就这一支盘尼西林了，留下，留给最需要的同志。”

大家实在忍不住了，就说这是党的决议，要他执行。他双眼闪着泪花，激动地说：“正因为如此，我才恳求同志们不要形成决议，临死了就别让我李狄三背着个不执行党的决议的名声了。”

他最终没有使用这支珍贵的盘尼西林。不是他不爱惜自己的生命，是因为他懂得把生的希望留给别人、把死的危险留给自己的人才是永生的战士。

5月28日，李狄三听到后续部队已经到来的消息，脸上露出了宽慰的笑容，永远闭上了双眼。在这片圣洁的雪域高原，他践行了“就是死，我也会笑着去死”的诺言。

吕有库
英勇的机枪班长

在浙江海门的一座小山上，桃花开了，杏花开了，还有一些不知名的小花也从岩石缝里钻了出来，迎着风儿轻轻摇摆，似乎是向安息在此的烈士致敬。山坡上立着一座坟墓，墓碑上刻着“中国人民解放军第180团2营机枪连班长，中国共产党正式党员，一江山岛战斗中光荣牺牲，一等功臣吕有库同志之墓”。时光流逝，墓碑上的字依然闪耀夺目。

向一江山岛破浪前进

1955年1月18日，我陆、海、空三军联合作战，解放一江山岛的战斗打响了。

海面上，一艘艘登陆艇雄壮整齐，蓄势待发。28号登陆艇上，重机枪班班长吕有库紧张有序地安排任务。

这位来自黑龙江的壮小伙，黑里透红，一对大眼睛时刻紧盯前方，显得十分精神。他于1950年入伍，在抗美援朝战争中荣立战功，1953年回国后，随部队驻防浙江海防前线。几年的战争磨砺，吕有库已经成长为一名优秀的重机枪手，并当上了重机枪一班的班长。在紧张的海上大练兵中，凡是重机枪射击，他老是打优秀，因此战友们班长也不叫了，干脆叫他“老优秀”。

这次战斗，重机枪班配属在突击排。一上登陆艇，突击排长邵洪发就严肃地向全排扫了一眼，干脆而有力地说：“同志们，我们排是全营的突击排，任务是突破‘胜利坡’的滩头登陆点，给后续部队开辟道路。”接着，又特别强调地交代了重机枪班的战斗任务。

这时，全排所有同志的眼睛都注视着重机枪班，好像在说：“能不能成功登陆，全靠你们这挺重机枪了。”

吕有库深深知道肩上的担子有多重啊！在战斗中，只要重机枪一出毛病，战友们就要流血，就要有人付出宝贵的生命。他慷慨激昂地向大家说：“只要有我们在，敌人就别想打出枪来。放心吧，同志们！”

接受任务后，吕有库把班里的同志分成3组，自己和新战士蔡永德担任第一组射击，把其他同志都安排在舱里休息。

任务分配完毕，刚把重机枪架在驾驶台旁，指挥舰上就传来了军号声。激扬的号声，打破了港湾的沉静，也催发着每个战士的心。马达轰鸣，舰艇飞速地驶出港湾，向一江山岛破浪前进！

全力压制敌人火力

吕有库所在的28号登陆艇冲在最前面，在距敌滩头还有大约1800米时，在胜利坡上有个地堡向登陆艇射击，子弹打在登陆艇两侧的海水里，溅起一片片水花。狡猾的敌人在半山腰掏了个洞，地堡修在里面，十分隐蔽，飞机大炮都难轰到。它居高临下向我登陆艇射击，对我登陆部队威胁很大。

“一定要干掉它！”吕有库暗暗下定决心。

在距滩头登陆点还有700米的时候，他把表尺定好，对准地堡，猛地扣动扳机。“嗒——嗒——嗒——”重机枪怒吼起来，子弹如雨点一般打在地堡上，枪眼两旁冒起阵阵灰烟。敌人的机枪一下子哑了——敌堡的火力给压制住了！

吕有库顶着枪托，两手握得紧紧的，身体随着枪声微微地颤动着，一刻不停地射击，死死地封锁住敌堡的枪眼。

突然，在右侧出现了一个新的火力点，向登陆艇疯狂射击。一串串子弹打在艇身上，“啪啪”地响。

这时候，突然打过来一颗子弹，弹头穿过副射手蔡永德的身体，钻进了吕有库的肩膀。蔡永德伤得很重，倒下了。吕有库只觉得肩膀一热，也顾不得看，赶快腾出一只手来托住弹带，继续射击。

机枪每震动一下，吕有库的右肩就涌出一股鲜血……

带伤坚持战斗

二组射手方金宝一看副射手倒下了，班长肩膀上也挂了花，跳上来想换班长，但吕有库的手死死抓住枪把不肯松开。

方金宝一下子明白了——这时登陆艇已迫近滩头，换人就意味着间断射击，只要机枪射击停止1秒钟，敌人的火力就会迅速压倒我们，就会有更多的同志付出鲜血和生命！

战场上的默契，源自平时的磨合与了解。方金宝二话没说，接过班长手中的子弹带，协助班长继续射击。

步兵已经在做登陆准备了，登陆艇的铁门已经放下。就在这紧要关头，突然从左面又出现了一个暗堡火力点，对准铁门疯狂扫射，子弹打在艇身上“啪啪”作响。准备登陆的战士们被这突如其来的袭击弄得抬不起头来。

吕有库见状，赶紧掉转枪头，对准这个新火力点狠狠地扣动扳机。敌人的火力很快被压制住了，战友们欢呼：“打得好！打得好！”

正打着，北面敌人的侧射火力突然射过来一排子弹。吕有库只觉得身子一摇晃，肚子像被什么东西撞了一下，热乎乎的。他的手不自觉地停了一下，知道肚子又被子弹击中了。可是，在这紧要关头，要是机枪一停，战友们就要遭受到敌人火力的杀伤。于是，他赶紧用右手摁住伤口，左手仍然紧紧扣住扳机。

枪身剧烈地跳动着，鲜血从手指缝里不断往外冒，豆大的汗珠不住地从头上滚落……吕有库就这样忍受着肉体上难以忍受的痛苦，坚持在战位上。

船靠岸了，登陆步兵像潮水一样涌上滩头。吕有库的枪一直封锁着正面之敌的火力。就在步兵扑上滩头的一刹那，吕有库的脸色渐渐发白，他打完了最后一颗子弹，也流完了身上最后一滴鲜血。

军医赶到，抚着他的遗体沉痛地说：“吕有库同志小腹上那个伤口很大，在右肩膀上还中了4颗子弹……负这么重的伤还能继续坚持战斗10多分钟，这是什么样的一个人啊……”

安业民

海防线上的钢筋铁骨

这是一片被战火炙烤过的土地，当年炮火激战的场面被永久地定格：钢筋水泥浇筑的工事弹痕累累，手指粗的钢筋被炮火烧裂凝固，纵横交错的坑道犹如迷宫。如今，人去坑道空，但“钢铁阵地”四个大字却熠熠生辉。这里，就是安业民烈士战斗过的地方。

“我要永远战斗在海岸上！”

1958年8月23日下午，福建厦门前线，晴空万里，海天一色。炎炎烈日下，蝉叫声伴随着海浪拍岸的“哗哗”声，搅得人心里分外焦躁。此时，昂首挺立的重炮早已瞄准了金门岛，炮弹推上了炮膛。阵地上，指战员们已经待命3个多小时了，命令还是没有来。

安业民和战友们一样，心里别提多焦急了。

安业民是旅顺口海军的一名战士，由于战备需要，所在海岸炮连调防到福建前线。从北国到南方，战斗在前线，安业民心里激动万分，他在日记中写道：“我要永远战斗在海岸上，它是我生死不可分离的土地。”

17时30分，3颗红色信号弹升上了天空，炮击金门终于开始了！

万炮齐鸣，炮弹如狂风暴雨般倾泻在金门蒋军阵地码头上，形成一片火海和烟雾。我军集中火力打击停靠在料罗湾码头的“中字”号军舰，有3发炮弹分别命中甲板、舰身和指挥台，敌舰顿时起火，呆若木鸡地停在海面上，一动也不能动。

“敌舰起火了！敌舰起火了！”我军阵地上一片欢呼声。安业民同战友们兴奋地跳了起来。

“嗵！嗵！”火炮继续施展威力，这群最前沿的海岸炮就像一把把利剑，直刺金门岛料罗湾，成了敌人最致命的威胁。

“必须坚决保住火炮！”

正当大家全神贯注战斗时，突然，炮长尹大安高声命令：“快！停止射击！赶紧散开！”原来，火炮右后方存放的药包被敌军炮弹的弹片打着了，阵地上顿时燃起了熊熊大火，火舌迅速蹿上了炮位。

“安业民！快离开炮位！”尹大安再次高声喊道。

安业民转过头，看到了炮位左侧的数百颗弹头，一旦火舌侵蚀到这边引发爆炸，后果不堪设想。

“不！我不能走！必须坚决保住火炮！”安业民顾不得躲闪直扑而来的火焰，双手飞速地转动着方向盘。

大火，像狂怒的海浪卷上了护板，扑上了炮身，将他包围，将他吞没。然而，安业民岿然不动，直到把炮身转至安全隐蔽的地方，他才冲出炮位。

这时，安业民已经成了一个火人，就地翻滚、扑打后，火虽熄灭，但周身已大部烧成重伤。眉毛、头发被烧焦，双肘不停地滴着血水，几乎化为灰烬的海魂衫同发黑流血的皮肉粘在一起，发出刺鼻的气味。

突然，他觉得天旋地转，剧疼难忍，顿时昏了过去……

“我能完成任务！”

这时，敌人仍在发炮，烟尘蔽空，弹片呼啸。

“同志们！继续战斗！狠狠地打！敌人打我们一炮，我们就还他十炮！”尹炮长再次发出了战斗命令。

苏醒过来的安业民听到命令，猛然吼叫着跳了起来，不顾一切地冲破战友们的阻拦，光着烧伤的身子，抢先坐在了自己的炮位上。

安业民要继续战斗！他更加迅速坚定地踩着发火板，向敌人的阵地发射出一发又一发仇恨的炮弹！

“安业民，你下去，让我来！”副炮长杜宝龙冒着炮火跑过来替换他。

安业民头也不回，坚定地说：“我能完成任务！”

只见他红肿的双眼一眨也不眨地紧盯住瞄准器指针，腰杆笔直地挺着，两只烧黑了的胳膊紧紧地粘在方向盘上，双脚坚定地踩着发火板，血水顺着大腿往下流，将发火板染成红色。这时候的安业民，就像一尊经烈火锻造的金刚，显现出超凡脱俗的气场，即使山崩地裂，也不能叫他低头！

10分钟、20分钟、30分钟过去了，全身重伤的安业民坚持了40分钟，直到敌炮彻底哑了。再度昏迷的他当然不知道，三度烧伤面积高达70%而能坚持战斗40分钟，这创造了战争史上一项新的纪录。

“火炮已经擦好，请检查！”

战斗结束后，安业民从连包扎所转送到陆战医院救治。

几天后，医生向部队领导介绍了医治情况：“在换药时，他疼痛得身体抽搐着，咬着牙忍着不吭一声。我们救治过许多伤病员，从未见过像他这样的钢铁意志，用惊人的毅力与痛苦和生死搏斗……”说着说着，医生也哽咽了。

为了把英雄从死亡线上挽救回来，医院想尽一切办法，医生、护士昼夜治疗护理，利用一切器材和药品，尽了最大的努力，但安业民终因伤势过重，献出了年仅21岁的生命。

在离开人世前，他喃喃地说着什么，两眼闪着微光，护士把耳朵贴近了他的嘴唇，才听到他在说：“报告炮长，火炮已经擦好，请检查！”

他一遍又一遍地说着，似乎在等待着回答。

“安业民同志，火炮擦得很好，现在可以休息了。”听着护士的回答，他带着一丝微笑，安详地闭上了眼睛。

安业民的壮烈行为和顽强精神，极大地激励着前线官兵继续战斗。战友们高呼为安业民烈士报仇，用猛烈的炮火痛击敌人。

杜凤瑞

血洒长空的“飞龙”

在空军航空兵某师的师部广场，矗立着一座高达5米的英雄塑像。细细打量，“杜凤瑞”身穿飞行服、手提飞行包，正迈步走向战场，昂首挺胸，目光如炬。从目不识丁的放牛娃成长为搏击长空的飞行员，他在激烈的空战中血洒长空，留下的英名响彻云霄。

临战腾空而起

1958年10月10日，为了给退踞孤岛的残兵败将打打气，蒋介石以庆祝所谓“双十节”的名义，频繁出动飞机于台海地区上空，并不断窜入福建沿海地区骚扰捣乱。

上午7时，我空军福建某机场的指挥所里，传来了前沿雷达站的紧急报告：“敌机6架，正在向福建、龙田方向飞来。”

早已严阵以待的空军指挥员当即下令拦截敌机，绝不让敌人的企图得逞。

“砰！砰！”两颗红色信号弹腾空而起，塔台指挥员发出命令：“升空！”

8架战鹰呼啸着从跑道上升起，编队向战区疾飞。年轻的飞行员杜凤瑞驾驶着一架米格17型飞机，飞行在编队的左翼。

杜凤瑞，1933年出生于河南方城，家境十分贫寒。1948年，家乡解放，年仅15岁的杜凤瑞毅然参加了解放军，在血与火的战场上逐渐成长为一名优秀的战士。1952年，身体条件出众的杜凤瑞被选调为飞行学员。由于儿时家境贫寒，他没上过一天学，对数理化方面的知识一窍不通。在困难面前，杜凤瑞没有退缩，他以坚强的毅力，攻下了高深的航空理论和复杂的飞行驾驶课目，以优异的成绩从航校毕业，成为一名智勇双全的飞行员。

今天，杜凤瑞是第一次参战，能和战友们一起紧急出动，保卫祖国的蓝天不受侵犯，心情十分激动。他紧紧地把握住操纵杆，警惕地注视着茫茫长空。

空中搏击“拼刺刀”

解放军机群升空迎战，按照命令：二中队爬高，引诱敌机；杜凤瑞所在的一中队保持原高度隐蔽飞行，准备截断敌机退路。

二中队进入拉烟层，高空中出现4条乳白色的烟带，这是诱敌上钩的烟幕。果然，敌机误认为解放军飞机只有4架，就凶猛地向二中队扑来。二中队按照预定方案，猛然调转机头，像一把钢刀把敌机群一劈两半。敌机乱了队形，急速下滑，企图仓皇逃命。隐蔽飞行的一中队猛然冲击，截住了敌机。

此时，杜凤瑞驾驶着4号僚机，紧随3号长机之后，机警地护卫着长机的安全。

在平时的训练中，杜凤瑞就注重从实战出发，与战友们地面一块练、空中一块飞，摸特点、找规律，被誉为“铁杆僚机”。

然而，战场情况瞬息万变。正当3号长机向一架敌机攻击时，另3架敌机突然从后面冲来，妄图偷袭长机。

情况万分危急！杜凤瑞一面紧急报告：“3号，注意后面，敌人向你开炮了!”一面猛推舵杆，向敌机扑去。在他的勇猛冲击下，3号长机脱离了险境，而杜凤瑞却陷入了4架蒋机的包围之中。

面对4倍于己之敌，杜凤瑞毫无畏惧，摆开空中“拼刺刀”的架势，沉着应战。在高速的对抗中，杜凤瑞熟练地操纵着战鹰，以待时机。终于，光环套住了一架敌机，他迅速按动炮钮，“嗖——”地射出一串炮弹。敌机立刻中弹起火，翻滚下坠。

旗开得胜！对于一名飞行员来说，这是无比骄傲和自豪的。

雄鹰折翅战犹酣

打下一架敌机后，杜凤瑞决心乘胜追击，一把拉起操纵杆，准备爬高继续向敌机攻击。突然，另一架敌机从后面钻出来，向他开炮。他只觉得机身剧烈地抖动了几下，一股冷气从座舱盖裂缝中钻了进来，飞机中弹了！

杜凤瑞异常冷静，他猛收油门，来了个“空中刹车”。紧跟其后的敌机没有料到这一手，一下子冲到了前面。杜凤瑞顶了顶杆，战鹰一头猛扎下去，死死盯住对方。杜凤瑞正要按动炮钮，敌机机身一侧，躲开了致命的一击。

杜凤瑞驾驶着战鹰，死缠住对方不放。他熟练地打开加速器，猛力推杆，寸步不离地追击敌人。600米、400米、300米，敌机在瞄准镜中的投影越来越大、越来越清晰，杜凤瑞恨压心头、喜上眉梢道：“好小子，你跑不了了！”他狠狠地按下炮钮。

“咚——咚——咚——”，一阵急速的连发，打得敌机凌空爆炸。

梅开二度！又一架敌机在他眼前迸裂成无数碎片，消失在浩瀚的蓝天里。

当他准备继续寻找新的目标时，突然发现拉杆和舵却已不听使唤了。受伤的战鹰完全失去了控制，急剧盘旋下坠。万不得已之际，杜凤瑞恋恋不舍地按动了跳伞电钮。他刚被弹离座舱，飞机就在空中爆炸了。

天风如涛，云海茫茫，他觉得苍茫宇宙间仿佛只剩下自己。往下飘落、飘落。1500米、1000米、800米……眼看距地面只有几百米了，再有几分钟，杜凤瑞就要重返祖国大地的怀抱，与战友和亲人们团聚了。

就在这时，一架敌机从上面俯冲下来，对准手持伞绳在空中飘荡的杜凤瑞，射出了罪恶的炮弹……

杜凤瑞牺牲了，他的英名永垂千古！

为了继承发扬他的革命英雄主义精神，1964年国防部将杜凤瑞生前所在的飞行中队命名为“杜凤瑞中队”。

罗光燮

舍身滚雷的英雄

人间四月，细雨纷飞。每年的这个时节，人们都会因为悼念逝去的亲人而心生悲思。新疆军区某部工兵营的战友们也在“祭奠滚雷英雄，争做英雄传人”的活动中，一起感怀先烈罗光燮的壮举。

冲锋路上的“拦路虎”

1962年，中印边境自卫反击战打响。此时，已经有2年军龄的罗光燮正在边防部队某部工兵连服役，随部队开拔到了前线。

此前，印军玩弄伎俩，不断蚕食我边境领土，将其27号据点修在中国境内的5100高地上。这里地势险要，易守难攻，居高临下，视野开阔，由此向东可俯视中国境内纵深10多千米。驻守在此的印军，不仅在高地上修了大大小小30多个地堡和半地下室，配备了强大的火力，还在阵地前沿的山坡上设置了纵深达600米的雷场。

5100高地，成为我军向前冲锋的一只“拦路虎”，必须尽快拿下！

11月18日8时57分，进攻5100高地的战斗打响了。

战斗一开始，接到冲锋命令的边防某部步兵连尖刀班的战士们，似离弦之箭般冲向敌军阵地，却被敌阵地前沿雷区的地雷挡住，几名战士被引爆的地雷炸得非死即伤。

这时，5100高地上的轻重机枪又猛地响了起来，封锁了雷场边缘。高地东南侧下方山谷中，印军的坦克和火炮也开始向中国境内各高地前沿实施拦阻射击。

我军部队暴露在光秃秃的寸草不生的山坡上，情况万分危急！

用生命开辟前进通道

“工兵！工兵！”连长曹富荣急了，扯开嗓子大叫起来，“快把地雷排掉！”

连长的话音刚落，工兵排副排长应声而出，带着3班几名战士冲进了雷场。“轰”的一声，副排长刚走出不远，就被一颗地雷炸伤，几名战士也相继在雷场中阵亡。

2班，上！

2班战士罗光燮接到命令，弯着腰冲进雷场，目光炯炯，直视前方，双手紧握着爆破筒。他的那双手在此前的战斗中，因在严寒中长时间紧握冰凉的爆破筒，被活生生地揭掉了一大块肉，落得个二度冻伤。但是，这丝毫没有影响他的战斗热情。

他左突右闪，向前猛冲10多米，闯过了两道火力封锁线。正当他准备用爆破筒引爆前方地雷时，只听“轰”的一声，脚下白雪覆盖的一颗苏制防步兵压发雷响了……

时光好似瞬间凝结，罗光燮忍着剧痛撑起身子一看，只见左腿下方血肉模糊，左脚掌连着大头鞋被炸飞到几米开外，身后背着的56式半自动步枪被炸得七零八碎，爆破筒也滚落到右边的悬崖下。

战友们看到罗光燮身负重伤，正要冲过来救援。这时，却见罗光燮转过头来，艰难地举起一只手臂，嘴里似乎喊了几声，然后又把伤残的身躯扑在地上。

战友们看到了这样一幕：罗光燮拖着流血的身体在地上爬行，不是向后方，而是向雷场纵深！

冰冷的雪地上，留下一条被鲜血染红的印迹，格外耀眼。

“轰——”，几秒钟后，又一颗地雷炸响了。这次，罗光燮的左臂又被抛到几米以外。

当他再次苏醒的时候，又回过头来看了看正向他扑过来的战友，示意告别，然后又横过身体，用右手硬撑着，使身躯沿着山坡向雷场深处滚去。

“轰！轰！轰！”随着一连串地雷的爆炸声，罗光燮残缺不全的躯体消失在一片红光黑烟之中。在他的身后，出现了一条用生命开辟的通道。

永远的丰碑

“皑皑白雪盖边疆，自卫雄兵反敌狂。遍地埋雷侵我土，轰轰烈烈炸排光。”罗光燮的生命定格在21岁，他用生命抒写了卫边勇士的忠诚，诠释了排雷英雄的壮举。

为表彰他的英雄壮举，战后，所在部队党委为他追记一等功，并根据其生前志愿追认他为中国共产党党员。1963年3月9日，中华人民共和国国防部追授他“战斗英雄”荣誉称号。

为有牺牲多壮志，敢叫雷场变坦途。那场战争的硝烟已经散去半个多世纪，我们的耳畔常常会响起罗光燮滚雷时的爆炸声。透过硝烟，我们依然能看到英雄奋不顾身扑向雷区的高大形象，感受到英雄对胜利的极度渴望。

八一

雷锋
助人为乐的时代榜样

1963年初春的一个早晨，毛泽东早早醒来，在书桌前缓缓坐下，挥笔写下“向雷锋同志学习”7个遒劲的大字。从那时起，“雷锋”这个名字就深深地刻印在亿万人民心中。这个仅仅走过22年的生命，只是一名普通的士兵，却穿越时空、跨越国界，成为引领社会风尚的精神标杆，成为经久不衰的精神丰碑，这不仅在中国历史上，就是在全世界也是绝无仅有的。

从“苦孩子”到“好战士”

雷锋，1940年出生于湖南省望城县一户贫苦农民家里。年幼时，他的父母和哥哥相继悲惨地死去。在六叔公和六叔奶的拉扯下，雷锋艰难地活了下来。

1949年8月，家乡解放，雷锋从此开始了新的生活。他先后上了学，担任过儿童团大队长和少先队中队委员，加入了新民主主义青年团，工作后被评为县委机关工作模范、先进工作者、红旗手。

1959年冬，雷锋向组织递交申请书，表达了积极要求参军的坚定决心。1960年1月，雷锋如愿成为一名光荣的人民解放军战士，编入驻辽宁省营口市工程兵某部运输连4班。

“人的生命是有限的，可是，为人民服务是无限的，我要把有限的生命投入到无限的为人民服务之中去。”这是雷锋崇高的愿望。入伍之后，雷锋时时刻刻都实践着自己的理想，只要对人民有利的事，他都心甘情愿地去做。在不满3年的军旅生涯中，他荣立二等功1次、三等功3次，被评为“节约标兵”和“模范共青团员”。1960年11月入党，并被选为抚顺市人民代表。

随着荣誉的增多，雷锋的名气也逐渐增大。对于自己为什么能够取得进步，雷锋心里十分清楚，他根据自己的经历，写了《我是怎样从一个苦孩子成长为毛主席的好战士的》，表达了自己真挚而朴素的感情。

“雷锋出差一千里，好事做了一火车”

从1961年开始，雷锋经常应邀去外地作报告。他走到哪里，就把好事做到哪里，以至于流传着这样一句话：“雷锋出差一千里，好事做了一火车。”

一天，雷锋坐上了从抚顺开往沈阳的火车。他看到坐车的人很多，就把座位让给了一位老人。他看到列车员忙不过来，就主动帮着扫地、擦玻璃、倒开水，帮助下车的旅客拿东西，忙个不停。有人劝他，说：“看把你累的，都满头大汗了，快歇歇吧！”可他却说：“我不累。”

在沈阳换车的时候，一出站口，雷锋看见一群人围着一个背着小孩的中年妇女。原来这名妇女从山东去吉林看丈夫，一不小心把车票和钱弄丢了。雷锋连忙用自己的津贴费买了一张去吉林的火车票塞到大嫂手里。大嫂感动得热泪盈眶，问道:“大兄弟，你叫什么名字？是哪个单位的？”雷锋笑了笑，心想：大嫂还想还我钱呢。就不在意地说：“大嫂，别问了，我叫解放军，家就住在中国！”

又有一次，雷锋从丹东作报告回来，还是在沈阳换车。过地下通道时，他看见一位白发苍苍的老大娘拄着拐棍，还背着个大包袱，很吃力地一步步地迈着。雷锋便走上前问道：“大娘，您到哪儿去？”老人上气不接下气地说：“俺从关内来，到抚顺去看儿子。”雷锋一听是和自己同路，就把大包袱接过来，用手扶着老人说：“走，大娘，我送您到抚顺。”

上了车，雷锋给大娘找了座位，又陪她唠开了家常。老人说，她儿子是工人，出来好几年了。她是第一次来，还不知道儿子住在什么地方哩！说着，掏出一封信，雷锋接过一看，上面的地址他也不知道。老大娘急切地问雷锋："孩子，你知道这地方吗?"雷锋虽然不知道地址，但雷锋知道老人找儿子的急切心情，就说："大娘，放心吧，我一定带您找到您儿子。"车到了抚顺，雷锋背起包袱，搀扶着老大娘，东打听、西打听，找了2个多小时，终于找到了老人的儿子。母子一见面，老大娘就对儿子说："多亏了这位解放军，要不然，还找不到你呢！"母子一再感谢雷锋。雷锋却说："谢什么啊? 这是我应该做的。"

雷锋之所以坚持做好事，是因为他坚信："为人民服务是我应尽的义务。"

"我甘心愿意做这样的傻子"

1960年8月，驻地抚顺发洪水，运输连接到了抗洪抢险的命令，雷锋强忍着刚刚参加救火被烧伤了手的疼痛，又和战友们在上寺水库大坝连续奋战了七天七夜，把手指甲都弄破了。

望花区召开了大生产号召动员大会，声势很大，雷锋上街办事正好看到这个场面。他取出在工厂和部队攒的200元钱，跑到望花区和平人民公社党委办公室，表示要捐献出来，为建设祖国做点贡献。接待他的同志实在无法拒绝他的这份情谊，只好收下一半。

不久之后，辽阳地区遭到了百年不遇的水灾。雷锋在报纸上得知这一消息后，急得直叹气，心想："我这个人民战士，此刻能为灾区人民做点什么呢? "他想到自己还有公社退回来的那100元钱，便连忙写了封慰问信，顶着大雨，立刻跑到邮局，把100元钱和信一起寄到辽阳去了。

他在日记上写道："有些人说我是傻子，是不对的。我要做一个有利于人民、有利于国家的人。如果说这是傻子，那我甘心愿意做这样的傻子，革命需要这样的傻子，建设也需要这样的傻子。"

1962年8月15日，雷锋与战友乔安山准备前去洗车。雷锋下车指挥倒车，不料车轮打滑，碰倒了一根电线杆，打到了雷锋左太阳穴上，雷锋当即昏死过去，经抢救无效，不幸逝世，年仅22岁。

与人民军队历史上许多英雄轰轰烈烈的事迹相比，雷锋的故事也许显得平凡，件件都是小事。然而，正是这些小事的不断积累，才真正成就了伟大的雷锋精神。

谢臣
勇斗洪魔的“爱民模范”

谢臣是谁？掀开尘封的历史，这位雷锋的同龄人带着清澈的笑容和眼神向我们走来。他与雷锋同为1940年出生、1960年入伍，同样艰苦朴素、助人为乐、爱民奉献……在抗洪抢险的搏斗中，为了抢救一位小女孩，谢臣献出了自己年轻的生命。国防部追授其“爱民模范”称号，这也是新中国成立以来全军授予的第一个“爱民模范”。

紧急组织村民转移

1963年8月上旬，冀西地区的大像突然被捅了个大洞，倾盆暴雨一连下了6天5夜。易县东高士庄南界河水位猛涨，洪魔张牙舞爪地咆哮而来，严重威胁老百姓的生命和财产安全。

正在附近执行任务的解放军某部，奉命立即投入抗洪抢险战斗中。情况万分紧急，面对不断暴涨的河水，他们必须马上把全村老百姓转移到北山上的安全地带。

茫茫的暴雨中，炮兵连战士谢臣和战友们紧张地忙碌着。他一会儿跑到羊倌家，把2群羊和3头毛驴轰上了山；一会儿跑回村里，与战友们一起，把3位大娘背上山。

谢臣刚松了口气，准备坐下来歇歇，一位老乡冲着他一边跑一边喊道：“解放军同志，快去救救队长家吧，他们家里正着急呢！”

原来，生产队的陈队长正忙着组织社员转移，哪顾得上自己的家。陈大嫂收拾好东西，正守着孩子们发愁哩。

谢臣听说后，一骨碌从地上站了起来，跟着那位老乡，三步并作两步来到了队长家。“快！大嫂，和我一起走。”谢臣一边上气不接下气地喊着、一边背上包袱，拉上2个孩子，和大嫂一起向山梁上爬去。他们深一脚浅一脚地爬到了山上的一块大石头旁，谢臣说：“你们在这儿别动，我马上回来！”说着又钻进雨幕之中。不久，谢臣找来了席子和木棍，给大嫂和孩子搭了个窝棚，钻进去试了试，还漏雨，便又找来一块雨布搭上。

雨还在不停地下，风还在不停地吼，山坡上冷风嗖嗖的。谢臣看到村民们穿着湿衣服冷得发抖，决定再回村里找些挡风遮雨的东西来。

这时，谢臣已经空着肚子在大雨中战斗大半天了。

与洪魔殊死搏斗

谢臣刚回到村里，就听到有人在喊：“山洪来了，快跑啊！”

这时，谢臣离山坡不过几步远，一迈腿就可以安全上山，但他听说还有几户村民没来得及上山，又急忙向村里跑去。

然而，就在这时，巨大的山洪像脱缰的野马，呼啸着从他背后猛扑过来，一个浪头把他卷进了激流之中。过了好一会儿，谢臣才浮出了水面。他向四周望了望，看到有位姑娘在洪水里忽隐忽现，拼命挣扎。仔细一看，原来是村民王济荣的女儿王莲子。谢臣毫不犹豫地向王莲子游去，一手抓住她的衣服，一手用力地划水，奋力地向岸边游去。好不容易游到了岸边，一个漩涡又把他们卷入了激流。

谢臣在洪水巨浪中艰难地搏击着，终于又一次游到了岸边，可是水急、坡陡，拉着一个人很难上岸。他只好双手托住王莲子的后腰，使尽全身力气，借着浪头的冲力，把王莲子用力一推。莲子上岸了，可谢臣却被反冲力又卷入激流中。

经过几度浮沉，谢臣被冲到了水势比较平缓的地方，再游不远就可以脱险了。这时，他隐隐约约听到身后有人呼救，扭头一看，一个小姑娘正在洪水中拼命挣扎。已经筋疲力尽的谢臣还是使出最后的力气，挥开双臂，向小姑娘游去。这时，一排无情的巨浪向他狠狠地压了过来……

洪水中，再也看不到谢臣的身影。

一面永不褪色的爱民旗帜

谢臣曾对战友说过这样的话：“在任何情况下，都要把人民的利益放在前头，只要有我们在，就不能让人民遭受损失！”面对洪魔的肆虐，他用实际行动和宝贵生命实践了热爱人民的铮铮誓言。

谢臣用生命谱写了一曲爱民壮歌。1964年1月22日，国防部授予谢臣烈士“爱民模范”荣誉称号，同时命名他生前所在班为“谢臣班”。

谢臣的感人事迹，激励着后来的战友。

每年新兵入伍，谢臣连队的新战友们上的第一节课是参观谢臣荣誉室，唱的第一首歌是《向谢臣同志学习》，读的第一本课外书是《谢臣精神代代传》，参加的第一次社会活动是“学谢臣便民服务”。谢臣全心全意为人民服务的精神，如春雨润物无声，已深入全连官兵的心中，成为大家立身做人的楷模。

在谢臣精神的激励下，连队一茬又一茬官兵始终以助民爱民为己任，被驻地群众称为一面永不褪色的旗帜。

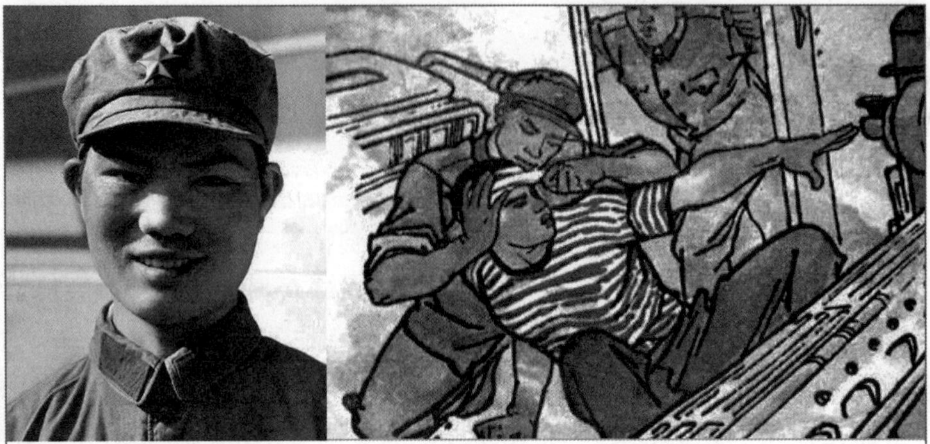

麦贤得

浴血战位的“钢铁战士”

一个名字，勾起了一个时代的回忆。上世纪60年代，麦贤得的英雄事迹广泛流传，《钢铁战士麦贤得》被编入小学课本，一幅塑造麦贤得头缠绷带、身穿海魂衫、坚持战斗的宣传画在亿万人民心中打上了深深的烙印。如今，那名坚强的水兵战士，从宣传画上、从记忆深处缓缓走来。

勤学苦练砺精兵

麦贤得生于1945年12月，广东省饶平县人，祖父、父亲均系船民。解放前，祖父饿死，伯父被恶霸活埋，父亲曾遭日本海军烧船、毒打，苦大仇深。

1964年3月，世代以海为生的麦贤得光荣入伍，成为一名人民海军战士。新兵训练结束后，他被分配到611艇当轮机兵。

轮机兵是个技术兵种，专业要求很高，对于初中文化底子都不到的麦贤得来说，无疑是个巨大的挑战。但是麦贤得在困难面前不低头、不服输。为了钻研电机专业，他不知放弃了多少个午睡、节假日，经常一个人躲在山顶上，拼命地记呀、背呀。面对生疏的术语、复杂的原理、无尽的数据，他不弄懂绝不罢休。

在军事训练中，他同样严格要求自己。老战士都有一项在无照明条件下转油柜的训练，这项训练对新战士不作要求。但麦贤得却坚决要求参加。老同志在练，他就跟着看、用心学，他还经常请老同志出难题考考自己，练就了一套娴熟的本领。

由于表现突出，他在入伍当年便加入了中国共产主义青年团，1965年加入中国共产党。

重伤不下火线

1965年8月6日凌晨，麦贤得所在的611艇和兄弟舰艇一起警惕地巡逻在海面，担任护渔任务。这时，台湾国民党军“剑门”号和“章江”号闯进了东山岛附近的渔场。水兵们怒火万丈。随着指挥员下达作战命令，麦贤得拉动操纵杆，炮艇昂首破浪向前冲去。战斗中，敌舰“章江”号燃起了熊熊烈火。

突然，一块弹片打进麦贤得的右前额，插到左侧靠近太阳穴的额叶里。他顿时失去知觉，跌倒在机舱里。此时其他轮机兵也都已经负伤，而611号艇开始下沉。炮声震醒了麦贤得，他像百变金刚一样，从被击倒的地方缓缓站了起来，向发动机的地方爬去。这时，额上的鲜血粘住了眼角和睫毛，阻碍了视线。但是，他凭着平时练就的一手“夜老虎”硬功夫，顽强地坚守着战斗岗位。

在剧烈摇摆的机舱里，他穿来绕去，摸索着检查一根根管道、一个个阀门、一颗颗螺丝钉。由于失血过多，麦贤得的动作逐渐有些迟钝，但他的战斗意志却更加坚强。就是在这样的情况下，他居然能在几台机器、几十条管道里，检查出一颗只有手指头大的被震松了的螺丝，并顽强地用扳手把螺丝拧紧，保证了机器的正常运转……就这样，麦贤得忍受剧痛坚持战斗了3个小时，直至战斗胜利。

战斗胜利结束了，麦贤得被送进医院。面对伤痛，他始终如一地保持着顽强不屈的精神。为了使右手能摆脱完全麻痹的状态，他艰难地顺着横杆一格一格地往上爬，即使累得汗珠滚滚，仍然咬着牙坚持锻炼。右手不能写字了，他就坚持用左手写。在他刚一能走动时，就再不让护士为他端屎端尿，宁可扶着墙走，也要自己上厕所。早晨，一听到起床号，就自己穿衣服、叠被子。

麦贤得在战位上以惊人的毅力创造了战斗奇迹，又忍受巨大的伤痛，很快地恢复了肢体功能，创造了医学史上的一个奇迹。

绝不躺在功劳簿上

震惊中外的“八六”海战，创造了我军历史上小艇战胜大舰的成功战绩。轮机兵麦贤得在头部中弹负伤、脑脊液外流的情况下，仍以惊人的顽强毅力坚持战斗的英雄事迹传遍了全国。

全国各地掀起了学习麦贤得的热潮。他的事迹登上了各大报纸的头版头条，并被创作成宣传画、连环画、快板、歌曲、话剧，甚至被编进小学课本。1966年，他被国防部授予“战斗英雄”荣誉称号。

1967年12月3日，是麦贤得终生难忘的一天。那天，他与4000多名海军代表一起，受到了毛主席、周总理等中央首长的接见。随后，毛主席提出要单独接见这个“八六”海战的钢铁战士。

那一刻，当麦贤得走进人民大会堂小会客厅时，神采奕奕的毛主席站了起来，握着麦贤得的手，关切地询问他：“小麦，身体好得多了？”麦贤得热泪盈眶，颤声答道：“好，好，主席好！我好多了！”毛主席又勉励他要用硬骨头精神战胜疾病，养好身体，为人民立新功……

作为一名时代英雄，麦贤得没有躺在功劳簿上享清福，而是立志为人民立新功。

经过精心治疗，麦贤得虽然康复，但头部重伤带来了严重的后遗症，他的智力大大衰退，语言障碍尤其明显。4次脑手术使他失去了很大部分的记忆，他克服种种困难，一边治疗、一边工作，还经常不辞辛苦，应邀到部队讲战斗经历，作革命优良传统教育。

2007年，麦贤得从海军广州某基地副司令员岗位上退休，这位喜欢书法的英雄写下4个大字“精忠报国”，摆放在书桌上。

南京路上好八连

“我军的一面旗帜”

一个连队连着一座城市，一座城市传承着一种精神。习近平主席在一个重要场合明确指出：“‘南京路上好八连’可是我军的一面旗帜啊！”当年，红遍大江南北的话剧《霓虹灯下的哨兵》，就是以“南京路上好八连”官兵为原型，成功地塑造了一个个朴实而又可敬的人物形象，讲述连队用艰苦奋斗精神培育他们转变成长的过程，教育感动了一代又一代人。

跨进特殊的“考场”与“战场”

“南京路上好八连”原是一个极为普通的连队。

1947年8月6日，在山东莱阳城西水头沟小园村，华东军区特务团把招来的几十个胶东农民子弟编在一起，组成了该团的4大队辎重连，不久连队改番号为华东军区警卫旅特务团1营1连。1949年6月进驻上海南京路执勤后，1连被编为3营8连。

自从跨进南京路后，8连便跨进了一个特殊的“考场”。

1949年3月23日上午，新中国成立前夕，党中央从西柏坡动身前往北京。毛主席意味深长地说：“今天是进京赶考的日子。”可以说，全国解放之初，最复杂的“考场”要数上海，而上海最复杂的“考场”当属南京路。

人民解放军开进上海后，国民党布下的反动残余采取“腐蚀拉拢加破坏暗杀”的策略进行抵抗，并四处扬言：上海是个大染缸，你共产党解放军红的进来，不出3个月，就要黑的出去。而南京路是旧上海的一个缩影，素有“十里洋场”之称。这里酒绿灯红、歌柔舞艳，繁华喧闹中弥散着巨大的诱惑、暗藏着一个个陷阱。

这里是特殊的“考场”，也是特殊的“战场”，没有硝烟的“战场”。

全国解放前夕，毛主席就指出：“可能有这样一些共产党人，他们是不曾被拿枪的敌人征服过的，他们在这些敌人面前不愧英雄的称号；但是经不起人们用糖衣裹着的炮弹的攻击，他们在糖弹面前要打败仗。我们必须预防这种情况。”

面对糖衣炮弹的狂轰滥炸，8连官兵在这个特殊的“战场”能不能打赢?

面对酒绿灯红的诱惑考验，8连官兵在这个特殊的“考场”能不能合格?

拒腐蚀，永不沾

8连那些在穷苦中长大、从枪林弹雨中走来的战士们是十分纯朴的。初进南京路时，他们连自来水都不会用，守着抽水马桶还到处找厕所，按一下电灯开关，会被灯泡突然发出的光吓一跳。但时间一长，情况便悄悄发生了变化。有人感慨“南京路上的风都是香的”，有人一次花几块钱到国际饭店去开“洋荤”，个别战士花光津贴费还要借钱逛“大世界”。

面对这些苗头，连队指导员张成志十分警觉。他在党支部会上指出：“南京路是一个没有硝烟的战场，来到这里我们就没有退路了，我们要让全连保持高度的警觉性，绝不能吃败仗！”

他组织全连一遍又一遍地学习领会毛主席在中国共产党七届二中全会上的报告。“务必使同志们继续地保持谦虚、谨慎、不骄、不躁的作风，务必使同志们继续地保持艰苦奋斗的作风。”官兵们觉得报告中的这些话真像是专对他们讲的，大家纷纷表示：一定要遵照毛主席的教导，牢记“两个务必”。

之后，官兵们自制针线包，衣服破了，缝缝补补再穿；用破布麻绳打草鞋穿在脚上，行走在南京路上；扛着铁锹、推着粪车，步行到十几里远的郊区开荒种菜；开展节约一粒米、一滴水、一度电、一块布等竞赛活动。他们豪迈地喊出了这样的口号：“革命战士穿草鞋，香风臭气脚下踩!”

日复一日，年复一年，8连在艰苦奋斗的烈焰中锤炼出了“拒腐蚀，永不沾”的金刚之体。

好八连，天下传

8连的事迹看似普通平凡，没有炮火硝烟，不见刀光剑影。但是，在那个年代，对于糖衣炮弹的抵御，显得意义重大。8连的事迹经报道后，引起了极大关注。1962年底，以8连事迹为内容创作的话剧《霓虹灯下的哨兵》开始公演，立即在军内外引起轰动，8连的影响得到了进一步扩大。1963年4月25日，国防部正式颁布命令，将8连命名为“南京路上好八连”。

1963年7月29日晚，话剧《霓虹灯下的哨兵》在中南海怀仁堂上演。演出结束后，毛主席高兴地走上舞台和编导、演员们一一握手，并对他们说：“是个好戏，很动人，写得好，演得也好，要多给一些人看。”毛主席和剧组人员合影留念后，又说：“话剧是有生命力的，是最能反映现实的。”

《霓虹灯下的哨兵》进一步加深了毛主席对8连的印象，8连的精神与毛主席的所思所想产生了共鸣，在中国共产党、中国人民面临严峻挑战之际，多么需要站稳脚跟、保持本色、不屈不挠、团结一致啊!

1963年“八一”建军节那天凌晨，彻夜未眠的毛泽东挥笔写下了著名的《八连颂》：“好八连，天下传。为什么?意志坚。为人民，几十年。拒腐蚀，永不沾……”

毛泽东一生只作诗赞颂过一个连队，那就是“南京路上好八连”。

半个多世纪过去了，时代在变、环境在变、任务在变、生活条件在变，但8连用艰苦奋斗精神培育官兵的传统从未改变。

八

岳振华

国土防空作战的英雄营长

“挥师转战在江南，时逢湘赣三伏天。酷暑蚊咬何足惧，不灭U-2誓不还。”这是岳振华战斗岁月的真实写照。为了捍卫神圣领空，这位地空导弹营的营长不畏困难，艰苦转战，不畏权威，大胆创新，探索形成了“近快战法”，为祖国高空守住了开启的“天窗”。

首开先河

上世纪50年代，退踞台湾的国民党军在美国的支持怂恿下，经常派高空侦察机深入大陆上空，窃取军事情报。为此，中央军委决定组建地空导弹部队，对其予以坚决打击。原系高射炮团团长的岳振华受命担任导弹第2营营长，率领全营指战员苦练技术，钻研战术，很快掌握了当时绝对称得上高科技含量的先进武器装备的操作技能。

1959年10月，为保卫国庆10周年庆祝活动，刚刚组建不久的3个导弹营勉强在首都南面围了个圈，枕戈待旦、高度戒备。

7日上午10时许，从台湾起飞的一架美制RB-57D高空侦察机，由浙江温岭窜入大陆，向北飞行。上级要求2营做好战斗准备。

敌机凭借高度优势，旁若无人抵近飞行。岳振华钻进指挥车，紧盯雷达显示器上的飞机信号。虽然部队接装学习不足1年，毫无实战经验，但他深知官兵苦训后的状态，信心十足。

车内气氛异常紧张，大家都在等待营长的发射命令。

千钧一发之际，岳振华果断下令：“发射！”

顷刻间，大地撼动，3枚导弹腾空而起，喷着火舌直扑目标，依次在飞机信号处起爆。天空中传来3声爆响，阵地上官兵跳跃着、欢呼着，大家互相祝贺、互相拥抱，军帽顿时飞上了天空。

岳振华心里久久不能平静，他明白这一仗的分量。美、苏、英、法等国早就开始研制生产防空导弹并装备了部队，但谁都没有在实战中使用过。今天，他和战友们一举击落了RB-57D飞机，开创了世界防空史上地空导弹击落敌机的先河，创下了“世界之最”。

我们是用竹竿捅下来的!

1962年1月开始，美国帮助台湾国民党军换装U-2型高空侦察机对我大肆侦察。这种飞机全身漆成黑色，人称“间谍幽灵”，飞行高度达2万米，是当时世界上最先进的侦察机。

U-2侦察机利用其性能优势，闯入大陆上空横行无忌，对我们构成了严重威胁。岳振华又临危受命，带着装备奔赴各地打游击。

9月，2营奉命到江西南昌地区设伏。南昌位置很重要，只要附近有军事调动，敌人的飞机就要出来看看。为配合2营，上级专门组织轰炸机航空兵到南昌附近的机场转场佯动，诱敌上钩。

9月9日早晨，U-2飞机从台湾桃园机场起飞，侵入大陆上空，朝南昌飞来。台湾飞行员十分狡猾，快接近目标时，却忽然兜了个大大的圈子，似乎此行任务与南昌毫无关系。可是到了8点24分，又突然来了个180°大转弯，朝南昌附近的向塘机场直冲过来。

此前，岳振华召集作战会议，根据各种情况分析，判断U-2飞机可能到了鄱阳湖就会拐弯，因此提前做了发射准备。

8点32分，敌机进入火力范围，我方突然打开天线，迅速捕捉到目标，在对方还没有来得及对忽然发出的雷达信号有所反应的前提下，连发3枚导弹。随着一声巨响，U-2坠毁在一片稻田里，大大小小的残骸散落了好几平方千米的范围。

当晚，新华社播发了一条只有43个字的消息——“美制蒋匪帮U-2型高空侦察机一架，于9日上午窜扰至华东地区上空，被中国人民解放军空军部队击落。”

这样一条短短的消息，比起长篇大论来得更加震撼。就在几天前，美国U-2飞机侵入苏联境内，他们只是提了抗议，我们却把它打掉了！

举世震惊之际，有外国记者问外交部长陈毅元帅：中国究竟是用什么神秘武器把U-2打下来的？陈老总一本正经地说：我们是用竹竿捅下来的！

U-2的终结者

中国究竟用什么武器击落了这种传说中的高空幽灵？全世界都在猜测。然而，美国专家大胆推测出飞机一定是被中国地空导弹击落的。于是，他们就在飞机上安装了预警系统。

为了对付更加狡猾的U-2高空侦察机，岳振华带领他的2营采取灵活机动的战术，六进西北、五下江南，行程几十万里，风餐露宿，打一枪换一个地方。

作战经验证明，对付U-2，必须打得近、打得快。从上次的成功实践来看，压近开天线距离还有潜力可挖。岳振华和指挥班子结合几个战例，一次次测算、一遍遍推演，用土办法算出了一个敌机既不易逃脱、我方又不贻误战机的开天线的距离范围——38千米。

然而，38千米开天线，就意味着要蒙上眼完成瞄准前的所有操作动作，这样，射击准备时间只有8秒钟！

只要有一丝希望，就要付出百倍努力。一个字：练！岳振华二话不说，钻进指挥车和操纵员一起，掐着秒表验证数据，一个一个地核实。他带领官兵大胆革新，跳出教令限制，简化指挥口令和操作程序，组织了上百次的模拟演练和实兵合练，终于练就了8秒硬功。

1963年11月1日，江西上饶，岳振华第一次使用“近快战法”击落U-2；半年多后，他再次用这种战法击落了U-2。

几次尝到“近快战法”的厉害，U-2飞机再也不敢侵入大陆上空耀武扬威了。

岳振华因此被称为“U-2终结者”，多次受到毛泽东等党和国家领导人的亲切接见，并被授予“空军战斗英雄”荣誉称号，地空导弹第2营，也被授予“英雄营”荣誉称号。

欧阳海
舍身救列车的英雄

上世纪60年代，有一部家喻户晓的名作《欧阳海之歌》，发行量高达3000万册，仅次于《毛泽东选集》。这是一部描述中国人民解放军著名英模欧阳海烈士生平事迹的长篇纪实小说。欧阳海的光辉事迹，曾经激励过整整一代青年的心，其中闪现的光辉，至今仍然弥足珍贵。

机智灵活的儿童团团长

欧阳海，1940年出生于湖南桂阳县一户贫农家庭。在他刚刚出生的那个大雪纷飞的深夜，父亲因害怕国民党反动军队“二丁抽一”，把大儿子欧阳嵩抓去当兵，就把嗷嗷待哺的欧阳海丢到土地庙。他不忍心又把欧阳海捡回家后，取了个女孩名字，叫欧阳玉蓉，男扮女装。但是，时隔3年，欧阳海的哥哥还是被抓去当了壮丁。8岁时，他家开垦的2亩荒地也被地主强占了，欧阳海便随同父亲，用幼弱的身体砍柴烧炭，分担家庭生活的重担。

1949年冬，桂阳县解放了，解放军来了。欧阳海非常高兴，整天与解放军在一起，帮他们搭棚子、贴标语、找柴火，还为战士们带路，深入到四平山一带的崇山峻岭之中侦察匪情。欧阳海机智灵活，受到了战士们的好评，代理排长周虎山送给他一支木头手枪，让他担任村儿童团团长，将全村的娃娃们组织起来，跑步出操，站岗放哨。

桂阳解放后，村里因陋就简，创办了村小学。欧阳海背上书包，开始了新的生活。他读书认真刻苦，成绩一直优良。由于他有文化，表现好，先后担任过记工员、会计，又被调到砖瓦厂当工人。正当欧阳海在砖瓦厂干得起劲时，金门前线一声炮响，激起了他报名当兵、保家卫国的决心，但由于年龄不到，没有得到组织的批准。

处处争上游的“小老虎”

欧阳海在等待中盼了2年，参军的愿望终于实现了。临出发前，父亲语重心长地说：“小海，家里的事你莫挂记，到了队伍上，可要为我们贫农人家争口气，事事都要干在前头啊!”欧阳海紧握拳头，向父亲保证：“爹，您放心，我一定处处争个上游。”

入伍后，他把全部的热情倾注在练好杀敌本领上。起初，他投弹只投12米。但他不灰心，每天起早贪黑，坚持苦练，连寒冷的冬夜也不放松。为了能在黑夜练习投弹，命中目标，欧阳海把香火绑在教练弹上投。经过苦练，他投弹的成绩上升到了47米，每投必中，弹无虚发，被评为全连的训练标兵。入伍3个月，欧阳海就光荣地加入了中国共产主义青年团。

新兵训练结束后，部队接到了担负工程建设的任务。在伐木时，他虎劲十足，上百斤的木头扛着就跑，崭新的解放鞋磨破了，他光着脚也不歇步。连长心疼地说：“这小兵太虎了，干起活来真不要命。”

伐木完毕，连队又接受了劈山开石的工程任务，打锤成了全连的一大难关。20磅的大锤抡起来，要不偏不歪地砸在钢钎上，劲使小了不起作用，大臂抡锤又很难打准，不少新兵有些胆怯，不敢上阵。为了培养新手，加快工程进展，连部决定组织一次打锤示范表演。欧阳海积极响应，暗暗使劲。他利用休息时间，虚心向老战士学习，仔细揣摩打锤的窍门，很快掌握了“快、准、狠”的打锤技巧和“手、眼、心”的配合要领。在全连的表演赛中，欧阳海连珠炮似地创下了280锤的新纪录，锤锤命中，“弹”无虚发，铿锵有力，闻名全营，营长还亲自给他佩戴了一朵大红花。

由于学习认真、思想进步，他受到了组织的肯定，被送到集训队学习，光荣地加入了中国共产党。入党后，欧阳海更加严格地要求自己，哪里有困难、哪里有危险，就往哪里冲。他曾2次抢救溺水儿童、1次参加灭火并救出一位老人、3次荣立三等功、多次被树为标兵。

千钧一发之际的英雄壮举

1963年11月17日，部队进行野营合练，欧阳海担任收容任务。18日，欧阳海带领7班战士随着炮连刚走到衡山某地的两山峡谷间，远方就传来了列车的鸣笛声。前面部队按照行军纪律，都闪到离铁路约4米远的地方鱼贯前进。欧阳海也连忙关照全班："火车来了，注意安全!"同时，看了看前边炮兵连的马匹，也已靠到山边前进。

可是，当火车呼啸着沿新月形的铁道突然出现时，炮连最后一匹战马受惊了。驭手勒不住野性大发的牲口，被它拖着直往轨道上奔去，当奔至铁路道上时，这匹驮着炮架的战马惊惶地横在铁道上死也不动了。

列车正以每小时30千米的速度向这匹战马冲去，100米、50米、40米……火车司机拉下了紧急制动阀，车轮与铁轨疯狂地嘶叫着，尖锐的摩擦声响彻山谷，如雷霆万钧的惯性力把千吨重的列车继续推向前去，车厢猛烈地晃荡震动，一场灾难眼看就要发生了！

在这千钧一发之际，欧阳海不顾个人安危，以异乎寻常的敏捷，毫不犹豫地冲上铁轨，使尽全力，把惊呆的战马猛往轨道外面推了出去。

列车呼啸而过，安然无恙，而欧阳海却被卷入车底，左腿被压断，身受重伤，倒在血泊中。经多方抢救无效，壮烈牺牲，年仅23岁。

欧阳海用自己的英雄壮举，实践了自己的人生格言："如果需要为共产主义的理想而牺牲，我们每一个人，都应该也可以做到脸不变色心不跳。"

金遗华

舍身为民的烈火金刚

在解放军某部侦察连4班的门上，挂着一方闪亮的牌子：金遗华班。走在这块牌子下，战士们会不自觉地昂起头、挺起胸，更加规范自己的一言一行，他们说："老班长看着我们呢！"他们所说的老班长，是被称为"爱民模范"的朝鲜族烈士金遗华。1964年，他是这个班的班长，为了抢救国家财产和他人生命而壮烈牺牲。

火情就是命令！

1964年3月11日晚，阴冷的西北风刮个不停，吹得树梢、电线发出"呜呜"的响声。侦察连驻地早已亮起了微弱的金黄色的灯光。

在4班宿舍里，战士们整整齐齐地坐在炕沿上，一个个挺胸直腰静听着班长金遗华作野营训练小结。此刻，金遗华身体有些消瘦，两眼尽管不像往常那样炯炯有神，却依然闪现出坚毅、严肃的神情。他一边扫视着摊在桌子上的记录本，一边有条不紊地总结全班训练中的成绩和存在的问题。不大的工夫，只见他脸颊微红，头上冒出虚汗，金遗华正患着重感冒。

"救火！救火！"突然从门外传来了一阵急促的呼声。

金遗华听到喊声，两眼焦急地扫向战友们，大声说道："快！快!"立即拉开房门，带领全班同志跑出宿舍。

几乎在同时，司号员也吹响了紧急集合号。跟着，传出一阵纷沓的脚步声。操场上各班、排马上整理好了队伍。

“病号留下，加强警戒，其余的跟我去!”连长简短地交代了一句，带队跑出营区。

金遗华不顾正患重感冒，跟着救火的行列迅速向火场奔去。

多抢出一点物资，国家就少受一点损失!

火场离营房不到2千米，他们还没跑出营区，已经看到腾起的烈火映红了夜空。原来是牡丹江搪瓷厂的烘烤车间着火了，整个厂区被浓烈的烟雾和腾起的火光笼罩，远处都能听到“噼噼啪啪”的响声。

火场上聚满了救火的群众，有的积极截断火苗，控制火势；有的端盆提桶，用水奋力扑救。先到的部队正在全力抢救车间的化工原料。中间屋火势很大，连长看到那里抢救的人少，就命令连队进去抢救。

“4班跟我来!”金遗华大喊一声，率先冲进火场。

由于这里起火较早，许多产品被烤热了，热浪灼人，浓烟呛得人透不过气来。金遗华眼疾手快，首先抢出一批搪瓷产品。片刻，他又返身冲了进去。这时西北角突然传出“哗啦哗啦”的响声，一大块天花板塌落，浓烟裹着烈火疾速扩散。

金遗华毫不犹豫地抱起一摞被烤热的搪瓷产品，飞步跑了出来。外面的群众见他的眉毛、头发被烧焦了，衣服上燃着火苗，纷纷跑过来接下物资，又帮他将身上的火苗扑灭。金遗华深深地换了口气，转身看到屋里的大批物资即将被熊熊烈火吞噬，心如火灼。

此时此刻，他心里只有一个念头：多抢出一点物资，国家就少受一点损失!

大梁倒塌的一刹那

火情越来越重，但金遗华又奋不顾身地第三次向中屋奔去。

“危险，不要进去!”连长焦虑地喊道。

“解放军同志，危险!”在场的许多群众也担心地连声呼喊。

在喊声中，金遗华等几名战士已冲进了火海。屋内烈焰熊熊，浓烟滚滚，头顶上的瓦片、木头“轰隆轰隆”地不断掉落，眼看整个屋顶即将垮塌。

危险!金遗华首先想到的不是个人的危险，而是同志们的危险。

火光中，他迅速环视四周，发现本班战士徐长庚和另外几个战士正在屋中间抱物资，不由得大声喊道：“徐长庚，快出去!快——!”徐长庚和几名战士听到班长的呼唤，很快从窗口跳了出去。金遗华随后也冲到离门口约1米远的地方，这时，金遗华只要一个箭步，就可以脱离险区。

“屋里还有没有其他同志？”金遗华不由得担心起来，便转身大声招呼：“快出去，危险——!”

果真，工人李炳全还在里边。他听到喊声，便从浓烟里踉踉跄跄地冲出来。正当他俩肩膀相碰的刹那间，房顶的大梁“轰隆”一声巨响，无情地倒塌下来。

在这生死瞬间，曾经是个优秀足球守门员的金遗华，凭着他敏捷的反应，完全可以一个鱼跃窜出门口脱离险境。然而，他所做的动作，却是一把将李炳全朝门口猛地推去。

李炳全脱险了，金遗华的手臂再也没有收回!

少顷，在场的指战员和群众醒悟过来。

“班——长——”战友们悲切地呼叫着。

“金——遗——华——”连长痛心地喊着。

“解放军同志——”李炳全和工人们也十分惋惜地大声呼唤。

当他们不约而同地跑上去，从燃烧的房架下将金遗华扒出来时，他已经停止了呼吸。

为抢救国家财产和工人同志的生命，金遗华牺牲了。烈火纵能夺去他的青春，然而，他用生命谱成的颂歌，将永世流传!

王杰

一不怕苦、二不怕死的好战士

在解放军某部，“王杰班”一直将班长的位置为王杰保留着，床铺整整齐齐，被子方方正正。每天点名，第一个点到的名字是“王杰”，全班齐声高喊：“到！”这位“一不怕苦、二不怕死”的好战士，生命定格在23岁。他用生命谱写的“两不怕”精神，已成为中华民族精神宝库中一颗璀璨夺目的瑰宝，在一代代华夏儿女中传承。

梦想成为战斗英雄

王杰1942年出生在山东省金乡县一个普通农民家庭，从小爱听英雄故事、爱看英雄画册。

1961年8月，王杰中学毕业参军，被分到了驻江苏省某部工兵营1连。当他第一次穿上军装，就悄悄地问指导员冯安国：“我现在算是革命战士了吧？”指导员微笑着对他说：“要真正成为一名革命战士，必须好好改造思想。”王杰不以为然，只是觉得军营里一切都新鲜。他特别喜欢听副连长讲战斗故事，听得入迷时常常想：我也要像副连长那样，当个战斗英雄。但是怎样才能实现这个抱负呢？

王杰所在部队是坦克部队，但他被分到了工兵营。看到有的战友开上坦克那么威武，而工兵营天天抡大锤，王杰心里不免犯起了嘀咕。

指导员看出了王杰等新兵的心思，就组织大家学习《为人民服务》和《纪念白求恩》等文章，给他们讲张思德、白求恩的故事。张思德全心全意为人民服务的精神，白求恩毫不利己、专门利人的共产主义品德，深深感动了王杰。他认识到，当兵的目的是为人民的利益工作。

哪里有困难、哪里最危险，哪里就有王杰

“哪里有困难、哪里最危险，哪里就有王杰。”这是1连同志对王杰的评语。

冬训中，是他带头跳进结冰的水里打桩架桥；施工时，突然暴发的山洪卷走了物资，又是他第一个奔去抢救；爬高空、钻猫洞进行爆破，也总是他担着风险抢先去装药、放炮；有时发生哑炮，仍然是他争先恐后地去排除。

1963年8月27日，王杰所在部队奉命到河北抗洪救灾。一天夜里，上级命令他们到木料场去抢运木料。场子被茫茫的洪水围困着，必须首先派一个尖兵探出一条安全的路来，大家才能顺利进场。王杰抢先要求担负这项任务。他在齐胸的水中摸索前进，好几次掉进没过头顶的深坑。在寻找进出口时，他腿上、手上被在水下的铁丝网划出道道血痕，但为了顺利完成抢运任务，他把这一切完全置之度外。

他在日记中写道：“我们要一不怕苦、二不怕死，做一个大无畏的人。”这种奋不顾身、迎难而进的精神，使战友们受到了极大的鼓舞和教育。

炸药包爆炸的那一刻……

1965年7月，酷暑渐至。根据驻地江苏省邳县张楼公社人民武装部的请求，王杰所在的工兵营1连派他担任民兵地雷爆炸训练的教员。他满腔热情，认真负责，不管下多大的雨，不管路上多么泥泞，他每天都是4点来钟就起床，从连队跑二三里地赶往民兵住地。

14日这天，王杰凌晨2点就起床站岗，站完了自己的一班岗后，又为别的同志多站了一班。7点半，王杰带领12名人武干部来到古运河附近的训练场，准备进行最后一项训练——地雷实爆。

他先详细讲解了实爆的要领，之后开始做实爆示范。他熟练地捆

好用于代表地雷实爆的炸药包，将导火索、雷管、拉火管连在一起，然后把雷管插入炸药包中。

做好示范后，王杰向围成一圈的12人讲解道："我刚才所做的，就是炸药包的实爆连接步骤。做完这些后，下一步拉去拉火管的拉火栓，导火索就会点燃……"在场的民兵和人武干部认真地看着王杰做的每一个动作，生怕错过一个细节。

就在这时，意外发生了：拉火装置失控，发生自燃，导火索突然燃烧起来，埋炸药包的土层里冒出白烟，火星四溅。

有着丰富爆破经验的王杰知道，此时自己只要身体向后一仰，就可以脱离危险，但在场的民兵并没有受过这方面的训练，也没有这方面的知识，都惊恐地待在原地一动不动。就在导火索将要烧完的那一刻，王杰大吼一声："快闪开！"纵身跃起，扑向炸药包，用自己的身体把炸药包完全盖住。

紧接着"轰"的一声巨响，炸药包爆炸了……

在危险面前，他丝毫没有犹豫，飞身一跃，以血肉之躯保护了周围12条鲜活的生命，而他美好的青春年华在23岁之时戛然而止。

王杰在关键时刻，以英雄壮举诠释了自己在日记中的诺言——"我们要一不怕苦、二不怕死，做一个大无畏的人。"

1965年11月27日，国防部命名王杰生前所在班为"王杰班"。总政治部专门下发通知，号召全军学习王杰"一不怕苦、二不怕死"的革命精神。

二

刘英俊

人民的好儿子

1967年，中国人民邮政发行了新中国成立以来第一套英雄模范人物邮票，主题是“毛主席的好战士——刘英俊”。这6枚纪念邮票，生动地再现了刘英俊生前努力学习的情形和拦惊马救儿童的场面。这位被称为“人民的好儿子”的英雄，人如其名，英俊挺拔，是一颗闪耀着时代光芒的星。

尽心尽责的“马倌”

刘英俊，1945年出生于吉林长春，1962年参军入伍，是驻黑龙江省佳木斯市某部重炮连的战士。

当时，部队还处在骡马化时代，重炮的机动得靠骡马驮拉，刘英俊就在连队担任驭手。

刘英俊把马看作自己的战友，与其朝夕相处，照顾得无微不至。遇到马消化不良，刘英俊自己也茶饭不思，连夜牵着马到兽医所看病，耐心细致地给马灌药。遇到马不小心腿受伤了，刘英俊心疼地给马包扎，为了避免过河时沾上水而感染，他不惜牵着马绕道走。

一次蹚地，班长见刘英俊冷得缩着脖子，一看，他把自己的衣服给马披上了。问他怎么回事，他说：“早晨天凉，露水打湿了马毛。”马没事了，刘英俊却感冒发起了高烧。

还有一次，马因在树上没拴好，跑进了深山。刘英俊知道后，心急如焚，不禁担心：“马万一遇到虎狼怎么办？”他二话没说，连忙操起枪进山。好不容易把马找回来了，他的衣服却被荆棘剐得稀烂。

就这样，刘英俊成了连队尽心尽职的“马倌”。

受惊之马朝人群窜去……

1966年3月15日早晨，刘英俊和战友们驾着3辆马拉炮车外出训练。走到佳木斯纺织厂车站，距离还有10米左右，刘英俊前面的辕马往左前方斜了一斜，跑到了路中央。这时，恰好从东往西来了辆载重汽车，喇叭一鸣，前面的马就毛了。

刘英俊是个经验丰富的驭手，遇到这种情况，他赶紧拉住后面的马。班长李洪记也和刘英俊一齐使劲，车在马路上转了2圈，停下来了。正当他们准备把辕马牵到队列里时，从西向东又来了一辆载重汽车，喇叭一响，刘英俊身边这匹马受到惊吓，在马路上狂奔起来。

当时不到早上8点，工人上班、学生上学，许多人在公交车站候车，这匹马竟朝着人群窜去！刘英俊见势不妙，他又在马的右边，便用左肩扛马脖子，扛上了北边一条小道，避免了眼看就要发生的一场横祸。

上了小道，马跑得更快了，老百姓见状，有经验的向他连喊三声：“快撒手！快撒手！快撒手！”

只要一撒手，刘英俊就安全了。但是，刘英俊见前面有人，一旦撒手，受惊之马狂奔进人群，后果不堪设想！他沉着冷静，喊声更大：“我不能撒！不能撒！”

舍身拦惊马

马受惊之后，停是停不住了。

刘英俊右手拽着马的缰绳，左手拽着辕杆，车跑起来很轻。车推马，马拉车，车和马都无形地加快了速度，根本拉不住了。

这时，刘英俊见到前面有几个背着书包走在上学路上的孩子，眼看着失控的马就要冲他们撞去！刘英俊把缰绳挽了2圈，用尽九牛二虎之力，猛拉一下，马前蹄腾空而起，一下子高高竖起。刘英俊趁机用左腿猛踹马后腿，自己的身体跑车底下了。

由于这一“紧急制动”，受惊失控的马一下子倒下了。马一倒，辕杆重重地压在了刘英俊的胸上。想想看，这力量该有多大！马还有往前的惯性的冲力，辕杆向前，把刘英俊闪在马屁股和车轮之中，马屁股压在他大腿之上，车轮挤着他的肩膀……

目睹此情此景的群众，一拥而上，急忙将他救起，把他抬送到附近的职工医院抢救。这时，许多候车的乘客、上班的工人、上学的学生，都被他的英雄行为所感动，关心地紧跟在后面。几百名群众和战士，纷纷要求为他献血。由于伤势过重，抢救无效，他光荣牺牲。

刘英俊用生命谱写了一曲响亮的爱民之歌、一曲壮丽的青春之歌，成为当时全军和全国人人皆知的英雄人物。他的生命虽然短暂如电光石火，但舍身拦惊马的一瞬却化作永恒，在无限的时间和空间闪烁着光芒。

钱学森

“两弹元勋”

“在他心里，国为重、家为轻，科学最重、名利最轻。五年归国路，十年两弹成。他是知识的宝藏，是科学的旗帜，是中华民族知识分子的典范。”这是“感动中国”组委会授予钱学森的颁奖词，是这位被誉为“两弹元勋”的民族英雄一生的真实写照。

导弹翘楚踏上祖国热土

1935年，钱学森以优异成绩远渡重洋赴美留学，经过10年的不懈努力，跻身世界一流火箭专家之列。这样的学识和经历，堪称导弹翘楚，在美国也是屈指可数的杰出人才。

当中华人民共和国宣告成立的消息传到美国，钱学森和夫人蒋英按捺不住内心的喜悦，商量着早日回到祖国。美国海军部次长听闻钱学森要回国的消息后，恶狠狠地说:“一个钱学森抵得上5个海军陆战师，我宁可把这个家伙枪毙了，也不能放他回红色中国去！”从此，钱学森被美国当局滞留长达5年时间，各种刁难折磨接踵而至。

然而，钱学森始终没有放弃回到祖国的念头。1955年6月，他在写给父亲的家书中，夹带了一封给时任全国人大常委会副委员长陈叔通的信，信中感情充沛地表示：“无一日、一时、一刻不思归国参加伟大的建设高潮……”这封经过千山万水、辗转传递的信件，在关键时刻起了关键作用，迫使美方不得不撤销对钱学森的离境管制令。

1955年8月5日，钱学森终于收到美国移民局准许他回国的通知。9月17日，钱学森携家眷登上归国的渡轮。经过漫长的海上航行，钱学森于10月8日跨过深圳罗湖桥，终于回到祖国的怀抱。

“争气弹”一飞冲天

钱学森回国不久，即前往重工业集中的东北地区参观考察。陪同考察的陈赓大将问道：“钱先生，您看我们中国人能不能搞导弹？”钱学森不假思索回答道：“有什么不能的？外国人能造出来的，我们中国人同样能造出来。难道中国人比外国人矮一截不成？”

1956年10月8日，对于钱学森是一个值得双重纪念的日子。这一天，恰好是钱学森回国一周年的日子，也是他正式担纲新中国导弹研制工作的日子。

新中国导弹研制工作是从模仿起步，仿制型号命名为“1059”，意为定于1959年10月1日新中国成立10周年之际完成仿制。

然而，仿制工作一波三折。随着中苏关系出现裂痕，所有在华的苏联导弹专家带着图纸、资料，全部撤走了！面对严峻的形势，钱学森带领大家，发扬独立自主、自力更生的精神，克服困难，艰难前行。

1960年11月5日，是中央军委确定的“1059”导弹发射时间。是日，钱学森坐镇指挥。发射指挥员下达点火命令，“1059”导弹尾部发出一团亮光之后，腾空而起……指挥中心不断传来各跟踪台站“发现目标，飞行正常”的报告，7分32秒后，“1059”导弹准确击中目标！

当晚，在庆祝酒会上，聂荣臻元帅高举酒杯说道：“今天，在祖国的地平线上，飞起了我国自己制造的第一枚导弹，这是一枚‘争气弹’，是我国军事装备史上的一个重要转折点。”

“1059”导弹的发射成功，意味着中国导弹研制史上零的突破。这种型号的导弹，后来命名为“东风1号”，取意于“东风第一枝”。

面对挫折气不馁

“1059”导弹的发射成功，表明中国导弹研制成功地迈出了第一步。紧接着，钱学森向中央军委递交了研制“东风2号”导弹的计划。

1962年3月21日，“东风2号”导弹竖立在酒泉发射场，一切就绪，准备发射。然而，点火命令下达后，“东风2号”导弹突然失去控制，坠落在离发射塔600多米处，发生剧烈爆炸！

在北京坐镇指挥的钱学森急赴酒泉基地，他内心承受的压力之大，可想而知。但是，他一到现场，就镇定地给大家打气：“取得成功，对我们是锻炼；遭受失败，同样可以使我们得到锻炼，而这种锻炼更为重要、更为宝贵。”这番讲话，重振了导弹研制人员的士气。

“东风2号”导弹事故之后的很长一段时间，钱学森“失踪”了，家里和单位都见不着人影，此时的他正全力以赴解决“东风2号”导弹存在的问题。

经过2年的总结、测试，1964年6月29日，“东风2号”导弹重新竖立在发射架上。下达点火命令后，“东风2号”先是笔直地刺向蓝天，然后开始倾斜，按照预定轨道，飞向千里之外的荒漠。

命中目标！发射成功！

“两弹”结合显神威

对于中国来说，1964年是“两弹”丰收年。继“东风2号”导弹成功发射后，第一颗原子弹也于10月16日成功爆炸。

然而，外电在震惊之余，却嘲笑中国的原子弹是“无枪的子弹”——一颗安装在铁塔顶部的原子弹，何以发挥其威力？其实，早在第一颗原子弹爆炸成功之前，钱学森就以超前的眼光，提出了“两弹结合”的构想，要给中国的原子弹配一支最好的“枪”。

钱学森的远见卓识受到高度重视，1964年9月1日中央专委召开会议，决定组织“两弹结合”方案论证小组，着手进行核导弹的研究设计，由钱学森担任总负责人。钱学森带领大家，坚持“严”字当头，攻克了一道道技术难关。

1966年10月27日9时，“东风-2A”核导弹点火升空，9分14秒后核弹头在距发射场894千米之外的罗布泊弹着区靶心上空爆炸。

“两弹结合”完全成功！从此，中国的核武器不仅有“弹”，而且有了威风八面的“枪”。

在改革开放新征程中
再创辉煌

张华
富于理想勇于献身的优秀大学生

一位是24岁的军校大学生，一位是69岁的掏粪工，二人素不相识。在危难之际，军校大学生张华为了抢救掏粪工魏志德，挺身而出，献出了自己年轻的生命。作为时代骄子，他以实际行动响亮地回答了“什么是（20世纪）80年代大学生应有的风貌和理想”，无愧于“富于理想勇于献身的优秀大学生”这一荣誉称号。

粪池搭救施援手

1982年7月11日，在古城西安的康复路南口，炎炎烈日下团簇着一群不愿散去的路人，每个人几乎呈现出同一种表情：焦灼、忧虑，还有由衷的钦佩。

十几分钟之前，这里刚刚出现了一幅舍己救人的壮烈场面——一位可敬的解放军，抢先下到粪池，搭救不慎跌落进去的老人，不料，自己却被沼气熏倒……

这名军人就是张华，第四军医大学学员。

这天上午9点多，张华正在马路西侧请在这里设摊的裁缝帮他修改一件衬衣。突然，从马路东侧传来一阵焦灼而急促的喊声：“救人啊!有人掉进粪池了!”

张华听到呼救声，立刻扔下手中的挎包，像离弦的箭，越过十几米宽的马路，跑到粪池边。

这是一个半间房子大小密闭式的地下粪池，2尺见方的出粪口露出地面。69岁的魏志德在此疏通粪道时，被沼气熏昏，跌入粪水中。在气温已达三十六七度的伏天，一股臭气熏得人难以近前。

只见张华飞快地脱掉军上衣，摘下军帽，跨上粪池口，沿着竹梯子，迎着令人窒息的臭气，快速而坚定地下到3米多深的粪池。

池边的人们看着张华紧紧地握住梯档，倾过身去，伸出右臂，奋力从1米之外的粪水中，拽过昏迷的老人，俯身把他抱起，努力挺直腰杆，疾声大喊："人还活着，快放绳子！"

池边的人们急忙找绳子、扶梯子，准备救人。

没料到就在这紧要关头，粪池里浓烈呛人的沼气把张华也熏昏了。只听"扑通"一声，张华和老人一同跌进粪水中去了。

当张华被救上来时，已经不省人事了。人们用最快的速度把张华抬上救护车，人工呼吸、注射强心针、清除呼吸道异物、给氧、开胸直接按摩心脏……然而，因严重中毒窒息，张华年轻的心脏再也没有恢复跳动。

什么是（20世纪）80年代大学生应有的风貌和理想？

一个风华正茂的大学生，为何在关键时刻能够挺身而出，跳进粪池去救与己无关的老人？翻开他的人生档案，人们不难找到答案。

张华出生在军人家庭，从小的耳濡目染，在他的幼小心灵打下了深深的印记——长大后要当一名解放军。1976年底，张华光荣入伍。在部队这个大熔炉里，他积极上进，迅速成长，入了党，并且考上了第四军医大学。

成功的喜悦，接踵而来的赞扬和祝贺，使张华高兴、自豪，但他不陶醉。从进入大学的第一天开始，他就认真地思考着一个严肃的问题："什么是80年代大学生应有的风貌和理想？"

张华身在久负盛名的高等学府，时时处处以雷锋为榜样。但是，在有些人的眼里，雷锋和大学生是很难联系在一起的，甚至有人对雷锋精神抡起刀斧，说三道四。张华丝毫不为那些非议所动，对雷锋一如既往地崇敬和仿效。他真诚地对同学们说："我们不仅要在外表上像个大学生，更重要的是从心灵上、道德上都做个大学生。"

张华对同学、对群众，总是扶危解难，倾注深情。同学病了，他买来奶粉和蜂蜜冲好送到床前；星期天或节假日，他经常上街打扫卫生，去附近街道参加义务劳动；有一年暑假回家，正遇上罕见的大洪水，张华浸泡在2米多深的洪水里，先后帮助4户人家脱离困境……类似这样的事情，他究竟做过多少，没有人能够说清。

张华就是这样一位优秀的军校大学生：在党和人民一旦需要的时候，他的生命一定会撞击出耀眼的火花，他的理想一定会在生与死的考验面前得到升华！

英雄并未远去

张华舍己救人的英雄事迹，如春风化雨，很快传遍了古城西安。人们怀着崇敬的心情，不约而同来到烈士牺牲的地方，怀念这位新时代的军校大学生。

第四军医大学党委作出决定，给张华同志追记一等功，批准他为革命烈士、优秀共产党员；解放军总后勤部、教育部、卫生部、共青团中央等先后发出“向张华同志学习”的号召；中央军委发布命令，授予张华“富于理想勇于献身的优秀大学生”的荣誉称号。

张华牺牲了。许多人不相信这是真的，同学们都不愿相信这么好的战友这样早就离大家而去！在他们的心目中，他们这位英雄的同学并没有远走，他是沿着校园的小路散步去了，他是到图书馆学习去了，他是下基层部队巡诊去了……

尽管张华烈士已离世30多年了，但第四军医大学以他的名字命名的“张华班”一直延续至今。学校特意在每一届“张华班”的宿舍里，都安排一个专门的“张华铺位”，成为激励学员们奋发学习的精神动力。

第四军医大学的英雄谱上，永远记载着张华的名字。他那纯洁高尚的灵魂、殷红滚烫的热血、年轻闪光的生命，激励着一代又一代军校大学生。

人们经常可以看见“张华传人”志愿服务队的身影，每周都会有义诊、每月都会有专项的献血以及帮扶，他们用实际行动传承着张华精神，争做张华传人。

史光柱

扎根军营沃土的坚强“小草”

“没有花香，没有树高，我是一棵无人知道的小草……”1985年中央电视台春节联欢晚会上，这首《小草》及其作者史光柱，迅速走进千家万户，感染着无数国人。这位边境作战中的战斗英雄，在4次负伤、8处重伤、双目失明的情况下，带领全排胜利完成战斗任务，铸造了新一代不朽的军魂，成为一代人心中的精神偶像。

“宁可前进一步死，绝不后退半步生！”

1983年底，中央军委决定收复被敌人侵占的西南边境领土，上级把主攻作战任务交给了史光柱所在团。战前，史光柱向连队党支部递交了血书，他在血书中写道：“宁可前进一步死，绝不后退半步生！”

1984年4月28日，战斗打响了。史光柱担任突击班班长，在排长负重伤的情况下，他代理排长指挥战斗。

在向高地的进攻中，只见他敏捷地翻过一棵被炮弹炸断倒在地上的大树，向前跑了四五步，刚卧倒，左侧树林中就打来几梭子子弹，“嗖——嗖——”地从身边飞过。突然，他觉得左小腿一热，意识到负伤了。伸了伸腿，感觉到伤不重，他来不及看伤口就又向前冲击。

突然，一发炮弹在史光柱头顶4米高的一根树枝上爆炸，同时，右侧也有一发炮弹接着爆炸。只听得“轰！轰！”2声巨响，史光柱左肩打进了4块弹片，血肉模糊，身体被气浪掀起两三米，顿时昏迷过去。

“排长！排长！”史光柱从昏迷中被战友们喊醒，伤口一阵剧痛，脑袋“嗡嗡”地叫，左耳朵什么也听不见。

“死也要死在顶峰上去！”

第一次冲击受挫，战士们露出焦急的眼神。

他咬着牙站起来，斩钉截铁说：“立即组织第二次冲击！”

在他的带领下，全排战士勇猛地向高地扑去。敌人的冲锋枪、机枪、明暗火力一起吼叫，曳光弹到处乱飞。史光柱立即呼唤炮火及时支援，全排迅速突击到敌阵地前沿。

在向第二道堑壕冲击时，敌人一排手榴弹砸来。弹片击中了他的喉部和左膝，鲜血直流。这时，史光柱虽已是5处负伤，但在此战斗最关键的时刻，他丝毫没有犹豫，命令机枪掩护，又继续向前冲去。

在离敌前沿堑壕两三米时，战友不幸踩响了一颗压发雷……

就在不远处的史光柱只觉得左眼像被刀猛戳了一下，脸部打进几十块地雷碎片，血肉和飞起的泥土堵住了嘴，闷得透不过气来，两眼什么也看不见了。他感觉左脸颊有些异样，伸手一摸，摸着一个肉团子，扯了一下，左眼感到钻心的痛。一时之间，史光柱感觉昏天黑地，心里“咯噔”一下：“不好，眼球被炸出来了！”

然而，最后的胜利就在于坚持一下的奋战之中。史光柱心想：“我绝不能死在第二道堑壕，死也要死在顶峰上去！”于是，摸起冲锋枪，向前吃力地爬去。不知什么时候，他摔进堑壕里，昏了过去。

当他一醒来，就问：“高地拿下来没有？”

这时，只听见已来到身旁的连长带着哭声说：“史光柱，高地拿下来了，你的任务完成得非常出色。”

“我多么想再看到五光十色的世界啊！”

战友们把史光柱从阵地上抢救下来，送到了医院。医生从他浑身是血的身上，检查出8处伤情，其中6处是重伤，双眼、脸部、喉部、左耳、左右臂上有大大小小的弹片好几十块。

虽然伤势很重，但史光柱咬着牙坚持不哼一声。他对医生说：

“别的伤不要紧，能给我保住眼睛就行了。有了眼睛，还可以看到战友，看到连队，重返前线。”

医生告诉他，左眼球要马上摘除。史光柱心里一阵难过，但又转念一想：左眼球战场上就掉出来了，保不住就算了，能留下一只右眼也可以。

他当时还不知道，右眼也打进2块弹片，眼球已经破碎，也保不住了。医生担心他忍受不了双目失明的打击，一时不敢告诉他。

从前方医院转到军区总医院后，史光柱时时盼望右眼早日见到光明，常常焦急地问医生：“我的右眼怎么还看不到东西啊？”医生总是婉转地安慰他。

但是，时间长了，总是瞒不住的。一天，眼科陈主任来到史光柱病床前，对他说：“小史，你的右眼也保不住了，希望你要坚强……”

一听这话，史光柱捂在被子里失声痛哭起来：“我才20岁，人生的道路还很漫长，光明就向我告别了……我多么热爱连队火热的生活啊！我多么想再看到五光十色的世界啊！”

“生活的战场上一样做英雄！”

同志们劝慰他，他好几天不吭声，苦苦地沉思，想了许多许多。今后的生活怎么办？这时，他想到了中学时代就从《钢铁是怎样炼成的》一书中结识的保尔·柯察金，想到了张海迪……他决心振作起来，战胜伤残，做生活的强者。

双目失明后，他靠着坚定的意志和顽强的毅力，克服了常人难以想象的困难，不断超越自我。

1986年，史光柱进入深圳大学学习，以优异成绩完成本科学业，成为我国第一位获得文学学士学位的盲人。他坚持文学创作，在国内外发表诗歌、散文500余篇，作品获全国性文学奖17次。多年来，史光柱拖着残疾的身躯，多次在全国作事迹报告，坚持参与社会公益活动，先后帮助千余名残疾人重新燃起生活的希望。

这就是生活中的史光柱。他并没有以功臣自居，更没有靠着英雄的称号索取什么，而是以自强不息的精神，在生命的征程中，不断地超越自己。用他自己的话说就是：“生活的战场上一样做英雄！”

丁晓兵
用左手敬礼的独臂英雄

有这样一名军人，他的头上有着一连串耀眼的光环：一等功臣、全国自强模范、拥政爱民模范、优秀共产党员、优秀干部标兵、武警部队“十大忠诚卫士”……然而，面对挚爱的军旗，他却只能说：“请允许我用左手敬礼！”他就是独臂英雄丁晓兵。30多年前，他在战场上执行任务时失去右臂，面对组织上的照顾，他婉言谢绝。在新的“战场”上，他用独臂创造奇迹，续写辉煌。

战场捕俘痛失右臂

1984年，在西南边陲的一场重要军事行动中，丁晓兵和战友们潜伏到敌方阵地前沿执行侦察和抓捕任务。

行动顺利！还没等敌人反应过来，他们已经抓了一个俘虏，准备撤退。这时，敌人缓过神来了，疯狂地进行火力报复。突然，一枚手雷从高地上砸了过来，刚好落在丁晓兵脚下，“呲——呲——”冒着白烟。说时迟那时快，丁晓兵来不及多想，抓起手雷就往外扔。

手雷在出手的瞬间炸响了！

一阵胸闷，一股腥咸的热血涌上喉咙，丁晓兵一运气，硬是给憋了回去。押解的俘虏正想逃跑，丁晓兵飞起一脚，将俘虏踹翻在地。就在这时，他觉出了右臂的异样，因为大半截右臂松松地耷在身侧，完全没了知觉，断口处的鲜血如喷泉一样，激射而出。

“晓兵，你的胳膊……”战友情急大叫，冲上来用手枪背带将伤口死死勒住。

“管不了那么多了，快撤，咱得把俘虏带回去！”丁晓兵回答道。

林中小道崎岖泥泞，丁晓兵和战友押着俘虏继续回撤。他高一脚低一脚地赶着路，断臂不停地晃荡，还不时挂在树枝灌木上，很不得劲。一咬牙，丁晓兵掏出匕首，将只连着一点点皮肉的断臂割了下来，揣在腰间。当时，他的想法很简单：这会儿，绝不能让它耽误事，回去以后，医生肯定能给我缝上！

翻过最后那道山梁，丁晓兵远远地看见前来接应的战友们的身影。此前硬撑着的一口气突然泄了，他一头栽倒在地……

从死亡线上回来

呼吸没有，脉搏没有，血压没有，心跳没有……心脏起搏器无效，强心针无效！因为没有血压，丁晓兵全身的血管都瘪了，连血液都无法输进去。有人开始为“烈士”换衣服、用清水擦拭他脸上化装的绿色油彩……战友们把着担架，疯了似的，不许将“牺牲”的丁晓兵抬到烈士陵园：“他没有死，刚才还和我们一起跑回来……”

天不绝英雄！擦拭脸颊的棉花擦到了丁晓兵的鼻孔下，棉花丝被吹动了！

野战医疗队的一位老医生切开了丁晓兵小腿上的静脉，强行压进去2600毫升血浆。2天3夜后，丁晓兵睁开眼睛，看到了医院的白色天花板。然后，他发现了自己右大臂上包着一大团还在渗血的纱布……

“我的手呢？”

“你们把我的手弄到哪儿去了？”

“带我去找我的手！！！”

大夫、护士站在他的床边，望着那张年轻英俊的面孔垂泪——英雄从死亡线上抢救回来了，但以后要终生面对没有右臂的生活！

正在此时，为全国边陲优秀儿女挂奖章活动已进入尾声，整整100枚金质奖章已经确定名单，颁奖仪式即将举行。然而，当丁晓兵的事迹传到北京时，组委会集体被感动了，他们决定为丁晓兵颁发第101枚金质奖章——这是为断臂英雄特意增设的一枚奖章！

新的“战场”再续辉煌

荣誉、赞美、鲜花、掌声，扑面而来。作为一等功臣，国家政策可以保障他有份舒适的工作。可是，丁晓兵作出了郑重的选择：继续留在部队，下基层带兵去！

从军校毕业后，丁晓兵下到连队当指导员。来到连队第一天，他第一眼就读懂了战士们的“表情包”——你一只胳膊，怎么能来基层带兵?

困难确实前所未有！一天，凌晨时分，紧急集合的号声划破长空。丁晓兵一骨碌翻身起床，开始打背包。可是，一只左手却怎么也跟不上趟，心里越急，手下越乱。等他好不容易把背包捆了个大概，跨出房门，傻了！全连官兵整齐地列队，一道道带着怜悯的目光，刺疼了丁晓兵的心！此时他暗暗下了决心：用一只手，也要创造出一流的成绩！

嘴脚并用，丁晓兵开始练习单手打背包。背包带硬，用牙咬着拉的力度一大，就像刀子一样，拉破了嘴角，拽裂了牙齿。通信员哭着扑上来帮忙，被丁晓兵关在了门外：“你能帮我一次，能帮我一辈子吗？”10多天后，丁晓兵打背包速度在全连数得着了。

投手榴弹，全连只有丁晓兵一人不及格——他没有力量大的右臂。丁晓兵又立了个期限，天天跑到操场上，用教练弹砸，胳膊肿得连筷子都拿不了。自己设定的期限到了，丁晓兵一出手，58米！优秀的标准是40米，独臂指导员这次露了一手，来了个“超级优秀”。

系鞋带、越障碍、整内务，一切都是单手操练；射击，包括立、跪、卧3种姿势，涵盖自动步枪、冲锋枪、手枪、轻机枪、火箭筒等多种武器；甚至，极高难度的单杠单臂引体向上、单臂大回环，丁晓兵都能高质量完成，8门军事训练课目，7门优秀、1门良好！

就这样，独臂英雄丁晓兵只手擎天，不断以惊人的奇迹创造新的辉煌……如果说，当年的丁晓兵成为英雄还有偶然因素，那么，今天的丁晓兵，是把自己的英雄业绩归零后，再一步步地在新的“战场”把自己又一次塑造成为英雄！

八一

苏宁

献身国防现代化的模范干部

在哈尔滨市松花江桥头的街心花园，矗立着被中央军委授予“献身国防现代化的模范干部”苏宁烈士的雕像。他是全军连以上部队悬挂画像的解放军8位著名英模之一，是改革开放新时期我军干部队伍中一个德才兼备、忠于职守、献身国防的突出典型。哈尔滨是他战斗过的地方，这座雕像，让苏宁英武的形象永远屹立在这座美丽的城市，镌刻在人们的心中。

磨炼成为出色指挥人才

战士、班长、排长、连长、作训参谋、作训股长、营长、团参谋长，这是苏宁1969年入伍之后的军旅成长轨迹。一步一个脚印，无论在哪个岗位，他都把献身国防事业的满腔热情倾注在做好本职工作、努力精通业务上——这是一名优秀军人的可贵品质。

作为一名炮兵部队指挥员，他深感责任重大，说：“登上了军事舞台，就要唱主角，完成我们这一代军人的光荣使命！”为了挺立国防现代化的时代潮头，他如饥似渴地学习科学知识，刻苦钻研军事技术理论。

一次，集团军首长在军事演习中讲到老山作战中，“红箭73”反坦克导弹按规定测距瞄准，多次出现未靠近目标爆炸的现象。他把首长的话记在心中，3次到导弹连请教，找来各种资料、数据，进行反复研究和计算，很快写出研究报告，找到了影响这种导弹的射击效能的原因，提出了改进意见。

与此同时，他敏锐地把目光投向未来战场，对炮兵发展趋势进行大胆预测。海湾战争中高科技的应用，更增加了他探索未来作战特点规律的强烈意识。当时，部队下发了一套海湾战争资料录像片，他如获至宝，废寝忘食，反复观看揣摩，从中分析美军进攻特点和伊军失败的原因，从中吸取值得借鉴的经验教训。海湾战争结束不到1个月，他就撰写了《2000年炮兵战术发展预测》等论文，提出了许多真知灼见。

苏宁对国防现代化的执著追求和所发挥的聪明才智，得到了领导和专家的充分肯定，他们都称苏宁是出色的炮兵指挥人才。

保持普通一兵本色

苏宁出生于高干家庭，自己也走上了领导岗位，但在生活中，他始终保持着普通一兵艰苦朴素的本色。作为一个高干子弟，苏宁时刻铭记着革命前辈们创业的艰辛，忠实继承革命传统和优良家风，一直过着俭朴的生活。

他当团参谋长时，寝室是一间不足10平方米的背阳小屋。在这个阴凉的小屋里，摆着一张部队抗美援朝归来时发的、早已淘汰了的油漆脱落的两屉桌。一个旧暖瓶还是竹壳的，刷牙缸是他当连长时得的奖品。一张木板床上叠着洗得发白了的黄军被，还有一个包着衣服的白包袱。部队的老兵都明白，这就是前些年战士的枕头，苏宁当了团参谋长还一直把包袱当枕头。

人的一生，有近三分之一的时间躺在床上，苏宁就是这样以包袱当“枕头”，度过了他军旅生涯的22年!

他常穿的绒衣绒裤已经穿了10多年，黄短裤还是当战士时发的。有件蓝色腈纶线衣，领口、袖口多处绽开，留下了缝缝补补的针脚。当时，改革开放已经十几年了，全社会物质生活水平有了大幅度的提高，而苏宁却一如既往地保持着令人难以置信的艰苦朴素的低生活水准，这不能不引起人们的深思和敬仰。

是苏宁不会生活、不懂生活吗?不是！他和所有的人一样，充满了对美好生活的热爱和追求。他有着广泛的兴趣和爱好，他创作的歌曲，报纸发表过。他当营长时常讲："我们不是让大家越苦越好，只是我们的国家还在发展中，需要艰苦奋斗的精神。"

老一代军人艰苦朴素的生活作风，在苏宁身上延续，在苏宁身上闪光。

塑造当代革命军人光辉形象

1991年4月21日，炮兵团按预定计划进行手榴弹投掷考核。作为参谋长，苏宁先在现场作了动员，强调了注意事项，并亲自投出一枚实弹作示范，然后组织指挥一个连一个连地进行投掷考核。

当轮到12连投时，意外情况发生了。12连连长修柏岩由于挥臂过猛，弹体碰撞在堑壕的后沿，滚到监护人13连连长李印权背后不到1米远的地方。

手榴弹"嗤——嗤——"冒烟，将在3.7秒内爆炸!

2名战友处于十分危险的境地。这时，修柏岩由于过分紧张一时惊住了，而李印权又毫无察觉。

在这危急时刻，苏宁大叫一声："快卧倒!"一个箭步冲上去，奋力推开李印权，拉倒修柏岩，拾起手榴弹正要投出的一刹那，手榴弹爆炸了。气浪把苏宁掀出1米多远。两名战友得救了，而苏宁倒在了血泊之中。

战友们用最快的速度，把苏宁送到医院手术室，鲜血把军衣和台布染得殷红殷红。炮兵团的干部战士听到苏宁身负重伤的消息后，哭喊着朝医院跑去，他们彻夜守候在医院门口，焦急地等待着苏宁伤势信息，有些战士哭着恳求卫兵，让他们进去看参谋长一眼。

为了抢救这位舍己救人的英雄，医院组织专家全力以赴抢救，但终因伤势过重，英雄的心脏于1991年4月29日18时8分停止了跳动，时年38岁。

徐洪刚
见义勇为的英雄战士

1993年8月17日，火热的阳光照耀着四川省筠连县巡司镇那条通往县城公路上的斑斑血迹——那是徐洪刚与歹徒搏斗留下的痕迹。早起的白鸽，时而在空中盘旋，时而蹲伏在路旁树枝上张望，仿佛要找人讲述这位见义勇为的英雄战士无私无畏、力斗歹徒的壮举……

路见不平，挺身而出

这天清晨，正在济南军区某部服役的徐洪刚休完探亲假，踏上了归队的旅途。

当汽车行至筠连县巡司镇铁索桥附近时，突然，一名歹徒向靠窗坐着的一位女青年强行勒索钱物。

女青年被吓懵了，颤抖着说："没钱，没钱……"

话没说完，坐在后排的另一名歹徒嬉皮笑脸地喊道："没钱就脱她的衣服！"

在同伙的叫骂声中，那名丧尽天良的歹徒一手卡住她的脖子，一手撕扯她的上衣，公然对她进行侮辱。

此刻，在角落里打盹的徐洪刚被惊醒了。军人的正义感驱使着他：光天化日之下，绝不能让歹徒作恶！他猛地站了起来，大吼一声："住手，不许耍横！"

前面那个歹徒见有人干预，松开了女青年，扭过头来，恶狠狠地冲徐洪刚骂道：“你说谁呢？想挨揍？”后面的那个歹徒冲上来，打了徐洪刚两个耳光。

顿时，徐洪刚觉得脸上火辣辣的，嘴角黏乎乎的，鲜血渗了出来。

为了顾全大局，怕打起来会伤及无辜，徐洪刚没有立即还手。他强压心中怒火，耐着性子对歹徒说：“请你们放了她，刚才都是我的不对……”徐洪刚想通过对话说服歹徒终止无耻行为。

谁知两个家伙反而认为徐洪刚被打怕了，气焰更加嚣张，又冲过去抓住女青年，用力把她往车窗外面推……

正气凛然，出手相助

眼看一场恶性事件就要发生！

说时迟那时快，徐洪刚飞起一脚把一名歹徒踢倒，紧接着一个直拳向另一名歹徒猛击过去，打得歹徒连连后退。这时，潜坐在车厢后面的另外2个歹徒看同伙吃了亏，也一齐窜出来围攻徐洪刚。

徐洪刚毫无惧色，奋力还击。由于车厢狭小，施展不开手脚，有名歹徒突然从身后紧紧抱住他的腰，另一名歹徒奋力卡他的脖子，声嘶力竭地叫喊：“快！快！捅了他！捅了他！”为首的那名歹徒从腰间拔出匕首，向徐洪刚身上连连猛刺。

霎时，鲜血喷溅而出，浸透了衣服，染红了座位。徐洪刚身中14刀，重重地倒在车厢的地板上。

车上的40多名乘客被歹徒的凶残激怒了，善良的人们再也无法保持沉默，整个车厢群情激愤，一齐呐喊：“抓住歹徒！”

司机猛踩刹车，转身扑上去，一把夺下歹徒手中的匕首。

正义压过邪恶！惊慌失措的歹徒见势不妙，慌忙跳车逃跑。

见义勇为，英雄本色

这时，徐洪刚已经身负重伤，肠子从腹部流出。就在最后一名歹徒企图跳窗时，徐洪刚忍着剧痛从地板上一跃而起，一把抱住他的腿。歹徒猛踹几脚，落荒而逃。

惊心动魄的场面再度出现——只见徐洪刚用背心兜着流出的肠

子，咬着牙关，踉踉跄跄地向歹徒追去，鲜血抛洒了一路。由于伤势严重，与歹徒的距离越来越远。

恰在此时，筠连县税务局副局长詹本方等3位同志乘车外出执行公务路过。徐洪刚看到有一辆白色小轿车开了过来，迎上前去，一手捂着肚子，一手抓住车中一人的膀子说："快！快抓凶手，我是解放军！"边说边吃力地掏出士兵证。

詹本方等人看到鲜血染红的士兵证，急忙打开车门把他扶上了车。徐洪刚指着歹徒逃跑的方向断断续续地说："车上4个歹徒抢劫一个女青年……我同他们打斗，被捅伤了，快追坏人……"

詹本方等人看到徐洪刚的腹部露出了用背心兜住的一大砣肠子，约有50厘米长，脸色越来越苍白，呼吸急促，大颗的汗珠直往下淌，并渐渐处于昏迷状态。詹本方见状，赶紧说："眼下抢救战士的生命是第一位的，一分钟也不能耽误了！"司机立即调转车头，向附近的医院急驶而去。

在当地医院的全力抢救下，徐洪刚终于脱离了危险并逐渐康复。

徐洪刚见义勇为的壮举，虽然发生在特定的环境下，但绝不是一时冲动所为。这位在英雄的"铁军"部队服役的战士，经受了"大熔炉"的锻造，血液中深深地植入了英雄基因。正如他自己后来所说："是红军的优良传统给了我力量，是革命英雄给了我勇气。"

徐洪刚见义勇为的事迹再次告诉我们：传承红军英雄血脉，我们的部队就永远是英雄辈出的部队！

八 李向群

抗洪大堤上的铁汉

谈起新时期的英雄战士，神州大地上有一个广为传颂的名字——李向群。他是中国人民解放军某集团军“塔山守备英雄团”9连战士。在1998年那场令人难忘的抗洪抢险中，年仅20岁、军龄20个月、党龄8天的他，为了保护国家财产和人民生命的安全，置自己的生死于不顾，护守大堤，直到生命最后时刻，用灿烂的青春书写了壮丽的人生凯歌。

提前归队奔赴抗洪前线

1998年夏，长江流域连降暴雨，造成大面积洪涝灾害，严重威胁国家财产和人民生命的安全！

当时，李向群正在家休探亲假，但他每天晚上都打开电视关注着各地的水情。一天晚上，他又打开了电视，看到漓江水位在不断上涨，大江南北的汛情也在发展。作为军人的李向群意识到，部队很可能要去参加抗洪抢险。他越想越坐不住了，自觉应该提前归队。

父母听向群要提前回部队，有些舍不得。妈妈挽留儿子说：“你刚回来几天，在家多待几天吧！”

李向群半开玩笑半认真地跟妈妈说：“儿子现在是部队的人了，现在部队要抗洪抢险，我能待得住吗？”

6月22日，休假仅8天的李向群为抗洪提前返回部队。一位战友笑着说：“你急个啥？真是瞎积极。”李向群却说：“国家养兵千日，现在正是派上用场的时候，我怎么能袖手旁观呢？”

2天之后，部队接到紧急任务，要到青狮潭水库抢险。归队不久的李向群要求参加抢险，指导员让他在家休息，说他一路上很辛苦，就不要去了。李向群坚持要去，说：“洪水就是命令！军人能不执行吗？”

主动请缨排险情

8月5日，部队又紧急开赴荆州，参加抗洪抢险。

8月13日，长江第5次洪峰逼近沙市，水位再度暴涨。荆州市防汛指挥部告急：太坪口幸福闸出现3处管涌，请求部队火速前往排险！

李向群随连队赶到幸福闸时，只见这段江面弯多流急，漩涡不断，恶浪一个接一个扑向堤岸，卷蚀着大堤，如不及时抢救，后果不堪设想。

遇到这种情况，最有效的抢险方法就是下水查堵渗水洞。江水滔滔，洪流滚滚，湍急水流底下情况更是复杂多变。如果有人下水，稍有不慎就会被洪流卷走。

连长和指导员正碰头商量人选时，李向群挺身而出，说：“我是海边长大的，水性好，让我下去！”未等连长他们答应，他便一个猛子扎入水中。

时间一秒一秒地过去。一分钟后，李向群才从下游10多米的地方冒了出来。指导员忙跑过去，焦急地问：“怎么样?”李向群说：“水流太急，控制不住身子。”

连长见这样下去太危险，急令拿来背包带，把6只沙包捆在一起，将沙包沉入水中。李向群见状，忙把背包绳抢过来，说：“连长，我下去过一次，心里有底，还是我下。”说完，抱着沙包又沉入水中。

在水中，李向群手脚并用，来回摸索，凭着江水向下渗流的吸力，终于找到了闸门的渗水位置。在下沉的过程中，他右脚踝关节处碰到闸门，被划开了一道口子，血流不止。上堤后，连长立即叫卫生员为他包扎，并让他就地休息。李向群说：“这个时候我怎么能休息得住？”接着，他又同战友们一道扛运沙袋，堵填渗水洞，终于排除了险情。

鉴于李向群抢险表现突出，8月14日经连队党支部研究，正式批准李向群在抗洪抢险“火线”入党。

战斗至生命最后一息

8月16日，长江第6次洪峰奔泻而来，沙市水位创历史最高纪录，达45.22米。荆江大堤告急！整个荆沙水系告急！

17时30分，部队接到转战南平的命令，还没来得及扒口饭的李向群随连队火速向南平镇开进。部队赶到南平时，有的堤段河水已经漫过大堤，李向群和战友们紧急投入到筑堤护坝的战斗之中。

转战南平后，连续在雨水中奋战数日的李向群感到发热头昏，以为是感冒了，就偷偷找营部卫生员要了几粒感冒胶囊后，又冲上了抗洪前线。指导员在搬运沙袋中碰到了他，发现他脸色不对，当即把他拉到了一边，用手触摸他的额头，感到发烫，就赶紧叫一排长带他去看病。但他坚决不依，直至完成任务才被排长硬拉进了团卫生队接受治疗。

21日8时，大堤又发生险情，全团官兵紧急出动抢险。李向群立即穿好衣服，蹑手蹑脚地躲过值班的卫生员，偷偷爬进连队大卡车，一上大堤就干了起来。指导员在队伍中发现了李向群，向他发起火来："你给我下去，还要不要命啦！"李向群也犯起了倔劲："这时候下去，我治病也不安心！"

10时左右，李向群扛着沙袋，一个踉跄摔倒在地，沙袋沉沉地压在他的右肩膀上。正在为官兵送水的村民周荣英发现后，急忙把他扶了起来。

只见李向群脸色铁青，接连吐出两口带血的痰后，又昏了过去。周荣英一摸他的额头很烫，赶紧把他抬到阴凉处，同来送水的赵书秀大娘眼泪汪汪将他抱在怀里，急忙褪下自己的银手镯为他刮痧。

李向群醒来后，周荣英对他说："孩子，你病得不轻，不能再干了。"李向群挤出一脸笑，谢绝了乡亲们的阻拦，又拖着沉重的步伐投入战斗。1包、2包、3包……当他扛到20多包时，终于支撑不住，连人带包倒在水里，口鼻渗出鲜血……

1998年8月22日10时10分，李向群永远地闭上了眼睛，再也没有醒来。李向群在国家和人民生命财产受到严重威胁的紧急关头，始终以生命不息、战斗不止的拼搏精神，奋战在抗洪前线，直到献出年轻的生命。

方红霄
反毒战线的忠诚卫士

“犯罪分子眼中钉，人民心中一颗星。”春城昆明300万人民送给方红霄的铜匾上，镌刻着这样2行大字。这位战斗在反毒斗争最前沿的铁汉子，面对无数次复杂情况和生死考验，始终牢记职责使命，与各类违法犯罪分子作坚决斗争，做出了突出贡献，荣获武警部队首届“十大忠诚卫士”荣誉称号，入选“100位新中国成立以来感动中国人物”。

火眼金晴

1990年，19岁的方红霄成为一名武警战士，走上了昆明火车站的执勤哨位。这里毗邻世界毒品产地金三角，处于中国反毒斗争的最前沿。方红霄在这个随时面临生死考验的岗位上，连续战斗了一个又一个春夏秋冬，不知经历了多少惊心动魄的搏斗。

1994年，方红霄作为执勤骨干留队，成了中队唯一一个超期服役的老兵。这年4月23日11时，由昆明开往广州的166次列车开始检票进站。此时，精神抖擞的方红霄正带着靳红春、李明、孔翔3位战友例行检查旅客的行李物品。

这时，2名穿着黑色风衣、身材一大一小的青年男子大摇大摆地向检票口走来。昆明的气温已经有20多摄氏度，他俩的打扮和神态，方红霄觉得有些不太对劲，就暗暗盯着他们。当安保人员请他们接受检查时，两个人恶狠狠地瞪了一眼，一声不吭地往站里走。

见此情景，方红霄跑步上前拦住去路："先生，请把你们的身份证出示一下。"

大个子见堵住了他们的去路，瞟了方红霄一眼，气哼哼地说："坐火车还要啥子身份证，我走南闯北还没有人看过我的身份证！"

面对蛮横的指责，方红霄依然态度坚决，二人只好无可奈何地掏出了身份证。看完证件，方红霄顺手在大个子的腰里摸了一下，感到里面有个硬块，凭经验，方红霄断定：是毒品！

刀光剑影

当方红霄把大个子叫到一边，准备进一步检查时，只听站在一侧的副班长李明大喊一声："班长，快躲开！"

方红霄闻声回头，只见小个子"唰"地抽出一把明晃晃的长刀向他刺来。他忙闪身用左手一挡，只听"咔嚓"一声，手表玻璃壳被砍成2块，刀刃划进了手腕，顿时鲜血直流。

这时，3名战友拨开人群冲了过来。大个子见状，也挥舞着长刀向他们砍去。检票口顿时混乱起来，检票员也迅速把进站口的铁栅门关上，狗急跳墙的凶犯见无路可逃，纵身翻过铁栏杆向车站广场逃去。

这时，李明带着2名战士挤开人群冲过来，方红霄朝李明大喊一声："有海洛因，快跟我追！"方红霄带头跃过栏杆，径直向凶犯追去。

方红霄和战友们边追边打。当追到铁路三岔路口时，两个家伙分头向西、南两个方向逃窜，方红霄他们分头追击，很快将小个子逼进一个铁路涵洞里。这家伙见无路可逃，挥刀割破自己的手腕，扯着嗓子狂叫道："我不想活了，你们不怕死就上来吧！"涵洞里光线昏暗，小个子边叫边舞起长刀向方红霄扑来。一阵拳打脚踢，小个子束手就擒。

当方红霄和李明追上来时，大个子已经被靳红春、孔翔和当地几十名群众围困在一个工地的二层工棚上。方红霄立即爬上房顶，从后面包抄。大个子见此，便不要命地从二层工棚上跳了下来，向盘龙江方向跑去。

穷追不舍

盘龙江对岸是条公路，来往车辆很多，如果让他过了江，这家伙就有可能逃脱。方红霄紧随其后，飞身跳下。没想到，右脚落在一块施工废弃的木板上，一颗钉子扎穿鞋底透过脚背。一阵钻心的疼痛，让他浑身打起了哆嗦。

看到歹徒逃窜的身影，方红霄用力将脚内钉子猛然拔出，顿时血如泉涌。他抓起一把土，捂住脚背伤口，一瘸一拐地向盘龙江跑去。他边跑边告诫自己，就是今天毁了这只脚，也要捉住这个害群之马！

他一跃而起跳入江中，浑浊的江水浸进伤口，疼得他双眼发黑。但是，他顽强地划水，竭力缩短与大个子的距离。快接近时，他一个猛子潜到大个子身后，又突然腾出水面，一把将大个子的脖子卡住，左手按住他的肩膀，借助水的浮力，朝他的头部猛击几拳，战友李明、靳红春也齐攻而上，不一会就将其打昏在水里。

这次追捕战斗持续了近1个小时，从凶犯身上缴获海洛因1800多克。

2天后，方红霄的左脚伤口因进水开始红肿溃烂，接着是持续不退的40度高烧，在医院经过专家们半个月的抢救治疗，才勉强愈合。

那个深深的褐红色的疤痕，成了这次战斗永久的证明。

护法勇士

类似的经历，在方红霄的缉毒战斗中，上演了一幕又一幕。

由班长、排长到中队长，面对一次次生与死的考验，他铁骨铮铮，义正辞严："站着该是柄利剑，即使倒下，也要成为一道犯罪分子不可逾越的屏障！"

在昆明火车站执勤点这个缉私缉毒、打击犯罪的特殊战场上，他令不法之徒闻之丧胆、见之落网，已把1900多名犯罪分子送进监狱。他身上的7处伤疤，处处都是惊心动魄的历险搏斗的见证。6年时间和战友们共计查获海洛因等毒品45千克、假钞14万元、枪支41支。

面对人民群众，他饱含赤诚与真情，以"执勤好比执法，即使千难万难，也不能为难父老乡亲"为信条，2次在枪口下舍身救出被歹徒劫持的人质，数次冒死排除了即将爆炸的手雷，保护了人民群众的生命财产安全，成为让犯罪分子胆寒的"护法勇士"。

杨利伟
载入史册的“航天英雄”

2003年10月16日凌晨，内蒙古四王子旗阿木古郎草原，寒气袭人，上千名翘首以盼的人们精神抖擞、热情高昂。当我们的飞天勇士神情自若地走出舱体时，欢呼声久久回荡在晨曦初现的草原上空……中华民族千年来的飞天梦想终于实现了！历史将永远铭记这个光辉的时刻和英雄的航天员——杨利伟。

梦想像海鸥那样飞向蓝天

杨利伟1965年出生在辽宁省绥中县，从小就生活在大海边，儿时他有一个梦想，希望能像海鸥那样飞向蓝天。

1983年，杨利伟考进了空军飞行学院，朝着梦想迈进。在航校学习时，杨利伟就是尖子学员，每一个飞行课目都是第一个放单飞。毕业后，他飞过强击机、歼击机，飞行时间达到1200小时，飞行技术出类拔萃。

1996年初夏，杨利伟接到通知，参加航天员体检。儿时梦想着翱翔蓝天，没想到现在却有机会飞向遥远神秘的太空，杨利伟为此兴奋不已。

接下来，是一轮又一轮严苛的体检、测试。

初检通过后，先是医学临床检查，即对人体的几十个大大小小的器官逐一进行检查。接着是航天生理功能检查：在离心机上飞速旋转，测试受试者的各种超重耐力；在低压试验舱测试受试者上升到高空时的耐低氧能力；在旋转座椅和秋千上检查受试者的前庭功能；进行下体负压等各种耐力测试。经过几个月的近乎苛刻的体检，886名初选入围者所剩无几。

检查结果终于出来了：杨利伟的临床医学和航天生理功能各项检查指标均达优秀。1998年1月，作为中国第一代航天员中的一分子，杨利伟怀揣新的梦想，来到了北京航天员训练中心。

接受魔鬼训练

要想成为一名合格的航天员，除了必须具备特殊的身体素质，掌握深奥的科学知识，还必须接受一系列严格的特殊训练，其中最为艰苦的是航天环境适应性训练。

在接受“超重耐力”训练时，杨利伟坐进一只8米多长铁臂夹着的圆筒里。离心机开始加速旋转，人受到的负荷从1个G逐渐加大到8个G——这相当于自身重量近10倍的压力！杨利伟的面部肌肉开始变形下垂、肌肉下拉，整个脸只见高高凸起的前额。脑缺血眩晕，心跳骤然加快，呼吸极度困难……这些症状的出现，意味着很容易造成意志丧失，甚至危及生命。

这项训练既是对身体的训练，也是对意志的极大考验。在他的左手旁，有一个红色的按钮，是用来报警的。如果航天员在训练时，感到不行了，就可以按下按钮叫停。但是，在每次离心机训练时，杨利伟都以坚强的意志，忍受着平常人难以想象的煎熬，从未碰过这个按钮。

2003年7月，杨利伟经载人航天工程航天员选评委员会评定，具备了独立执行航天飞行的能力。“神舟五号”飞船进入发射准备阶段后，经专家组无记名投票，杨利伟以其优秀的训练成绩和综合素质，被选入“首飞梯队”，并被确定为首席人选。为了实现中华民族飞天梦想，杨利伟又全身心地投入了“强化训练”。

飞船从发射升空到进入轨道，再调整姿态返回地球，持续时间几十个小时甚至上百个小时，飞行程序指令上千条，操作动作上百个。舱内的仪表盘、指示灯密密麻麻，各种线路纵横交错，各种设施星罗棋布。航天员必须熟悉和掌握它们，并能进行各种操作和故障排除。

怎么办？只有靠反复练习。不知费了多少脑细胞，通过千百次的熟悉和默记，杨利伟终于对飞船的飞行程序和操作规则了如指掌。距离太空，只有一步之遥了。但这一步，是何其漫长！

“我为伟大祖国感到骄傲！”

2003年10月15日晨，杨利伟进入飞船，按照规定程序有条不紊地进行着发射前的各项检查。

8时59分，零号指挥员下达了“一分钟准备”的口令。火箭即将点火。指挥大厅里弥漫着紧张气氛，人们连大气都不敢出，一切仿佛在瞬间凝固了。

10、9、8、7、6……点火！“神舟五号”飞船的火箭尾部发出巨大的轰鸣声，几百吨高能燃料开始燃烧，8台发动机同时喷出炽热的火焰，高温高速的气体，几秒钟就把发射台下的上千吨水化为蒸汽。

大漠颤抖，天空轰鸣，火箭起飞了。

随着火箭逐步加速，杨利伟感到压力在渐渐增加。在火箭上升到三四十千米的高度时，火箭和飞船开始急剧抖动。低频共振产生的巨大负荷，让他感觉五脏六腑似乎都要碎了。共振持续了26秒后，慢慢减轻。当从那种难受的状态中解脱出来之后，一切不适都不见了，杨利伟如释千钧重负。

飞船进入太空轨道后，绕着地球90分钟一圈高速飞行。当杨利伟拿起摄像机，把太空上的壮观景象拍摄下来时，他不由得从心里升腾起从未有过的强烈自豪感。他郑重地在飞行手册上写了一行字：“为了人类的和平与进步，中国人来到太空了！”

飞船飞行到第7圈时，他又在太空展示了中国国旗和联合国旗，表达了中国人民和平利用太空、造福全人类的美好愿望。

在长达21小时23分钟的飞天之旅中，杨利伟的全部操作没有出现一次失误。飞船总设计师高度评价杨利伟的太空飞行：“不是一般的成功，而是非常成功；不是一般的完美，而是特别完美。”

当杨利伟健步走出飞船返回舱的一瞬间，他成了中国人民心目中的民族英雄！面对巨大的成功和莫大的荣誉，他向欢迎的人们由衷地说道：“我为伟大祖国感到骄傲！”

杨业功

忠诚履行使命的模范指挥员

苍山凝重，绿树低垂。一枚枚导弹静卧在崇山峻岭之中，蓄势待发，等待着一位共和国将军的口令。2004年7月2日，在弥留之际仍发出“出发”口令的第二炮兵某基地原司令员杨业功，生命之树永远定格在了第59圈年轮。这位普通的农家子弟年少从军，从士兵到将军，为导弹事业呕心沥血、殚精竭虑。他用尺子丈量自己的工作，用读秒计算自己的生命……

打造导弹部队新锐

入夜，东海某海域。

一枚新型导弹呼啸着划破夜空，迅疾的弹影掠过遥远的距离，准确命中海上的目标。测控数据传来，发射阵地群情振奋。担任现场总指挥的杨业功兴奋地表示：“有我们在，请祖国和人民放心吧！”

1995年夏，我新型导弹部队以这种方式首次公开亮相，国际军事界立刻为之震动：“这意味着一个令人生畏的重大突破。”

此前，杨业功奉命组建我军第一支具有现代化作战能力的新型导弹旅。创业维艰，不辱使命。杨业功率领部队在一张白纸上开始描绘新型导弹部队的构想，以一种现代战争的军事理念，打造中国战略导弹部队的精锐之师。

那段时间，杨业功上阵地、下部队，几乎没有休过一个节假日。

他的“全日制”工作让一些年轻的同志都感到吃不消。他对所有工作都要求准确无误，唯独自己的吃饭、休息和回家时间，从未准时过。

一个冬天，部队开赴西北某地开展一系列低温条件下的试验性训练。在近零下30摄氏度的戈壁沙漠上，杨业功带着严重的感冒连续15天跟班作业。有2次试验归来，一进宿舍就瘫倒在地。但他严令身边的同志，绝不许“泄密”。

最终，杨业功和战友们以一次干脆利落的实弹打靶，把上级“当年组建、当年形成战斗力、当年圆满完成实弹发射任务”的命令，变成了现实。从此，我军又多了一块“保卫祖国安全、维护世界和平”的“盾牌”。

瞄准世界一流冲锋

和平，对于中国军人是一个神圣的字眼。

作为共和国高级军事指挥员，杨业功思考的是，把自己的部队锻造成保卫祖国安全、捍卫祖国和平的坚强盾牌。为此，他反复强调：“只有瞄准世界一流抓战斗力建设，才能成为党和人民可信赖的铁拳头。”

为冲一流，他带头学成了“导弹通”。

杨业功没上过大学，是从普通士兵成长起来的。但他几十年好学不辍，终于使自己成为远近闻名的专家型人才。走进他的家中，看不到什么像样的家具，却有满满几柜子书。那些有关导弹技术、现代战争、指挥艺术、战争筹划方面的书籍上，写着大量的阅读注记。几十个笔记本，记载着百万字的心得。

为冲一流，他盯着前沿锤炼部队。

每当国际上爆发军事冲突，杨业功都要立刻提醒官兵们密切关注，组织大家研讨战争中导弹运用的事例，吸收借鉴先进战法，寻找应对措施。杨业功还把世界主要军事强国导弹部队的相关情况整理出来，列出几百项“先进指标”，让大家经常琢磨，谋求超越之道。官兵们说，虽然部队没有参加过实战，但每天都生活在实战氛围中。

为冲一流，他敢冒风险大胆地闯。

2000年，基地某旅确立了全系统、全要素、全员额、全程序、全装备训练的目标。这在二炮部队还是头一次。训练动用的装备越多，风险就越大，不少人为此忧心忡忡。

压力面前，杨业功第一个表态：“我支持。出了问题我负责！”

由于缺乏经验，第一次按“五全”标准训练就出了意外：夜间紧急出动中，一辆装备车因路基过软发生侧倾，差点酿成事故，上下哗然。

杨业功没有责备部队。他亲自组织深入调查，带领官兵对所有训练细节进行严格推敲，每个环节都精心筹划和实施，终于使各课目训练圆满成功。

倒也要倒在战位上

2003年11月，杨业功一生中最沉重的日子。他在国防科技大学学习时的一次体检中，被查出患十二指肠腺瘤癌变。

此后的几个月，杨业功仍像一往无前的勇士，奉献着最后的人生。

他要完成国防科技大学的学习计划。进医院时，他就带着学校发的书本。他趴在病床上一边学习，一边完成毕业论文。

他请求把电话接到病房，还像上班一样指挥着部队的建设。每当听到基地的同志说到某项工作已经通过严格的考核、阵地建设工程全部达到最高标准时，他总会高兴得放声大笑。

2004年春节前夕，经过杨业功再三恳求，医院同意他回部队养病。此时，他的体重已经从70千克减到58千克，原本合体的军装显得空空荡荡。

这年春节，正值部队执行一项重大任务。大年初六，他不顾劝阻，拖着病体听取有关工作汇报，并主持制定作战方案。从二楼到四楼只有40多级台阶，他却走得非常艰难，大口喘气，直冒虚汗。身旁的同志要抬他回家休息，可他却大发脾气：“我的任务还没完成，你们想让我死不瞑目吗？”

“是军人，倒也要倒在战位上。”杨业功语气坚定。

杨业功走了。在最后时刻，他喊着“出发”这个微弱却坚定的口令走完了自己的辉煌人生。围在他身边的官兵无不泣泪成声。他们不约而同地举起右手，用庄严的军礼为共和国将军送行。

在基地设置的告别灵堂，一名战士送来的挽联上写着：“你把忠魂留在了阵地，你把忠诚留给了祖国，你永远是我们心中的英雄！”

官兵们仿佛看到，杨业功率领着部队又一次向阵地出发了——他的生命在阵地中永恒。

八 李中华

与死神对阵的“英雄试飞员”

试飞，是世界上危险性最大的职业。对试飞员来说，每一次飞行都是全新的挑战，每一次飞行都有不可预知的风险。李中华，一位长期与死神对阵的试飞员，凭着过硬的技术和超强的心理素质，屡屡化险为夷，为祖国挽救了价值数亿的战机和难以估量的科研成果，被中央军委授予“英雄试飞员”荣誉称号。

创造飞行速度纪录

2003年，上级将歼10飞机“低空大表速”的试飞任务交给了李中华。这种飞机最大设计时速1450千米，在国内是一个前所未有的纪录。“低空大表速”试飞，就是在低空中飞到这个最大速度，对飞机结构强度的可靠性和颤振特性进行检验。这是定型试飞中最难啃的“硬骨头”，国外试飞时曾多次发生战机空中解体的惨剧。

试飞开始了！李中华驾机冲向1.2万米高空，然后以每秒120米的速度向下俯冲。

正如预料的那样，随着速度的不断增大，飞机暴露出结构上的问题：时速达到1270千米时，前起落护板严重变形撕裂；超过1300千米时，机翼前沿的铆钉被吸了出来；接近1400千米时，油箱开始渗油。

此时，如果再加大速度，飞机可能在没有任何先兆的情况下突然解体，飞行员根本来不及跳伞逃生。可以说，每前进一步，死神就逼近一步！

但是，为了把飞机的性能飞出来，李中华还是毫不犹豫地继续加速。

1410、1420……1450！当他兴奋地向指挥塔台报告“飞机达到设计速度”时，速度表显示每小时1453千米——国产新型战机最快飞行速度纪录诞生了！

当李中华驾机平稳着陆后，整个机场沸腾了！领导和同志们热烈地同他握手拥抱，许多同志流下了激动的泪水。

挑战世界级“空中禁区”

2005年5月20日，险些成为中国航空工业史上黑暗的一天。“要不是李中华的惊天一搏，摔掉的将不仅是2名优秀的试飞员，我军航空武器研制也将滞后8年到10年。”提起当时的情景，中国试飞研究院院长刘选民至今心有余悸。

这一天，李中华带试飞员梁剑峰驾驶三轴变稳飞机，进行“纵向诱发振荡”体验飞行。该机是我国自行研制生产的，能够模拟歼击机、轰炸机和运输机的飞行特性，被誉为“空中实验室”。此时，世界上只有美、英、法、俄4国能够制造这样的尖端机种，我国也仅此1架。

当进行第3个状态试飞时，飞机以高度500米、时速270千米向机场靠近，并构成着陆状态。

突然，机载变稳系统报警，电传系统停止工作，飞机瞬间倒扣过来！

“啊！飞机不行了！”前舱的梁剑峰下意识地喊道。

“别动！我来！”后舱传来李中华坚定的声音。

只见他迅速把飞机改平，蹬舵、压杆，但没有任何效果，飞机仍然倒扣着急速下降。

李中华又立即按下驾驶杆上的应急切断按钮和变稳系统电源按钮，还是没有反应。

此刻，高度只剩下200米了！

眼看机毁人亡不可避免，千钧一发之际，李中华猛然意识到，是变稳计算机在作怪！他果断地一把关闭了变稳、显控和计算机3个电门，终于使飞机恢复了手动操纵。

从发现故障到紧急排除，李中华仅仅用了7秒钟！

此时，飞机上的电源完全消失、各种仪表全部无显示，他们再次陷入困境。李中华通过地面判断飞机的高度、位置和姿态，迅速对准跑道，带着飞机平稳着陆。

飞机保住了！宝贵的试验数据保住了！

宝剑锋从磨砺出

在试飞生涯中，李中华遇到多次重大险情，但都能最终化险为夷。有人说他是“福将”，但李中华自己却很清楚：他之所以能一次次在瞬间处置好突发险情，靠的是扎实的理论基础、过硬的飞行技术、顽强的战斗作风和良好的心理素质。而这一切，都是在反复磨砺中练就的。

为了尽快掌握世界先进试飞技术，李中华先后3次被派往俄罗斯培训。每次，他都十分珍惜这难得的学习机会。

第一次培训，为克服语言不通带来的学习障碍，准确掌握有关理论，他坚持课上认真听讲、课下整理笔记，并翻译成中文。4个月里，他经常学习到凌晨两三点。为了做好每一个动作，他经常在课堂上与教员反复讨论，课后自己在宿舍里、在汽车上，上千次地进行演练，从而熟练掌握了“驾驶员人工扫频”等多项高难技术，获得了俄方颁发的国际试飞员证书和证章。

第二、第三次到俄罗斯学习，他又相继攻克了被世界航空界称为“死亡陷阱”的失速尾旋和国际顶尖飞行员梦寐以求的“眼镜蛇机动”等一系列高难课目。

正是凭着过硬的本领，这些年来，李中华先后试飞过歼击机、轰炸机和运输机等3个机种、26种机型，安全飞行2300多个小时，成功处置21次空中重大和特大险情，创造了最大表速度、最大动升限、最大过载值、最小滑跑距离、最小操纵速度等5项纪录。

在生与死之间，他用智慧和勇气，谱写了试飞员的传奇。

方永刚

忠诚党的创新理论的模范教员

被中央军委授予“忠诚党的创新理论的模范教员”荣誉称号的方永刚，是毕业于名校的历史学学士、法学硕士、军事学博士，更是部队大学校锻造的理论战士。在20多年的教员生涯中，他把讲台当作战场，真情传播、模范践行党的创新理论，始终把生命保持在冲锋的状态。

深受欢迎的“平民教授”

打开方永刚的履历，一切似乎是那么简单，甚至显得有些平凡：他出生于辽宁建平县一个贫穷的农民家庭，1985年从复旦大学毕业后参军入伍，到军队院校任教，从此寒来暑往，在教员的岗位上，一干就是22年。

不过，再打开方永刚的工作记录，上面的记载却又如此不凡，甚至令人感到震撼：20余年如一日，他奔走于白山黑水之间，为部队官兵和地方群众宣讲党的创新理论1000多场次；撰写论文、专著300余万字；为学员讲授13门课程，年均完成教学任务200%，课程质量综合评定连续为A……

到底有多少人听过方永刚的课？同事们数不清，就连方永刚自己也记不清了。

然而，只要听过方永刚课的人，都忘不了方教授那深入浅出的说理、激情洋溢的宣讲、生动活泼的交流……一次课下来，掌声、笑声不绝于耳，听的人不知不觉就被折服了。

方永刚的政治课为什么会有如此巨大的魅力？答案只有一个：因为他满怀激情地当好党的创新理论与人民群众之间的“连心桥”。由于讲的课接地气，方永刚被大家亲切地称为“平民教授”“大众学者”。

使命重于生命的“拼命三郎”

从穿上军装、走上讲台的第一天起，方永刚就抱定了一个朴素的信念：“我们生活的这个时代，比以往任何时候都需要理论工作者，我的使命，就是要趴下身子做桥梁、挺直脊梁做灯塔，让党的创新理论的真理之光照亮千家万户！”

为了履行自己的使命，方永刚22年扎根在被常人视为枯燥晦涩的理论天地，心领神会，以苦为乐。

同事们说，在海军大连舰艇学院，有一盏“长明灯”，因为方永刚总是在挑灯夜战，加班加点。说起方永刚那股“拼命三郎”的劲儿，曾经担任学院院长的一位领导，总会提起1997年的那一幕……

1997年夏天，这位领导已经调到北京工作，方永刚出差时前去看望。两人一照面，领导吓了一大跳：只见方永刚汗流满面，脖子上戴着塑料护颈，手里还捧着一捆书。

“院长，我遭遇车祸了，刚出院，大难不死，还写了一本书，这次来北京取样书，送给您看看！”方永刚一边抹着汗，一边兴冲冲地说。

几个月前，方永刚骑车去接儿子，被出租车撞了，脑袋磕在了马路边的石头上，颈椎破裂！医生在他的头骨上钻了2个眼，用钩子吊着一个大秤砣，整整吊了108天。这108天里，方永刚身子不能活动，脑子却不肯休息。他用手举着书读了43本，从一开始不到3分钟就得休息，到后来举3个小时都不哆嗦，硬是在病床上磨出了一本30万字的学术专著《亚太战略格局与中国海军》。

看着又黑又瘦的老部下，拿着浸透他心血汗水的著作，老领导不禁红了眼眶：“方永刚啊方永刚，让我说你什么好呢？”

车祸出院时，医生叮嘱方永刚：“2年之内不准坐车船，走路要稳。”可是，方永刚紧跟党的创新理论的脚步哪里停得下来？他迫切想到基层向官兵宣讲党的创新理论的心又哪里“稳”得住？没过多久，方永刚就拖着医生拉警报的身体，马不停蹄地踏上了赴部队讲课、调研的征途。

永远保持冲锋姿态的“理论战士”

人，毕竟不是铁打的。长期的超负荷工作，导致无情的病魔向方永刚袭来！

2006年11月8日，一个不幸的消息传来：方永刚被确诊为结肠癌晚期！病灶的切除标本上，扩散的肿瘤密密麻麻，小如米粒、大如黄豆。医护人员震惊了：这种情况，一般发病一年半，有症状起码半年，他自己怎么会毫无察觉？又是如何支撑着干完了那么繁重的工作？

很快，他们就彻底明白了。在医院里，方永刚反复跟医生念叨：我要早点出院，学生还在等着我呢。在麻醉前，他跟医生讨价还价：少用点麻药，我是从事政治理论研究的教员，需要清醒的头脑。这个特殊的病人啊，心里装的还是他所钟情的政治理论教育事业。

教研室领导来看他，他没有别的要求，就是坚持要回去上自己没上完的课。领导安慰他说：“你就安心养病吧，课已经安排由别人代上了……”话还没说完，方永刚急得叫了起来：“我肚子有问题，但脑子没问题、嘴巴没问题，我还可以讲课啊！”站在一旁的妻子看着执拗的丈夫，转过身去，热泪盈眶：“永刚啊，这个时候，我真希望你是个哑巴！”

2007年1月15日上午，在两次化疗的间隙，经过再三的请求，方永刚终于实现了自己再站上讲台的愿望。为此，他特地去理了并不长的头发，穿上熨得笔挺的军装。

上课的铃声响了。这节课的讲授内容是新世纪新阶段我军历史使命。方教授的开场白只有一句话：“讲好这一课，是我的使命。”

讲台上，屹立着磐石般坚守着自己阵地的方教授，他的腰间揣着引流袋，正拼尽全力，以生命践行着诺言。

“如果有一天我的生命之钟停摆了，我愿意把它定格在自己的岗位上，永远保持一个理论战士的冲锋姿态。”这就是方永刚，他活着1分钟，就要燃烧60秒！

八 邱光华

抗震救灾的陆航雄鹰

邱光华，1957年出生，四川茂县人，羌族，中国人民解放军陆军航空兵某部特级飞行员，是1974年周恩来总理挑选的第一批少数民族飞行员。2008年5月31日，在执行抗震救灾任务返航途中，因高山峡谷局部气候瞬时变化，邱光华驾驶的米-171直升机突遇低云大雾和强气流，不幸失事，光荣牺牲。

“我能做的就是救灾。”

2008年5月12日，一场罕见的特大地震突袭四川等地。

灾情就是命令！成都军区某陆航团紧急出动，投入抗震救灾的战斗。

51岁的邱光华是陆航团经验最丰富的飞行员之一，曾无数次在没有航线的高原、山区开辟航线。可是，他起先并没有被列入飞行名单——团领导考虑他还有几个月就到了停飞年龄，家又在重灾区，便安排他在地面指挥。然而，邱光华一次又一次地找团领导请战：“我是老飞行员了，家里的事压不垮我！况且家乡的地形我最熟悉，让我飞，还能带带年轻的飞行员。”

实在拗不过，领导最终不得不同意让邱光华投入救灾战斗。

其实，邱光华的家在茂县，离震中汶川很近，家里还有父母和2个弟弟等多名亲人。地震以后，通信中断，家里究竟是什么情况，杳无音信。

第二天，邱光华接到命令，前往北川、绵竹和都江堰侦查灾情。没有过多考虑，10分钟以后，他便带领机组人员起飞了。这一天他还是没有得到任何关于家乡和亲人的消息。邱光华说：“这是天灾，没办法，我只能干着急，帮不了家里，只有靠当地政府。我能做的就是救灾。”

把大爱写在蓝天上

14日，邱光华奉命前往家乡茂（县）汶（川）侦察灾情。当他飞到茂汶上空，家乡已是满目疮痍。他想：完了，我家全完了，人肯定被埋在下面了。落地后，他见到了带人前来向部队汇报灾情的弟弟。弟弟告诉他，家里房子垮了，好在父母亲人都活着。邱光华终于安心一点，这时已是地震发生后的第3天。

15日，邱光华驾机飞进青川执行空运救灾物资的任务。到达目标空域才发现，在满目疮痍的地面上很难找到一块降落场。有人建议空投，邱光华坚决不同意：“这可是乡亲们的救命粮、救命水，摔坏了怎么办？”他带领机组成员反复盘旋观察，成功将直升机降落在一个面积不足200平方米、由几块石头堆成的平面上。回来后，有人不解地问他，为什么要赌上生命去较真儿？他说，救民于水火，我们代表着党的形象和军队荣誉，绝不能打半点马虎眼。

20日，邱光华飞赴茂县空投救灾物资。晚上，弟弟打来电话，说家里分到了两顶帐篷，邱光华当即要求弟弟让出一顶给乡亲们。直到邱光华出事那天，他80岁的老父亲还带着祖孙三代挤在一顶帐篷里。

在茂县抢运伤员最繁忙的时候，几个受轻伤的亲戚找到邱光华，想让他安排上飞机。邱光华解释说：“抢救重伤员要紧，请你们再坚持一下，我保证所有伤员都能安全转移出去。”亲戚们点点头，毫无怨言地排到队伍的最后。

就是这样，邱光华怀着对亲人的愧疚，把大爱写在了蓝天上：抗震救灾期间，累计飞行50小时31分，63架次，运送救灾物资25.8吨，运送救援人员87人，转移受灾群众180人。

永远汇入莽莽青山

数千米高山间陡峭的峡谷，湍急多变的气流，常年笼罩的云雾……这些重灾区，不管是映秀镇还是汶川、茂县县城，全都坐落在岷江边狭长的山谷里，几乎没有直升机盘旋和降落的空间，飞行员完全要靠肉眼目视操作，完全要靠经验完成一次次惊险的起降。

邱光华也知道在这条山谷中飞行的风险，然而，他和战友们却毫不犹豫地选择了更频繁的飞行，以维护这条"空中生命线"的畅通。

不幸的是，5月31日14时56分，当低云大雾和强气流突然同时来袭，这架连续征战在灾区天空上的雄鹰终于折翼陨落……

当天中午，机组接到命令——运送10名防疫专家前往理县。当天已经执行了2个架次任务、正闭目养神的邱光华一跃而起，直奔战鹰。返航途中，在汶川县映秀镇附近，高山峡谷局部气候瞬时变化。

不好，直升机遇上了"爬山云"！这种山谷里因强对流天气迅速升起的云团，神出鬼没。它的飘行速度非常快，前一架飞机飞过去时，这片云还没有移动到这个位置上，几分钟之后，另一架飞机飞过来，云就正好在这个位置上，就可能把山封住，尤其是在转弯地带，机组人员不易发现这种"爬山云"，或发现了也来不及处置。

就在这一瞬，雄鹰折翼……

11天后，当人们在峭岩上找到残骸时，邱光华已和心爱的战鹰一起，永远汇入了莽莽青山。

英雄远去，英雄的名字，必将被灾区人民永远牢记。

海军372潜艇

敢打必胜的深海铁拳

2014年，一篇来自《解放军报》的文章，引发了网友的强烈关注——“苍茫大海，180秒生死沉浮；逐鹿大洋，中国海军372潜艇勇建奇功。”该艇在战备拉动中突遇重大险情，指挥员沉着冷静、果断指挥，全艇官兵舍生忘死、奋力排险，成功化险为夷，并克服重重困难，圆满完成后续任务，创造了我国乃至世界潜艇史上的奇迹，被中央军委授予“践行强军目标模范艇”荣誉称号。

力挽狂澜

深夜，浩瀚大洋，海面波涛翻滚，水下暗流涌动。372潜艇正执行战备远航任务，潜航在大洋深处。

“不好，掉深了！”一声惊呼，打破了指挥舱内特有的宁静。

潜艇“掉深”，形象地说就是遭遇了“水下断崖”，堪称是世界海军的噩梦。外军一艘潜艇在深潜试验时，因“掉深”失事沉没，艇上100多人全部遇难。

祸不单行。就在官兵忙着处置“掉深”险情时，更大的危险袭来。

“主机舱管路破损进水！”广播器里传来急促的报告。

主机舱是潜艇的心脏部位，舱内遍布各种电气设备，一旦被淹受损，就会造成动力瘫痪，甚至可能因短路引发火灾……更可怕的是，如果进水得不到有效控制，潜艇将加速下坠，超过潜艇所能承受的极限深度，最终艇毁人亡。

此刻，数十名官兵命悬一线！

“损管警报！”“向所有水柜供气！”生死关头，指挥员王红理当机立断，果断下令。

不到10秒钟，应急供气阀门打开，所有水柜开始供气；1分钟内，上百个阀门关闭，数十种电气设备关停；2分钟后，全艇各舱室封舱完毕。此时，掉深速度虽有减缓，但仍在持续。时间一秒一秒过去，每一秒都显得那么漫长……

3分钟后，掉深终于停止。紧接着，潜艇在悬停10余秒后，深度计指针缓慢回升，艇体开始上浮。

因主机舱大量进水，潜艇出现大幅尾倾，舱室内连人都站不稳，大家死死坚守战位，按照指挥员的指令，向艇艏压水，向艇艉压载水舱供气，调整潜艇姿态。

潜艇上浮，速度越来越快。最终，像一头巨鲸冲出海面。落定时，剧烈震荡，摇晃摆幅达20度。幸运的是，由于姿态控制得当，潜艇避免了倾覆危险。

从潜艇掉深进水到安全脱险，在这场与死神的较量中，全艇官兵直面生死，沉着冷静，正确处置，成功闯过了鬼门关。

知难勇进

是申请返航、等待后方救援，还是继续执行任务？重大险情排除后，绝境逢生的372潜艇官兵又面临艰难的抉择。

当时，潜艇虽然成功脱险，但装备受损严重，而后续任务时间漫长、情况复杂、充满变数，可以说挑战巨大、困难重重。

当务之急，是全力以赴抢修受损设备！

为了排除设备故障，动力长肖亮3次累倒在现场并抽搐甚至休克，每次刚刚恢复清醒，又直奔战位。

为了尽快疏通排水管路，舱段兵邹晓波连续6次潜入舱底水中，嘴唇被冰冷的海水冻得发紫，口中呛入脏臭污水，但他硬是用手一点一点地把堵在排水口的残渣掏除干净。

为了保证正常的充电充气，轮机技师周军生冒着50多度的高温守护着柴油机，汗流浃背，衣服结上了厚厚一层白色盐渍。

……

无论干部战士，不分职务高低，大家争分夺秒地抢修受损舱室设备。经过10多个小时的连续奋战，潜艇主要设备迅速修复，水下航行能力得以恢复。

指挥员王红理紧绷的心终于稍稍放松，动情地说："如果我们遇到困难就退缩，与战时临阵脱逃没什么两样。个人荣辱事小，履行使命事大！"全体官兵精神振奋，纷纷表示：上级交给的任务必须坚决完成，哪怕前面是龙潭虎穴、万丈深渊，也要勇往直前！

372潜艇毅然带"伤"挺进大洋，继续执行未完成的任务。

逐鹿深蓝

372潜艇刚刚浮出水面脱险，就遭遇了多批次外军舰机的跟踪监视和围追堵截。

此时，372潜艇正处在最艰难的时候，主电机无法运转，只能靠一台经航电机缓慢航行，经过连续排险、抢修装备，官兵们疲惫到了极点。

当急促的战斗警报响起，官兵们的战斗细胞瞬间被激活，他们以最快速度冲向战位，做好迎战准备。

"对手近在咫尺，干部战士没有一人退缩。我当时就想，既然有'免费'的陪练，就不能辜负人家的'美意'。"在王红理看来，只有敢于把对手当磨刀石，才能砥砺雄风锐气、练就过硬本领。

372潜艇采取一系列战术动作，与对手针锋相对，斗智斗勇，成功摆脱外军舰机的跟踪监视。

刚出包围圈，又遇拦路虎。在经过某海区时，372潜艇再次遭遇外军舰机的高强度围堵。官兵们综合运用一系列战术动作，悄无声息地突破了对手布下的天罗地网。

任务期间，372潜艇单枪匹马，转战千里，先后与多批次外军反潜兵力周旋。

372潜艇凯旋时，受到了英雄般的欢迎。海军首长对他们的担当精神给予高度评价："当时如果选择返航也能拿3到4分，现在你们以智勇双全交了一份出色的答卷，完全可以打'5＋'。事实证明，你们的选择是正确的！"

八 张超
逐梦海天的强军先锋

2016年11月，中央军委主席习近平签署命令，追授海军某舰载航空兵部队正营职中队长张超为“逐梦海天的强军先锋”。照片上，这位80后一级飞行员，蓝色头盔、绿色飞行服，剑眉朗目，帅气阳光，嘴角含着一抹微笑，平静地注视着这个世界……2016年4月27日，张超在驾驶歼－15舰载机进行陆基模拟着舰训练时，因飞机突发电传故障，不幸以身殉职。他用年轻的生命，为中国航母事业立起了一座熠熠闪光的“航标”！

“我就是冲着王伟来的！”

2004年，成绩优异的张超正全力准备高考时，得知部队来招飞，不假思索便报了名。通过层层考核，一路过关斩将，张超如愿以偿地拿到了招飞入伍通知书。

家人为他高兴之余，也隐隐有些担心：天上飞来飞去的，有个“万一”怎么办？何况，他还是家里的“独苗”，母亲身体又不好。

18岁，正值青春韶华，哪懂得什么危险和“万一”，一心觉得只有飞行员才是这个世界上最酷、最帅、最勇敢的男人。

2009年，张超以优异成绩毕业，主动申请到“海空卫士”王伟生前所在部队——海军南海舰队航空兵某团。

报到时，团长邱柏川问他为什么来，他脱口而出：“我就是冲着王伟来的！”

王伟，就是那位2001年中美撞机事件中英勇牺牲的海军航空兵飞行员，是张超的偶像。

在英雄的感召下，张超加紧训练，屡创佳绩。大雨滂沱中，他驾驶歼－8战机率先冲出云层，在超气象条件下探路迫降。他数十次带弹紧急起飞驱离外军飞机，首批驾驶歼－11B战机飞临西沙永兴岛。

1年之后，张超便脱颖而出，成为同批次首个放单的飞行员和首批长机，是全团6名“尖刀”队员中最年轻的一员。2012年，他在同批改装歼－11B的飞行员中首个单飞，提前4个月完成改装任务，刷新多项纪录。

向着英雄、向着海天，这位80后帅小伙越飞越高……

飞最“牛”的飞机

2015年，28岁的张超已成家立业，可以开始过着甜蜜的小日子了。这时，中国航母舰载机事业刚刚起步，急需优秀的飞行员。

舰载战斗机飞行员被称为“刀尖上的舞者”。统计表明，其风险系数是航天员的5倍、普通飞行员的20倍。西方某大国刚发展航母时，平均每2天摔1架飞机，损失了1000多名飞行员。

是花前月下过着安逸的小日子，还是义无反顾去挑战那片“世界上最危险”的着陆区？张超毅然作出了选择，他做通妻子的工作：“我的梦想就是飞最‘牛’的飞机，你不就是喜欢我驾机巡天的‘帅’吗？”

告别随军不久的妻子和刚满周岁的女儿，经过层层选拔、考核，张超如愿成为中国海军最年轻的舰载战斗机飞行员，准备“在刀尖上起舞”……

陆基模拟着舰飞行，是所有舰载战斗机飞行员必须跨过的一道门槛，只有过了这一关，才具备在航空母舰着舰的资格。

春去冬来，在长36米、宽25米，1∶1模拟辽宁舰有效着陆区的狭窄跑道上，怀揣梦想的张超一次次降落、加速、复飞，一次次挑战着身体和心理的极限。

潮起潮涌，渤海湾的辽阔海天，见证着他飞向深蓝的壮志豪情……

全力推杆到底！

2016年4月27日中午，海军某舰载机训练基地，舰载机飞行员张超驾驶歼-15战斗机准备执行陆基模拟着舰训练。这是当天最后一架次飞行，同一批次的4架战机已经有3架顺利着陆。仪器显示，张超的这次着陆也十分完美。

事故来得没有一点预兆，12时59分12秒，无线电里突然传来故障报警。接下来发生的这一幕，让所有人猝不及防：机头急速上仰，飞机瞬间离开地面，冲了出去。

“跳伞！跳伞！跳伞！”12时59分17秒，也就是发出故障报警信号4秒多后，塔台指挥员连发三声命令。几乎在指挥员下达命令的同一瞬间，张超从座舱弹射出来。由于弹射高度太低，角度不好，主伞无法打开，座椅也没有分离，张超从空中重重落下，掉在了跑道边的草地上。

飞参记录表明，从战机报警到跳伞离机的4.4秒里，张超的动作只是一个，那就是全力推杆到底，制止机头上扬。歼-15战机系统高度集成，发生电传故障，第一时间跳伞才是最佳选择。但在生死关头，张超却为避免战机损毁做出了最后的努力。经过调查，事故的最后定论是飞机装备的原因。

短短4.4秒，生死一瞬，张超首先选择了“推杆”，拼尽全力挽救飞机。正是这个选择，让他错过了跳伞自救的最佳时机。

浓烟中，救护车疾驰而来。忍着剧痛，张超断断续续地说：“我……还能……飞吗？”

在生命的最后时刻，把梦想寄托在海阔天空的他，难以割舍的依然是飞行……

张超留下的微笑，是那种“标准的嘴角上扬15度”，航母“辽宁”舰的飞行甲板仰角是14度。多出来的这一度，就是海天英雄对航母事业的无限热爱。

申亮亮

为世界和平事业献身的蓝盔勇士

2016年6月13日，河南温县，举城同悲。在6名礼兵的护送下，维和战士申亮亮回家了。在他牺牲后的第12天，辗转飞行万里，终于回到了魂牵梦绕的故乡。这位离家时的普通青年，回来后已是万人敬仰的英雄。追忆申亮亮的英雄人生，一串闪亮的数字让这位蓝盔勇士变得清晰。

生命中的最后37秒

2016年5月18日，中国人民解放军上士申亮亮作为联合国维和部队一员，随部队踏上非洲的土地，来到马里执行任务。

由于安全局势恶劣，马里被联合国秘书长潘基文称为“联合国最危险的任务区”。仅在最近3年，就有70多名维和军人遇袭身亡，约300人受伤，伤亡数高居同期联合国全球各维和任务区之首。

这些凶险吓不倒维和的蓝盔勇士。抵达马里任务区的第一天，申亮亮就把微信朋友圈中的签名改为“勇敢、勇敢”，还勉励身边的年轻战友“不要怕，关键时候有我在”。

然而，进驻任务区仅仅11天后，申亮亮就光荣地牺牲在了岗位上。

当地时间2016年5月31日，一辆载有500多千克炸药的不明汽车，发疯般地冲向联合国驻马里维和部队的营区。

当时，申亮亮与战友司崇昶共同担负营区2号门岗执勤警戒任务。

作为主哨，申亮亮当即向作战值班室报告情况：“2号哨位报告，不明地方车辆强行闯卡，请求支援!”同时，他果断拉响警报，通知营区做好防护，沉着指挥战友司崇昶向目标开枪射击。

随后，冲击哨位的车辆撞上了防护墙，侧翻，迅即燃烧……

“轰——”随着一声巨响，巨大的爆炸冲击波，使哨位旁20吨重的压路机被炸飞落到了100米外。就在爆炸的瞬间，申亮亮将司崇昶推离了岗楼。

在这短短的37秒时间内，申亮亮一连串干脆利落的动作，挽救了战友的生命，为营区做好防护准备争取了宝贵时间，自己却壮烈牺牲。

第3次申请维和

其实，申亮亮本不必去面对这份危险。“他明年服役期满，这可能是他在部队的最后一年。”老战友王刚说。

但是，作为入伍11年的一名老兵，申亮亮说出了掏心窝子的话：“代表国家出去维和是一份荣耀，不去维和，感觉军旅生涯总是有点遗憾。”

为了这一次维和战斗的机会，申亮亮足足等待了3年。

2013年6月，得知部队即将执行第一批赴马里维和的消息后，申亮亮激动得一宿没睡着，连夜写下请战书：“绝不放弃为祖国和军队去战斗的机会。”就在这时，他被体检出有腰椎间盘突出，不符合维和选拔条件，“维和梦”也随之化为幻影。

2014年7月，团里又一次接到命令，组建维和工兵分队赴马里执行任务。一如既往的血性与激情，申亮亮再次递交请战书：“我时刻准备上战场，这一次我绝不能再错过机会。”这一次，尽管只是作为“替补队员”，但他仍坚持参加为期2个多月的封闭集训，还悄悄买来7.5千克的隐形铁板藏在身上加码训练。

功夫不负有心人。2016年，单位再次接到了赴马里维和的任务。这一回，申亮亮以优异的成绩顺利通过了选拔考核，在迷彩服的臂膀上，绣上了鲜艳的五星红旗，代表国家参加维和行动。

4枚勋章

6月12日，申亮亮烈士回家了。在家人所带的遗物中，有申亮亮牺牲后获得的4枚勋章：联合国维和勋章、马里战士十字勋章、中国人民解放军和平使命纪念章、中国人民解放军献身国防金质纪念章。此外，遗物中还有一份《烈士通知书》。

联合国维和勋章，是联合国秘书长按照《联合国勋章条例》，为参加联合国工作的军事人员和民警颁发的勋章。

为了获得这枚沉甸甸的勋章，中国军人前赴后继，一往无前。

中国军队参加维和行动以来，申亮亮是第11名在执行任务中牺牲的官兵。从刘鸣放到陈知国、刘仕利，从雷润民到郁建兴，从付清礼到杜照宇……再到申亮亮，中国军人已经为维和事业奉献了11个年轻而优秀的生命。但是，中国军队维和的步伐却愈发坚定、有力。

在苏丹达尔富尔，中国军人冒着随时可能遭受不明武装分子袭击的可能，坚持施工。

在黎巴嫩南部，中国军人在埋藏了约13万枚各式地雷的“生死场”里，排雷排爆。

在南苏丹，中国的步兵营在长巡，中国的医疗队为难民实施人道主义救援，挽救了一个又一个生命。

在利比里亚，中国维和部队被评价为唯一一支在雨季施工的部队。

在西撒哈拉、科特迪瓦等维和任务区，中国的参谋军官、军事观察员冒着战火，穿梭于各派别、各难民营间，及时为联合国提供最新情况报告。

在爆炸发生的马里，申亮亮的战友们已经完成了受损房屋的修缮和工事加固。

……

他们，和申亮亮一样，都戴着一顶蓝色的贝雷帽，都胸佩联合国勋章载誉而归。

这是中国军人对世界和平的庄严承诺！